PASCAL ET NIETZSCHE:

ÉTUDE HISTORIQUE ET COMPARÉE

PASCAL
ET
NIETZSCHE

ÉTUDE HISTORIQUE ET COMPARÉE

Thèse pour le Doctorat de l' Université

présentée à

La Faculté des Lettres et Sciences Humaines

de l'Université de Paris

par

JAMES ROBERT DIONNE, B.A., M.A.

BURT FRANKLIN & CO.

NEW YORK

James Robert DIONNE, B.A., M.A.

Vu, le 3 mai 1965
Marcel Durry
Doyen de la Faculté des Lettres
    et Sciences Humaines
de l'Université de Paris

Vu et permis d'imprimer
Jean Roche
Recteur de l'Académie de Paris

Cette thèse a été publiée telle que l'auteur l'a soutenue en Sorbonne le 29 juin 1965, à part la correction des *errata* signalés avant cette date et quelques changements stylistiques.

Copyright © 1974 Burt Franklin & Co., Inc., 235 E. 44 St., N.Y. 10017

Library of Congress Cataloging in Publication Data

Dionne, James Robert, 1929-
    Pascal et Nietzsche; étude historique et comparée.

    These—Paris, 1965.
    Bibliography: p.
    1. Nietzsche, Friedrich Wilhelm, 1844-1900. 2. Pascal, Blaise, 1623-1662.
I. Title.
B3317.D54   193   74-3300
ISBN 0-89102-032-2

INTRODUCTION

On ne saisit pas facilement le rapport entre Nietzsche et Pascal.[1] Nombreuses sont les observations chez divers auteurs sur l'influence de Pascal sur Nietzsche ou bien sur le rapport entre eux.[2] Sans faire un reproche à personne, nous croyons cependant constater un manque de précision en ce domaine. C'est pourquoi dans les pages suivantes nous nous proposons avec une certaine réserve d'éclaircir ces questions autant que les données le permettent.

I

Si les remarques sur Pascal et Nietzsche sont abondantes, les oeuvres dévouées entièrement à cette question ne le sont pas. A partir de 1900 jusqu'à l'heure actuelle, on ne trouve que deux ouvrages et deux articles publiés sur le sujet de notre thèse.[3] Le premier des ouvrages, c'est l'étude posthume d'Henry Bauer, mise à jour par Henri Lichtenberger, dans *La Revue Germanique*.[4] Destiné à devenir les grandes lignes d'une thèse de doctorat, l'article de Bauer comprend quarante-cinq pages et se divise en trois parties. Dans la première, Bauer signale les auteurs français et allemands qui ont été influencés par Pascal à partir du dix-septième siècle, jusqu'au dix-neuvième. La deuxième partie comporte deux sous-divisions, où l'auteur considère d'abord certains parallèles très gènèraux entre Pascal et Nietzsche. Dans la deuxième sous-divison, Bauer se limite aux références directes à Pascal chez Nietzsche lui-même. L'auteur se borne à trois idées-maitresses: 1) l'apologétique de la religion et la transmutation des valeurs; 2) l'influence de la forme aphoristique sur Nietzsche, et 3) l'angoisse d'un drame intérieur. Aucune de ces idées n'est développée; elles restent telles que l'auteur les a esquissées. La troisième partie comprend également deux sous-divisions, dont la première est une liste de références orales à Pascal, signalées par certains amis de Nietzsche. Cette sous-division est suivie d'une autre où l'on trouve une liste incomplète des références directes à Pascal. A propos de cette liste, l'auteur déclare :

> Nous les avons groupés à dessein sans aucun souci de chronologie, sans nous demander si peut-être ils ne présentent pas, d'une année à l'autre, des divergences notables; si Pascal, - tout en gardant pour Nietzsche la valeur d'un exemple typique, le rôle d'un maître et d'un ami - n'est pas envisagé de façons différentes par l'auteur de la *Naissance de la Tragédie* . . . (et de La) *Volonté de puissance*. Cette question touche le fond même de l'étude que nous nous proposons.[5]

L'auteur ambitionne de prouver la thèse que voici: Friedrich Nietzsche était le véritable disciple de Pascal.[6] Nous croyons que cette position est insoutenable précisément à cause de la chronologie des oeuvres nietzschéennes.

L'article de Bauer n'est donc qu'une ébauche que l'auteur n'a jamais pu terminer. Il a fallu attendre 1917 pour voir la première, et jusqu'à présent, l'unique étude complète sur *Pascal und Nietzsche*, thèse soutenue par Elise Lohmann, à l'Université d'Erlangen. [7]Divisée en huit chapitres, la thèse comporte cent quarante trois pages. Mais, à proprement parler, on ne constate pas chez Lohmann une étude comparée avant le septième chapitre. L'auteur tend à considérer les deux penseurs séparément, ne dressant pas de bilan au cours de son enquête. Certes, on remarque parfois certaines influences de Pascal sur Nietzsche; cependant, même la bibliographie *(Anhang)* consiste seulement en une liste des oeuvres récentes sur Pascal ou bien sur Nietzsche. Le quatrième et le sixième chapitres mettent en relief certains points de repère nietzschéens dans des contextes qui n'ont presque rien à voir avec Pascal. Le premier de ces deux chapitres se limite à "Pascal, honnête homme", et au *"Vornehme Nietzsche"*. C'est là, dans une certaine mesure, une caractéristique des deux penseurs. Mais on se demande comment la constatation de ce fait éclaircit le sujet de la thèse. Le sixième chapitre traite de la polémique, où l'auteur examine d'abord les controverses des *Provinciales* et ensuite la polémique de Nietzsche au sujet de Strauss et Wagner, des femmes et enfin au sujet des Allemands. Le lecteur reste un peu perplexe: signaler que Pascal et Nietzsche ont été des polémistes ne paraît pas beaucoup aider à mieux les comprendre. L'avant-dernier chapitre, "Philosophie", est plus intéressant, car l'auteur aborde une étude comparée. Le septième chapitre se divise en quatre parties; chaque partie comprend plusieurs sous-divisions. On lit non sans profit la troisième partie intitulèe *"Das Erkenntnis-problem"*, où l'auteur signale tout particulièrement que Nietzsche a connu surtout Pascal sceptique.[8] Elle souligne les diverses références nietzschéennes portant sur le prétendu problème de la connaissance chez Pascal. Cependant, toute la question du perspectivisme, d'ailleurs si importante, l'auteur n'en parle qu'en termes généraux. Le huitième chapitre s'ordonne autour du problème de la "Religion". C'est là que l'auteur indique que, pour elle, la relation entre Pascal et Nietzsche se réduit principalement à *"Pascal Apologet"*, et à *"Nietzsche Antichrist"*, qui sont les deux divisions de ce dernier chapitre. A ce point de vue, son étude paraît rejoindre celle d'Henry Bauer, dont l'article se trouve dans la bibliographie. En somme Elise Lohmann a envisagé le rapport entre Nietzsche et Pascal surtout comme le contraste entre deux personnalités très complexes, semble-t-il.

Le rapport général entre Pascal et Nietzsche, on ne l'a plus traité avant 1928.[9] Plus tard, à l'occasion du tricentenaire de la mort de Pascal, on a consacré tout un numéro du recueil *Archivio di filosofia* à *"Pascal e Nietzsche"*. Des neuf articles que comprend le numéro trois de 1962, tous de grande valeur, il n'y en a qu'un qui constitue, à proprement parler, une étude comparée: "Nietzsche et le pari de Pascal", par Henri Birault. L'auteur n'hésite pas à souligner l'idéal ascétique comme l'abîme qui sépare Nietzsche de Pascal.[10] Pour Birault, l'objection nietzschéenne contre le pari (c'est-à-dire, que le pari de Pascal repose sur une espèce d'hédonisme) est justifiée en partie.[11] Cependant, l'article de Birault se limite à un seul problème, celui du pari. Seules les études de Bauer et de Lohmann portent sur la relation générale entre Pascal et Nietzsche. En outre, elles se recoupent dans une conclusion voisine: le rapport entre Pascal et Nietzsche doit s'expliquer surtout, pour Bauer ainsi que pour Lohmann, à la lumière de l'acceptation ou bien du rejet du christianisme. Les quelques pages de Saurat, qu'on peut à peine appeler une étude, rejoignent celles de Bauer, au tant que tous les deux estiment que Nietzsche était, d'une façon d'une autre, le disciple de Pascal. Nous ne pouvons partager ces opinions.

Dans les vingt et un volumes que comprennent les oeuvres de Nietzsche, il y a plus de soixante références directes à Pascal.[12] On ne pourra déterminer ni l'influence de Pascal sur Nietzsche ni le rapport entre eux sans tenir compte non seulement de la chronologie de ces références mais aussi du contexte dans lequel on les trouve. Car ce qu'on constate chez Nietzsche, ce sont souvent des réflexions confuses et parfois même contradictoires. Il y a pourtant une très grande suite dans l'évolution de sa philosophie. C'est dans l'ensemble de la pensée nietzschéenne que le rapport entre Nietzsche et Pascal s'éclaircira.

II

Notre étude se divisera donc en deux parties. La première se limitera principalement à une considération des divers jugements directs et indirects sur Pascal selon la chronologie de la philosophie nietzschéenne en plein déroulement. Cette partie constituera surtout une étude historique. Dans la deuxième partie, nous tenterons de sonder certaines implications des données trouvées par la méthode historique, ce qui entraînera une étude comparée. Nous avons laissé à deux appendices l'examen des questions qui doivent être, nous le croyons, considérées séparément. Un troisième appendice réunit chronologiquement les références directes à Pascal. Enfin, nous nous proposons d'établir principalement la conclusion que voici: *le rapport entre Pascal et Nietzsche doit s'expliquer surtout dans le contexte de l'idéal ascétique, où le moi, comme phénomène de la conscience, devient une fausse valeur; celle-ci est le point de départ de la destruction des instincts.* Cette conclusion, qui reste néanmoins centrale, n'est pas la seule qu'il faudra tirer, car on ne peut exprimer le rapport entre Pascal et Nietzsche dans une simple phrase. On ne peut non plus saisir tout le sens de l'idéal ascétique et du moi comme phénomène de la conscience, à moins qu'on n'examine, en premier lieu, la pensée nietzschéenne en pleine évolution. Il convient donc d'aborder la première partie de cette étude en considérant Nietzsche tout simplement comme lecteur de Pascal.

PREMIERE PARTIE

NIETZSCHE, LECTEUR DE PASCAL

PREMIER CHAPITRE

PASCAL MORALISTE

I

Notre tâche commence avec L'*Origine de la Tragédie*, publiée vers la fin de décembre 1871. L'étude s'ordonne autour de trois questions qui s'entrecroisent. Le titre de ce livre est un peu trompeur, car le problème central dont il s'agit n'est pas celui de l'origine de la tragédie mais plutôt celui du fondement de toute culture authentique. Nietzsche estime que la plus grande culture du monde a été celle des Grecs.[1] Elle découle de deux perspectives: la vision de Dionysos et celle d'Apollon.[2] La première est ". . . . . la vraie connaissance, la vision de l'horrible vérité, qui anéantit toute impulsion, tout motif d'agir".[3] Alors, il n'y a rien qui console; on se lance vers la mort. "Sous l'influence de la vérité contemplée, l'homme ne perçoit plus maintenant que l'horrible et l'absurde de l'existence . . . . le dégoût lui monte à la gorge".[4] Au fond, la vie n'est que la "volonté", l'impulsion aveugle et sans but à l'existence dont Schopenhauer a parlé dans *Le Monde comme Volonté et comme Représentation*.[5]

La condition humaine vis-à-vis du monde est donc chaotique; mais il ne faut pas vivre en pessimiste. Il y a une autre vision, celle d'Apollon, qui affirme ou bien qui permet la joie de vivre. Nietzsche la compare à l'inverse d'un phénomène naturel commun. Lorsqu'on regarde le soleil en face et qu'on s'en détourne ébloui, des taches sombres apparaissent devant les yeux, comme un remède qui apaise la douleur. La vision de Dionysos, c'est celle qui pénètre dans un grand abîme. Pour calmer la souffrance, des taches de lumière soulagent, pour ainsi dire, le regard dilaté par l'affreuse nuit. Voilà la vision d'Apollon: des taches de lumière qui aident à vivre.[6] Les Grecs les ont exprimées par le culte religieux et surtout par la tragédie. Le drame rejoint deux tendances opposées puisque c'est là que le choeur dionysiaque s'unit aux images appolloniennes qui dominent. C'est l'effort pour organiser le chaos dionysien par l'esprit d'Apollon - ce qui implique une discipline - qui est à la base de la culture grecque dont la tragédie n'est que le reflet. L'Allemagne du dix-neuvième siècle manque de véritable culture parce que, optimiste, elle ne voit pas la vision tragique et qu'elle ne profite point de la sagesse d'Apollon.

Le faux bonheur de son temps, Nietzsche l'impute à l' "homme théorique".[7] Mais ici, il faut faire attention, car on peut mal comprendre la pensée de Nietzsche. Il n'y a aucune difficulté lorsque l'auteur décrit l'origine de la tragédie: pourquoi cette synthèse éblouissante de la vision dionysienne avec la perspective d'Apollon n'a-t-elle pas continué? De prime abord, Nietzsche dit que l'explication de ce malheur se trouve chez Socrate qui annonce l'homme théorique, semble-t-il. Car Euripide, sous l'influence de celui-ci, a changé la nature de la tragédie. Parmi les Grecs primitifs elle contemplait le beau; après Euripide elle cherchait généralement le vrai. Voilà l'ascendant de l'homme théorique - Euripide parmi les Grecs, Lessing parmi les Allemands - qui pense pouvoir résoudre le problème de la vie par la connaissance et non plus par la contemplation du beau. Cependant, si l'on examine soigneusement ce que Nietzsche veut dire, on s'aperçoit d'une idée capitale. L'effort de l'homme théorique est nécessaire pour assurer le mouvement cyclique du drame et de la culture dont il dépend. Les Grecs ont pu atteindre la plus grande civilisation[8] qui ait jamais existé parce qu'ils ont su organiser le chaos dionysien. Un tel apogée ne peut continuer indéfiniment, mais il faut le renouveler. La recherche de la vérité reste utile, puisque l'intelligence humaine est poussée jusqu'au bout du cercle qui la renferme. Arrivé jusqu'aux limites de la connaissance, l'homme se rendra compte de l'horreur de l'existence. Il devra alors essayer de donner une forme au désordre, ce qu'il ne pourra faire sans la sagesse d'Apollon. Il est à espérer que l'homme du dix-neuvième siècle, tout préoccupé par la science et égaré par le faux optimisme qui en découle, arrivera à constater une existence en fin de compte chaotique et qu'il ressentira ensuite le besoin de lui donner une forme.[9] Aussi Nietzsche établit-il un lien très clair entre la vision de Dionysos et d'Apollon, l'origine de la tragédie parmi les Grecs, et le fondement de toute culture authentique. Le problème culturel de l'Allemagne du dix-neuvième siècle, c'est le résultat des défauts qu'il croit avoir signalés.

Quel est le rôle de Pascal dans la première oeuvre de Nietzsche? Certes, on y cherchera en vain aucune référence directe. Nous savons cependant que Nietzsche connaissait Pascal au début de sa carrière à Bâle,[10] car un exemplaire des oeuvres de Pascal se trouvait dans sa bibliothèque.[11] Mais rien n'indique chez lui une profonde connaissance de Pascal au moment de la publication de *L'Origine de la Tragédie*. Nous signalerons pourtant plus bas un rapport très vraisemblable entre certaines idées-maîtresses de Pascal et la vision tragique du monde telle que nous la voyons dans l'étude de 1871. Remarquons aussi qu'une théorie cyclique de l'histoire déjà sous-jacente sera une des principales raisons pour lesquelles Nietzsche se sentira obligé de rejeter la perspective pascalienne de l'homme.

La critique de la culture du dix-neuvième siècle, à peine ébauchée jusqu'ici, sera reprise en 1873. Le premier essai des *Considérations inactuelles* traite de "David Strauss, sectateur et écrivain". Pourtant, c'est surtout la culture, dont Strauss n'est que le produit, qui est en cause. On ne constate aucun style artistique en Allemagne: au contraire, on ne constate qu'un mélange de styles bariolés, empruntés à l'étranger. Les savants, les professeurs d'université, recherchent la connaissance pour la connaissance sans essayer de faire un lien avec la vie. Celui qui incarne cet état chaotique,[12] c'est bien Strauss lui-même, car à l'encontre des idées généralement reçues Strauss n'est ni le disciple de Lessing ni le "Voltaire allemand."[13] En outre, la religion dont il se vante ne vaut rien. Il est aussi un écrivain médiocre. Voilà le contexte dans lequel Nietzsche se réfère à Pascal pour la première fois dans les oeuvres publiées de son vivant.[14] Peut-on expliquer, en partie, la raison pour laquelle les savants s'adonnent presque furieusement aux sciences ? Le philosophe allemand trouve une explication chez Pascal:

> Nos savants se distinguent fort peu, et en tous les cas point à leur avantage de l'agriculteur qui veut augmenter son bien héréditaire et qui, du soir au matin, peine à cultiver son champ, à conduire sa charrue et à encourager ses boeufs. Or, Pascal croit que les hommes s'efforcent seulement ainsi à faire leurs affaires et cultiver leurs sciences pour échapper aux problèmes importants que toute solitude, tous les loisirs véritables, leur imposeraient, et il s'agit précisément des problèmes du pourquoi et du comment. Chose singulière, nos savants ne songent même pas à la question la plus proche, celle de savoir à quoi peuvent bien servir leur travail, leur hâte, leurs douloureux transports.[15]

Nietzsche accepte le thème du "divertissement" des *Pensées* comme il admet aussi l'analyse du rêve.[16] Il ne parle expressément pas de Pascal dans les trois derniers essais des *Considérations inactuelles;* on ne relève donc plus de références directes à Pascal avant 1878. Mais le développement de la philosophie nietzschéenne, de prime abord assez loin des problèmes dont Pascal s'occupe, sera important plus bas pour bien saisir l'évolution de l'idée du Surhomme vis-à-vis du "moi-haïssable." La deuxième *Considération*, "De l'Utilité et des inconvénients des études historiques pour la vie", reprend les mêmes jugements parfois violents.[17] La plupart des historiens allemands se bornent à étudier l'histoire d'une façon "objective."[18] On ne peut discerner aucun effort pour interpréter l'histoire d'une manière vitale.[19] Toutefois, les études historiques ne sont pas une science abstraite comme les mathématiques; elles devraient avoir un rapport avec la vie.[20]

Comment peut-on se servir de l'histoire pour la vie? On peut sonder les événements passés de trois points de vue: du point de vue "monumental", "antiquaire" et "critique".[21] On aborde le sujet d'une façon monumentale lorsqu'on s'en tient principalement aux héros d'autres siècles pour se rappeler que l'homme peut être grand même pendant une époque médiocre. L'histoire antiquaire, c'est le résumé du passé qu'on vénère précisément parce qu'il est passé. Enfin, celui qui s'adonne aux études historiques d'une manière critique, c'est celui qui se fait le juge de l'histoire sans illusion et sans pitié. Toutes les trois perspectives sont nécessaires pour la vie, et par conséquent, pour toute culture virile. Pourtant, Nietzsche va plus loin: quelle est la valeur de l'histoire tout simplement en tant que l'histoire? Approfondir le passè, c'est se rendre heureux, mais plus souvent, malheureux.[22] On doit se rappeler les données qui procurent de la joie tout en oubliant celles qui font souffrir. Mais on a besoin de quelque chose de beaucoup plus important: il importe d'avoir un sens "supra-historique", à savoir: rechercher les événements historiques valables non seulement pour le moment où ils se sont écoulés, mais dont la mémoire est utile aussi pour tous les temps. Qu'on sache donc trouver des symboles dans les simples faits. En d'autres termes, il est nécessaire de découvrir dans l'histoire de grands hommes, des types les plus élevés de l'humanité. Leurs exploits, leurs vies, pourront inspirer les hommes de tout temps et de tout lieu.[23] Le jugement sur la valeur du sens "supra-historique" est important.[24] Il convient de citer Nietzsche assez longuement à ce propos, car ce qu'il dit dans la deuxième *Considération*, c'est la première indication d'une perspective en fin de compte centrale:

> Il viendra un temps où l'on s'abstiendra sagement de tous les édifices du processus universel et aussi de vouloir faire l'histoire de l'humanité, un temps où l'on ne considérera plus les masses, mais où l'on reviendra aux individus qui forment une sorte de pont sur le sombre fleuve du devenir. Ce n'est pas que ceux-ci continuent le processus historique, ils vivent au contraire en dehors des temps, contemporains en quelque sorte, grâce à l'histoire qui permet un concours ils vivent comme cette "république des génies" dont parle une fois Schopenhauer; un géant en appelle un autre, à travers les intervalles déserts des temps sans qu'ils se laissent troubler par le vacarme des pygmées qui grouillent à leurs pieds, ils continuent leurs hautains colloques d'esprit. C'est à l'histoire qu'appartient la tâche de s'entremettre entre eux, de pousser toujours à nouveau à la création des grands hommes, de donner des forces pour cette création. Non, le but de l'humanité ne peut pas être au bout de ses destinées, il ne peut s'atteindre que dans ses types les plus élevés.[25]

Il est à rappeler que les études historiques dont il s'agit se rapportent au problème de la culture. Dans *L'Origine de la Tragédie,* la question de la civilisation était celle de tout un peuple; mais dans la citation que nous venons de faire, Nietzsche parle des individus d'une façon surprenante: "le but de l'humanité ne peut pas être au bout de ses destinées, il ne peut s'atteindre que dans ses types les plus élevés." On ne saurait trop insister sur l'importance de ce changement de perspective; désormais Nietzsche s'occupera de moins en moins de la culture des masses pour s'adonner en fin de compte presque exclusivement à l'étude de l'individu. Voilà donc la grande leçon de l'histoire: poursuivie d'une manière équilibrée, elle peut nous donner des symboles éternels pour la vie. Nietzsche précise davantage: les Grecs étaient autrefois dans les mêmes conjonctures où l'homme du dix-neuvième siècle se trouve. Eux aussi étaient menacés par le chaos d'autres cultures, par d'autres religions et finalement par le conflit en eux-mêmes. Ce qui les distinque, c'est qu'ils ont suivi le conseil d'Apollon: "connais-toi toi-même".[26] Aussi l'histoire de la culture grecque devient-elle un exemple du sens "supra-historique" du passé. Le changement de perspective où Nietzsche n'insiste plus sur la culture des masses mais sur celle de l'individu devient encore plus clair vers la fin de l'essai. Il est toujours question de la civilisation des Grecs:

> Ceci est un symbole pour chacun de nous. Il faut qu'il organise le chaos qui est en lui, en faisant un retour sur lui-même, pour se rappeler ses véritables besoins . . . Il apprendra alors que la culture peut être autre chose encore que la décoration de la vie . . . Ainsi se révèlera à ses yeux la conception grecque de la culture . . . comme d'une nouvelle nature . . . sans intérieur et extérieur, sans simulation et sans convention, de la culture comme d'une harmonie entre la vie et la pensée, l'apparence et la volonté.[27]

Dans la culture de l'individu, en fin de compte une discipline de soi, et
dans l'histoire comme une source de symboles éternels, on voit peut-être
l'ombre du Surhomme et la suggestion de l'éternel retour. Mais nous
avançons trop vite. Dans la troisième *Considération*, "Schopenhauer
éducateur," Nietzsche explique davantage le thème du développement de
l'individu. L'auteur avait déjà   commencé à douter de la doctrine de
Schopenhauer—nous avons constaté un désaccord voilé dans *L'Origine de
la Tragédie*.[28] C'est pourquoi dans l'essai de 1876 Nietzsche ne parle guère
de la philosophie de son maître mais s'en tient à sa personne.
Schopenhauer peut servir d'exemple pour celui qui veut entrer dans la
possession de lui-même. Chez Schopenhauer, le désir d'une nature
vigoureuse, d'une humanité saine et simple ". . . n'était que le désir de se
retrouver soi-même; et sitôt qu'il eut vaincu en lui l'esprit du temps, il
découvrit nécessairement aussi le génie qui cuvait en son âme".[29] Le grand
défaut de l'homme moderne, c'est qu'il n'ose pas s'opposer à la convention
pour réaliser tous les pouvoirs de son être. Mais Schopenhauer a réagi
contre les fausses acceptations de son siécle; il a donc pu se libérer de tout
ce qui empêchait le plein développement de sa personnalité. Là est le secret
de toute culture: elle est une délivrance. L'homme cultivé, c'est surtout
celui qui est d'abord libre.[30]

Après *L'Origine de la Tragédie* la pensée de Nietzsche s'oriente donc
de plus en plus vers l'individu. En réfléchissant sur les problèmes qu'entraîne cette nouvelle perspective, il a imaginé une théorie de l'histoire qui
consiste en un sens "supra-historique" du passé. Les études historiques
doivent servir de symoles éternels pour la vie. Le sens "supra-historique"
de l'histoire et l'analyse de la culture interfèrent; c'est-à-dire que celle-ci inspire l'organisation du chaos qui est en chacun de nous, ce qui comporte
une théorie sous-jacente dans l'étude de 1871: le renouveau de la culture,
même s'il se borne de plus en plus à l'individu, implique une théorie cyclique de l'histoire. On constate donc deux théories de l'histoire dont l' une
dépend de l'autre: le renouveau du cycle culturel nécessite des symboles
éternels qui inspirent. Nous verrons que cette importante perspective se
fonde sur un principe métaphysique; à savoir: le devenir cosmique.[31] Mais
pour le moment, Nietzsche s'adonne principalement à la considération de
l'esprit libre. Il signale Schopenhauer comme un modèle à imiter. Tout en
laissant de côtê les préjugés de son jour, celui-ci a réalisê les plus grands
pouvoirs de son âme. La vraie culture de l'individu, c'est d'abord une
délivrance des erreurs du passé; c'est aussi une déclaration d' independance
par rapport à son siècle. Il faut être libre avant tout.

On peut pressentir dans la pensée du jeune Nietzsche quelques-unes
des difficultés qu'il éprouvera par rapport à Pascal. Certes, le philosophe
allemand peut se servir de l'analyse pascalienne du divertissement et du
rêve; mais sa notion de l'histoire, surtout sa théorie cyclique, et son culte
de l'espirit libre tel qu'il le comprend, l'empêchera d'admettre une
philosophie différente qui est le fondement des *Pensées*. Il est cependant
trop tôt pour examiner à fond les problèmes qui se poseront plus tard, car
dans *Humain, trop Humain* Nietzsche continue à tâtonner. L'auteur
s'efforce de préciser davantage les défauts dont l'homme affranchi doit se
libérer. Cette étude, dont la portée générale est assez négative, se divise en

deux volumes, le premier desquels ayant suivi les *Considérations* presque sans intervalle.[32] D'emblée, on remarque que Nietzsche a entièrement changé de style. Il se sert presque totalement d'aphorismes ou de petits "essais" parfois prolongés.[33] En s'occupant du faux et par conséquent de ce dont on doit se débarrasser, il modifie quelques-unes de ses anciennes conclusions.[34] On constate, par exemple, que l'art n'est plus l'image de la réalité, que le génie n'est pas essentiellement différent de l'homme moyen, que l'homme de science l'emporte sur l'artiste. L'idée de l'esprit libre s'impose de plus en plus : l'esprit libre doit se libérer de tout, d'abord de la morale, ensuite de la religion. L'homme moral ne fait que sacrifier un désir pour satisfaire un autre. Ce qui importe dans la conduite humaine, c'est très souvent le plaisir. La justice n'est que la lutte entre deux forces égales. Il n'y a aucun moyen de distinguer le bien et le mal. Une religion n'a jamais existé qui ne fût fausse; elle utilise des lois purement fictives pour atteindre des buts humains, trop humains. Même l'ascète s'efforce de se procurer du plaisir, car il mortifie une tendance pour jouir d'une autre.[35] L'esprit libre doit secouer le joug du passé; autrement, il ne pourra reprendre possession de lui-même.[36]

Ici, Nietzsche paraît chercher de nouvelles valeurs pour la culture de l'individu. Dans ce contexte, il parle une seule fois de Pascal.[37] Il signale tout simplement que ". . . notre temps est pauvre en grands moralistes, que Pascal, Epictète, Sénèque, Plutarque sont à présent peu lus. . ."[38] De prime abord, il n'y a rien de surprenant dans cette constation; mais, le contexte modifie sa portée. Malgré la dédicace à Voltaire[39] et malgré une certaine influence voltairienne incontestable, c'est La Rochefoucauld qui domine la pensée de Nietzsche, semble-t-il.[40] On décèle maintes allusions aux *Maximes:* tout homme est égoïste, la vraie reconnaissance est rare; l'expression de la pitié n'est souvent pas sincére. Comme La Rochefoucauld, Nietzsche est frappé par le contraste entre ce qui est et ce qui apparaît dans la conduite humaine. Son analyse de l'amour-propre ressemble à celle des *Maximes*. Nietzsche n'est pas toujours d'accord avec La Rochefoucauld mais on peut dire qu'il s'inspire généralement de lui dans la première partie de *Humain, trop Humain*. Cependant, c'est Pascal et non pas l'auteur des *Maximes* que Nietzsche range à côté d'Epictète, Sénèque et Plutarque. Pascal devient plus important, semble-t-il. Voilà tout ce qu'on peut dire jusqu'en 1879. Le lecteur perspicace se posera cependant une question ultérieure: Nietzsche a-t-il vu Pascal surtout par les yeux de Schopenhauer?

II

La réponse à cette question entraîne la considération du deuxième volume de *Humain, trop Humain*. Il se devise en deux parties dont ni l'une (*Opinions et Sentences mêlées,* publiées en 1879) ni l'autre (*Le Voyageur et son Ombre,* qui a paru en 1880) ne trahit la présence d'idées nouvelles. L'auteur continue à faire dans le même style aphoristique les critiques amères qu'on a remarquées. Il n'y a que deux références à Pascal.[41] Toutes les deux se rapportent, d'une façon ou d'une autre, à Schopenhauer. Il s'agit d'abord du "péché originel des philosophes" :

> Les philosophes se sont emparés de tous les temps des axiomes de ceux qui étudient les hommes (moralistes); il les ont corrompus, en prenant dans un sens absolu et en voulant démontrer la nécessité de ce que ceux-ci n'avaient considéré que comme indication approximative . . . C'est ainsi que l'on trouvera comme bases des célèbres doctrines de Schopenhauer concernant la primauté de la volonté sur l'intellect, l'invariabilité du caractère, la négativité de la joie . . . Le mot "volonté" que Schopenhauer transforma pour en faire une désignation commune à plusieurs conditions humaines, l'introduisant dans le langage là où il y avait une lacune, à son grand profit personnel, pour autant qu'il était moraliste - dès lors il put parler de la "volonté" de la même façon dont Pascal en avait parlé.[42]

Dans *Le Monde comme Volonté et comme Représentation*, le terme "volonté" a deux significations. On trouve d'abord une "volonté" objective qui est la chose-en-soi, le monde, une impulsion aveugle et sans but à l'existence.[43] Nietzsche, dans le paragraphe que nous venons de citer, ne s'occupe pas de ce sens. Mais il y a dans l'oeuvre de Schopenhauer une "volonté" que nous pouvons appeler "subjective". C'est l'"objectité" de la "volonté", de la chose-en-soi, dans tous les phénomènes et en l'homme. Celui-ci ne peut trouver son bonheur qu'en réagissant contre la tendance de la chose-en-soi. Il doit par conséquent lutter contre lui-même et contre le vouloir-vivre, surtout par une vie ascétique.[44] C'est dans ce deuxième sens que Nietzsche entend le mot "volonté" lorsqu'il parle de Schopenhauer et Pascal. Ce n'est cependant pas la première fois que Nietzsche range Pascal à côté de Schopenhauer. Déjà en 1873, dans les *Gedanken zu der Betrachtung*, Nietzsche lie Pascal directement avec son ancien maitre,[45] mais il ne s'explique pas. On doit donc chercher autre part des raisons ultérieures pour lesquelles Nietzsche pense ainsi. A la fin de la première partie du deuxième volume de *Humain, trop Humain (Opinions et sentences mêlées)* on trouve ce fameux passage:

> Moi aussi, j'ai été aux enfers comme Ulysse et j'y serai souvent encore; et pour pouvoir parler à quelques morts, je n'ai non seulement sacrifié des béliers, je n'ai pas non plus ménagé mon propre sang. Quatre couples d'hommes ne se sont pas refusés à moi qui sacrifiais : Epicure et Montaigne, Goethe et Spinoza, Platon et Rousseau, Pascal et Schopenhauer. C'est avec eux qu'il faut que je m'explique, lorsque j'ai longtemps cheminé solitaire, c'est par eux que je veux me faire donner tort ou raison, et je les écouterai lorsque devant moi, ils se donneront tort ou raison les uns aux autres. Quoi que je dise, quoi que je décide, c'est sur ses huit que je fixe mes yeux et je vois les leurs fixés sur moi.[46]

Remarquons encore une fois ces quatre couples: Epicure et Montaigne, Goethe et Spinoza, Platon et Rousseau, Pascal et Schopenhauer. On comprend assez facilement pourquoi l' auteur met Montaigne à côté d'Epicure, Goethe à côté de Spinoza. Il est plus difficile de voir le rapport entre Platon et Rousseau - Nietzsche ne l'explique nulle part; il pense probablement à la politique en fonction de l'éducation, à moins que la

classification ne soit artificielle Que faut-il dire par rapport à Pascal et
Schopenhauer? Voit-on chez Nietzsche une vision de l'homme vis-à-vis du
monde, une vision commune, dans ses grandes lignes, à Pascal,
Schopenhauer et Nietzsche ? Il paraît que oui. Pour Pascal, l'homme est un
". . . néant à l'égard de l'infini, un tout à l'égard du néant, un milieu entre rien et tout".[48] En outre, la nature, c'est une source de doute et d'in-
quiétude, car "qui se considérera de la sorte s'effraiera de soi-mème, et se
considérant soutenu dans la masse que la nature lui a donné, entre deux
abîmes de l'infini et du néant, il tremblera dans la vue de ces merveilles".[49]
Il y a une pareille vision chez Nietzsche et Schopenhauer: chez celui-ci c'est
la vision de l'homme vis-a-vis de la Volonté, de la chose-en-soi, de l'existence aveugle et sans but signalée par Nietzsche en parlant de la perspective dionysienne;[50] chez celui-là, c'est la vision de Dionysos, d'après laquelle la vie apparaît dans son horreur essentielle et le dégoût monte à la
gorge.[51] C'est en ce sens que Nietzsche se réfère à Schopenhauer. Or, il est à
remarquer, que Schopenhauer, dans le troisième tome du *Monde comme
Volonté et comme Représentation*, cite l'ascétisme chrétien, et tout particulièrement celui de Pascal, comme un exemple de la réaction contre le
vouloir-vivre, une fois la douleur de la vie perçue.[52] Pour Schopenhauer, la
principale qualité du christianisme, c'est la négation de la vie par
l'ascétisme, ce qui ne peut s'expliquer que comme un effort pour se
protéger contre le chaos.[53] Pascal et tout le mouvement de Port-Royal sont
l'image vivante de ce refuge.

Il est vrai que Schopenhauer et Nietzsche trouveront des solutions du
problème de vivre qui demeurent en fin de compte très différentes - celui-ci
dans la culture de l'individu, celui-là dans la contemplation de l'art et dans
l'ascétisme. Mais tous les deux ont eu essentiellement la même vision.
Etant donné que Nietzsche était au commencement tout ébloui par son
maître et qu'il se limite en général à corriger son pessimisme, nous pouvons
peut-être comprendre pourquoi, à la date où nous en sommes, Nietzsche a
pu se rendre compte, chez Schopenhauer et Pascal, de la même perspective
de l'homme vis-à-vis du monde. Ce n'est pas pour rien que Nietzsche a dû
s'écrier plus tard : "J'ai contre moi la haine de Pascal et le mépris de
Schopenhauer".[54] On saisit mieux donc la raison pour laquelle Nietzsche,
dans la description de son *Hadesfahrt*, met Schopenhauer à côté de Pascal.
On peut deviner aussi que, dans l'esprit de Nietzsche, le rapport entre
Pascal et Schopenhauer n'est pas du tout arbitraire. D'abord Nietzsche a
pu trouver dans les *Pensées* une *Weltanschauung* voisine de celle qu'il a
constatée chez Schopenhauer. En outre, dans les *Gedanken zu der
Betrachtung*, composés en 1873, donc au début de sa carrière, Nietzsche estime que Schopenhauer nous lie avec Pascal.[55] Finalement, Nietzsche voit
un rapport entre la "volonté" comprise au sens subjectif chez son maître et
la même tendance décelée chez Pascal. Or, il est douteux que Nietzsche ait
tiré une telle conclusion à moins qu'il ne s'inspirât de Schopenhauer. Par
conséquent, on peut dire que Nietzsche a été probablement influencé par le
portrait de Pascal tel que Schopenhauer l'a esquissé.

Toutefois, si l'on nous permet de dépasser pour un moment ce que
révèlent les écrits de Nietzsche jusqu'à la publication de *Humain, trop Humain,* pour nous rendre à l'époque de ses dernières réflexions, la conclusion

que nous avons tirée paraît non seulement probable mais certaine. Dans *Le Crépuscule des Idoles,* composé en 1888, Pascal se trouve encore une fois dans le même contexte que Schopenhauer: "Tout le domaine de la morale doit être rattaché à cette idée des causes imaginaires".[56] Nietzsche dresse une liste des diverses explications des sentiments "désagréables" et "agréables". Pour quelques-uns, ceux-ci dépendent des bonnes actions, de la confiance en Dieu, ou de l'heureuse issue de certaines entreprises, " . . . fausse conclusion naïve, car l'heureuse issue d'une entreprise ne procure nullement des sentiments généraux agréables à un hypocondriaque ou à un Pascal".[57] Les sentiments désagréables découlent parfois de la notion du rachat pour quelque chose qu'on n'a pas dû faire; donc, de l'idée de punition généralisée par Schopenhauer.[58] Ni l'une ni l'autre position n'est acceptable puisque " . . . la morale et la religion appartiennent entièrement à la psychologie de l'erreur".[59]

Une telle constatation par rapport à la signification de certains phénomènes psychologiques ne démontre cependant pas que Nietzsche ait été fort influencé par Schopenhauer en ce qui concerne Pascal. On est entraîné tout simplement à chercher plus soigneusement une raison sans équivoque qui dévoile les arrière-pensées de Nietzsche à ce sujet. On la trouve enfin dans *La Volonté de puissance* que l'auteur commençait à esquisser à partir de 1885.[60] Nietzsche résume ses réflexions à ce propos en trois paragraphes:

> Sans la foi chrétienne, pensait Pascal, vous serez pour vous-mêmes, comme la nature et l'histoire, un monstre et un chaos. Nous avons réalisé cette prophétie après que le dix-huitième siècle débile et optimiste a idéalisé et rationalisé l'homme.

> Schopenhauer et Pascal. - Schopenhauer est, dans un sens essentiel, le premier qui constitue le mouvement inauguré par Pascal : "un monstre et un chaos, donc une chose qu'il faut nier . . . L'histoire, la nature, l'homme lui-même!

> Notre impuissance à connaître la vérité est la suite de notre corruption, de notre chute morale, pense Pascal. Et au fond Schopenhauer pense de même. Plus la corruption de la raison est profonde, plus est nécessaire le dogme du salut, ou en termes schopenhauériens, la négation.[61]

On voit tout d'abord que Nietzsche se rend compte, d'une façon incontestable, de la vision tragique chez Pascal. Ensuite, il lie Pascal directement à son ancien maître: Schopenhauer, dans un sens essentiel, est le premier qui constitue le mouvement pascalien par rapport à cette perspective de l'homme. Pascal a trouvé une solution dans le salut ; Schopenhauer a résolu son problème surtout par l'ascétisme. Les deux réponses constituent une négation de la vie. Elles sont par conséquent opposées à l'idéal de l'esprit libre déjà devenu, à partir d'*Ainsi parlait Zarathoustra,* celui du Surhomme. Remarquons aussi que la condition de l'homme vis-a-vis du monde se lie à son impuissance à connaître la vérité. Nietzsche n'a jamais contesté les limites de la raison; au contraire, presque toutes ses oeuvres montrent que le problème de la connaissance est central dans sa pensée. On ne peut "organiser" le chaos de la condition humaine ni par la lutte continuelle contre le vouloir-vivre ni par le dogme du salut. En fin de compte, Pascal et Schopenhauer marchent de pair.

A partir de la parution de *L'Origine de la Tragédie* jusqu'à la publication de *Humain, trop Humain* on a remarqué une progression continuelle dans la pensée du philosophe allemand. Nietzsche découvre chez les Grecs le secret de toute culture authentique. Elle découle de deux visions : celle de Dionysos (la reconnaissance de l'état chaotique de l'homme vis-à-vis du monde) et celle d'Apollon (l'effort pour organiser le chaos). C'est en réglant le désordre que les Grecs se sont maîtrisés - d'où leur culture, dont la tragédie n'est que le reflet. Mais Nietzsche a vite changé de perspective. Après 1873, sa pensée s'attache de plus en plus à la culture de l'individu, car le but de l'humanité ne peut s'atteindre que dans ses types les plus élevés. Les études, tout particulièrement les études historiques, doivent servir de sources de symboles éternels pour la vie. C'est là un exemple d'un sens "supra-historique" du passé: ce qu'ont fait les Grecs, c'est un symbole pour chacun de nous; mais pour se discipliner, il faut d'abord être libre. L'homme supérieur sera donc celui qui s'est débarrassé des erreurs de la tradition. La théorie cyclique de l'histoire, à peine effleurée dans l'étude de 1871, constituera plus tard un aspect de l'éternel retour, mais pour le moment elle s'encadre dans cette idée souvent oubliée par les critiques de Nietzsche: le renouveau de la culture sera secondé, non pas entravé, par les excès de l'homme théorique. La théorie cyclique de l'histoire et éventuellement l'éternel retour de Zarathoustra s'accorderont cependant mal avec la perspective pascalienne. D'autres idées-maîtresses s'opposeront, elles aussi, à celles de Pascal: la culture de l'esprit libre, par exemple, telle que Nietzsche paraît l'entendre, restera en fin de compte contraire au "moihaïssable" des *Pensées*. Mais dans l'évolution de la première philosophie de Nietzsche jusqu'en 1880, Pascal n'entre guère en jeu. Tout ce qu'on peut dire, en dernière instance, c'est que Pascal est pour lui un grand moraliste. Quoique Nietzsche se réfère à lui directement et parfois indirectement, il l'a regardé surtout par les yeux de Schopenhauer. Nous avons vu que cette tendance durera jusqu'à la fin. En bref, à la date ou nous en sommes, Nietzsche n'a pas encore considéré les grands problèmes que posent les *Pensées*.

DEUXIEME CHAPITRE

NIETZSCHE CONTRE PASCAL

APOLOGISTE ET ASCETE.

Si, pendant les années 1870-1880 Pascal n'est pour Nietzsche qu'un grand moraliste, l'auteur des *Pensées* sera pendant la période 1881-1886 un personnage tout autre : Pascal sera apologiste et surtout ascète. A partir de la parution d'*Aurore* (1881) jusqu'à la publication de *Par delà le bien et le mal* (1886), Pascal sera pour le philosophe allemand un ami avec lequel il faudra rivaliser. Cette étape de notre étude embrasse donc l'attaque contre l'Apologétique et le problème de l'ascétisme.

On a souvent prétendu, nous l'avons remarqué dans l'Introduction de cette étude, que Nietzsche s'oppose surtout à Pascal apologiste. Nous ne pouvons partager cette opinion. Nous croyons cependant que les données de la période 1881-1886, surtout des notes et des oeuvres posthumes de cette époque, montrent que le véritable rapport entre les deux penseurs doit être considéré, non pas dans le contexte du fondement intellectuel du christianisme, mais dans celui de l'ascétisme. Une telle interprétation modifiera notablement la relation entre Pascal et Nietzsche, telle qu'on l'a généralement décrite jusqu'à présent, car le rapport dont il sera question portera principalement sur le noyau de la philosophie nietzschéenne, la volonté de puissance. Nous commençons donc cette étape de notre essai par résumer les grandes lignes de la pensée nietzschéenne à partir de 1881 jusqu'à 1886.

I

Aurore, qui a paru en juillet (1881), comporte cinq livres. Le sous-titre, "Réflexions sur les préjugés moraux", montre que Nietzsche se borne toujours à rejeter les erreurs dont l'esprit libre doit se débarrasser pour entrer en possession de lui-même. On voit d'abord que les problèmes de la connaissance et du christianisme deviennent importants et que très souvent les deux questions interfèrent.[1] En analysant les préventions du passé et du présent, l'auteur revient souvent à une idée-maîtresse: ce que cherchent généralement les hommes, c'est le "sentiment de puissance."[2] Il ne s'agit pas ici de la "volonté de puissance" qu'annoncera Zarathoustra ; il est surtout question d'un désir de dominer les autres. A part cette observation capitale, et à part la description des six moyens de maîtriser les instincts,[3] on ne découvre pas d'idée vraiment nouvelle dans *Aurore*. Mais Nietzsche est en train de découvrir la volonté de puissance et la sublimation des passions, deux doctrines qui, avec celles du Surhomme et l'éternel retour, constitueront le noyau de toute sa pensée.

Pourtant, Nietzsche n'est pas encore parvenu à sa dernière philosophie. Il continue dans le *Gai Savoir* (1882) à critiquer les préjugés moraux.[4] Il parle toujours de la culture allemande, tout en s'occupant surtout de celle de l'individu. Dans *Aurore,* la connaissance était le seul but auquel l'humanité devrait se sacrifier;[5] dans l'étude de 1882, la connaissance n'est qu'un moyen.[6] L'auteur paraît paraphraser Pascal en disant: "Peut-être que la vérité est-elle une femme qui a des raisons de ne pas vouloir montrer ses raisons".[7] Cependant, il n'y a aucune référence directe à Pascal dans ce livre. On note que la dernière attitude de Nietzsche sur le problème de la connaissance semble définitive: tout est subjectif. L'auteur poursuit l'examen du sentiment de puissance, entendu toujours dans le sens qu'il a dans *Aurore*. Mais on ne décèle pas de jugements foncièrement nouveaux.

Il n'en est pas de même en ce qui concerne *Ainsi parlait Zarathoustra,* car ici l'auteur fait la première démarche vers la solution d'une difficulté centrale; à savoir: comment résoudre le rapport entre le chaos du caractère humain et la nécessité d'organiser ce même chaos?[8] Nietzsche a commencé par s'apercevoir que la vision de Dionysos et celle d'Apollon sont fondamentales d'abord à la culture des masses et ensuite à celle de l'individu. Mais c'est là une dualité, dont la relation d'un principe (la vision de Dionysos) à l'autre (la vision d'Apollon) n'est pas tout à fait claire. Comment parvenir à une "unité de style",[9] sur laquelle se fonde la vraie culture de l'homme affranchi, si l'on doit se référer presque incessamment à deux principes? Le problème est pour Nietzsche beaucoup plus grave qu'il ne le paraît à la surface, car, ayant déjà repoussé la doctrine de Schopenhauer, Nietzsche a dû rejeter aussi le monisme métaphysique qu'était la Volonté considérée comme un mouvement aveugle vers l'existence. Etant donné que pour Nietzsche toute dualité doit se réduire à une unité, les deux principes fondés sur les perspectives de Dionysos et d'Apollon posaient un problème qu'il fallait résoudre. Nietzsche annonce une solution dans *Zarathoustra* ; elle est la volonté de puissance.[10]

Pour saisir l'importance de cette découverte, il est nécessaire de résumer, et même de répéter, quelques-unes des idées-maîtresses que nous avons mentionnées plus haut. Nietzsche n'a pas trouvé, tout d'un coup, l'unité métaphysique dont il ressentait le besoin. Rappelons que la portée de *Humain, trop Humain,* d'*Aurore,* et enfin, des premiers quatre livres du *Gai Savoir,* reste, en grande partie, l'analyse psychologique des croyances et des actions humaines. Peu à peu, presque à son insu, Nietzsche se rend compte que ce que veulent les hommes, même lorsqu'ils cherchent la vérité métaphysique, c'est d' "asservir" les autres.[11] Ce désir de s'imposer devient la réalité la plus profonde de toute conduite humaine. Il explique la tendance au désordre dionysien aussi bien que la sagesse d'Apollon, car déjà dans *Aurore,* l'auteur signale que même chez les Grecs, " . . . le sentiment de puissance était estimé supérieur à toute espèce d'utilité et de renom."[12]

Remarquons, cependant, que jusqu'à *Zarathoustra,* il s'agit généralement de la volonté de dominer les autres. Mais avec *Ainsi parlait Zarathoustra,* le sentiment de puissance prend une signification différente, car à partir de ce moment, le sentiment de puissance, c'est la maîtrise de soi-meme.[13] Au premier abord, il paraît que Nietzsche n'annonce rien de nouveau: déjà l'esprit apollonien supposait une discipline de soi. Où est la nuance nouvelle? Elle découle de ce que la sagesse d'Apollon ne constituait pas au commencement un sentiment de puissance.

On peut mieux saisir ce que Nietzsche veut dire, si l'on tient compte de l'expression allemande, *Der Wille zur Machte,* dont le sens est "la volonté pour (atteindre) la puissance." Le désir de dominer les autres, signalé dans *Humain, trop Humain* et tout particulièrement dans *Aurore* est, dans une certaine mesure, une "volonté pour (atteindre) la puissance." La tendance à "asservir" les autres est un désordre, une impulsion au chaos; elle devrait donc être qualifiée, d'après la direction générale de la pensée nietzschéenne, par le mot "dionysien". Opposée à cette tendance sans doute maladive se trouve l'exigence de donner une forme au chaos qui est, elle aussi, une "volonté *pour* (atteindre) la puissance." Cette exigence est saine puisqu'elle est la sagesse d'Apollon. Nietzsche se rend compte, pres- que soudainement, que tous les deux aspects de son ancienne doctrine sont des manifestations d'une seule réalité qui explique tous les phénomènes du monde et de l'homme. Cette réalité, c'est la volonté "pour" la puissance.[14] Certes, celle-ci aura, pour ainsi dire, deux dimensions dont l'une (la sagesse d'Apollon) doit dominer sur l'autre (le chaos dionysien); mais elle reste une seule réalité. Nietzsche a reussi à remplacer l'idée de la volonté schopenhauérienne. Mais *Zarathoustra* annonce aussi le Surhomme qui in- carne la volonté de puissance;[15] c'est-à-dire, lui seul pourra regarder l'horreur essentielle de la vie et le chaos de ses propres tendances, et sans nier ni cette vie ni lui-même, pourra faire du désordre des instincts l'oc- casion de se maîtriser. En ce sens-là, il s'élève au-dessus de ses impulsions aveugles et au-dessus des masses.[16] Il dominera celles-ci, mais sa domina- tion n'aura pas de sens biologique ou racial; elle restera "spirituelle".[17] En outre, le Surhomme a un rapport avec l'éternel retour: lui seul pourra se rendre compte, dans la profondeur de son être, qu'il résume tout ce qui a jamais été et tout ce qui sera. Le Surhomme, c'est l'apogée d'un cycle historique. Dans un autre cycle, celui-ci a certainement existé; il faut renouveler ce cycle pour que, enfin, la race supérieure des Surhommes puisse apparaître de nouveau.

Il reste encore une question très importante: comment le Surhomme se maîtrise-t-il? Le Surhomme parvient à une parfaite discipline de lui-même par la sublimation de ses instincts.[18] C'est là une des grandes divergences entre la position nietzschéenne et le christianisme, tel que Nietzsche le con- çoit. Dans *Aurore* et plus tard, dans *Par delà le bien et le mal,* dans *Le Crépuscule des Idoles,* dans l'*Antéchrist,* et finalement, dans *La Volonté de puissance,* le philosophe allemand signalera, d'une façon on d'une autre, ce grand défaut du christianisme.[19] Dans ce contexte, Pascal entrera en jeu. Pour Nietzsche, l'homme supérieur et à plus forte raison le Surhomme ne vivent point sans passions ; au contraire, le Surhomme en a de très fortes, car s'il s'oppose au chrétien, c'est parce qu'il sublime les instincts tandis que celui-ci les détruit. Le Surhomme reste un homme puissant, mais le chrétien, c'est un homme émasculé. Mais si le Surhomme, en sublimant les passions, résume en lui-même la plus grande puissance, il mène une vie par delà le bien et le mal. Nietzsche est ici un peu difficile à comprendre, faisant à ce sujet des jugements qui ne dispensent pas de commentaire:

> Nous pensons que la dureté, la violence, l'esclavage, le péril dans l'âme et dans la rue, que la dissimulation, le stoïcisme, les artifices, et les diableries de toutes sortes, que tout ce qui est mauvais, terrible, tyrannique, tout ce qui chez l'homme tient de la bête de proie et du serpent sert tout aussi bien à l'élévation du type homme que son contraire.[20]

Qu'est-ce que Nietzsche veut-dire? Nous croyons que le contexte total de sa pensée nous permet de l'interpréter de la façon que voici: le bien et le mal, entendus au sens traditionnel, sont indifférents par rapport à la discipline qu'exerce le Surhomme; c'est-à-dire, le bien et le mal ne paraissent être qu'une partie du chaos dionysien. Cela semble paradoxal, si l'on ne tient pas compte que le désordre représenté par Dionysos, ce sont les passions qui doivent être réglées, et que celles-ci incluent le bien chrétien (la recherche de la vérité, le désir d'aider les autres, etc.) et le mal. Les passions, comprises dans ce sens plus large, sont le côté négatif de la volonté de puissance; elles doivent recevoir, du côté positif, une forme qui consiste en la maîtrise de soi, au moyen de la sublimation.

Le noyau de la philosophie nietzschéenne est maintenant complet. A part les données de *La Généalogie de la Morale,* dont nous parlerons assez longuement plus bas, les diverses questions que soulève Nietzsche dans *le Cas Wagner, Nietzsche contre Wagner, Le Crépuscule des Idoles,* l'*Antéchrist* et finalement dans *Ecce Home,* sont d'une importance secondaire. Nous y ferons référence à l'occasion. Pour le moment, nous croyons avoir suffisamment préparé le terrain de notre enquête pour reprendre le rapport entre Pascal et Nietzsche, tel qu'on décèle ce rapport pendant les années 1881-1886. Pour faciliter notre tâche, nous avons divisé cette période en deux parties, dont la première comprend les années 1881-1883. Les diverses références à Pascal se réduisent principalement à l'attaque contre l'Apologétique et à la question de l'ascétisme. Nous croyons que les données qui suivent nous permettront de tirer les conclusions que voici: Pascal apologiste n'est pas pour Nietzsche un rival sérieux; en outre, à l'encontre des idées généralement reçues, le rapport entre Pascal et Nietzsche ne saurait s'expliquer que dans le contexte de l'ascétisme.

II

La présente étape de notre étude se limite donc à la considération des premières réponses de Nietzsche aux arguments de Pascal apologiste. Cette critique se trouve principalement dans le premier des cinq livres d'*Aurore,* où l'auteur se borne à critiquer certaines idées-maîtresses pascaliennes. Il parle expressément de Pascal six fois, mais les accusations les plus décisives sont parfois indirectes. La première se rapporte au problème de la connaissance. Dans les deux volumes de *Humain, trop Humain,* Nietzsche doutait de la possibilité d'atteindre la certitude métaphysique; mais dans l'étude 1881, le problème de la connaissance devient presque central. On peut relever sans aucune difficulté plus de cinquante "essais" ou "aphorismes prolongés" où l'auteur traite de cette question. On se limite ici à la citation suivante:

> Mon oeil qu'il soit perçant ou qu'il soit faible, ne voit qu'à une certaine distance. Je vis et j'agis dans cet espace, cette ligne d'horizon est ma plus proche destinée, grande ou petite, à laquelle je ne puis échapper. Autour de chaque être s'étend ainsi un cercle concentrique qui lui est particulier . . . Les habitudes de nos sens nous ont enveloppés dans un tissu de sensations mensongères qui sont, à leur tour, la base de tous nos jugements et de notre "entendement", il n'y a absolument pas d'issue, pas d'échappatoire, pas de sentier détourné vers le monde réel! Nous sommes dans notre toile comme des araignées, et quoi que nous puissions y prendre, ce ne sera toujours que ce qui se laisse prendre à notre toile.[21]

Nietzsche paraît avoir cru dès le commencement que les pouvoirs de la raison sont très limités ; mais dans le passage qu'on vient de citer, où l'on voit peut-être une allusion à l'homme pascalien posé entre deux infinis, il semble exprimer un jugement plus sévère: le "tissu de sensations mensongères" est la base de toutes nos opinions. Au plus, l'intelligence est condamnée à un perspectivisme très relatif. Certes, il est question ici d'un subjectivisme qui grandit depuis *Humain, trop Humain.*[22] Il est clair, qu'à la date où nous en sommes, l'intellect n'est pas seulement circonscrit mais qu'il est destiné à échouer dans la tentative d'établir la vérité métaphysique. On ne peut pas, par exemple, saisir "l'effet" et la "cause"[23]; on n'en perçoit que les images. Il n'y a pas de "causes finales" dans la nature.[24] La raison est venue dans le monde par le hasard. Néanmoins, si l'humanité devait se sacrifier à un but, ce serait à la connaissance de la vérité; le problème n'a cependant jamais été posé. En somme, il n'y a pas de vérité absolue pour Nietzsche; il n'y a que "votre vérité" et "ma vérité". Voilà le contexte dans lequel Nietzsche se réfère à Pascal pour la première fois dans *Aurore:*

> Quel bon oreiller est le doute pour une tête bien équilibrée! Ce mot de Montaigne a toujours exaspéré Pascal, car personne n'a jamais désiré aussi violemment que lui un bon oreiller. A quoi cela tenait-il donc?[25]

Pour Nietzsche, Pascal était un sceptique qui n'a pas voulu s'avouer à lui-même ses doutes.[26] Evidemment, il y a certains passages dans les *Pensées* qui semblent indiquer qu'un tel jugement est bien fondé. De toute façon, ce qui importe ici, c'est de saisir la raison pour laquelle Nietzsche se demande: "A quoi cela tenait-il donc?" On décèle l'arriere-pensée de l'auteur dans son observation sur le rapport entre le doute et le christianisme:

> Le christianisme a fait tout ce qui lui était possible pour fermer un cercle autour de lui: il a déclaré que le doute, à lui seul, constituait un péché. On doit être précipité dans la foi sans l'aide de la raison, par un

miracle, et y nager dès lors comme dans l'élément le plus clair et le moins équivoque: un regard jeté vers la terre ferme, la pensée que l'on pourrait peut-être ne pas exister que pour nager, le moindre mouvement de notre nature d'amphibée—suffisent pour nous faire commettre un péché! Il faut remarquer que, de la sorte, les preuves de la foi et toute réflexion sur l'origine de la foi sont condamnables. On exige l'aveuglement et l'ivresse, et un chant éternel au-dessus des vagues où la raison s'est noyée.[27]

Nietzsche ne distingue jamais entre *Zweifel* et *Schwierigkeit;* les deux mots ne sont cependant pas synonymes. Néanmoins, c'est à cause de l'attitude sur le doute, laquelle résume pour lui la position intellectuelle du christianisme, que toutes les preuves de la foi et toutes réflexions sur son origine sont déjà condamnables. Une telle constatation aurait dû suffire pour que Nietzsche laissât de côté tous les arguments de l'Apologétique. Mais il n'en est rien. Nietzsche s'attaque directement au *Deus absconditus* dans un essai sur "La bonne foi de Dieu". On ne peut nier que le problème signalé par le philosophe allemand est grave, car l'auteur relève une véritable lacune dans l'Apologétique. Nietzsche commence par poser une question angoissante:

Un Dieu qui est omniscient et omnipotent et qui ne veillerait même pas à ce que ses intentions fussent comprises par ses créatures—serait-ce là un Dieu de bonté ? Un Dieu qui laisse subsister pendant des milliers d'années des doutes et des hésitations innombrables, comme si ces doutes et ces hésitations étaient sans importance pour le salut de l'humanité et qui pourtant fait prévoir les conséquences les plus épouvantables au cas où l'on se méprendrait sur la vérité ? Ne serait-il pas un Dieu cruel s'il possédait la vérité et s'il pouvait assister froidement au spectacle de l'humanité se tourmentant pitoyablement à cause d'elle?[8]

Pascal n'a pas fait face à cette difficulté d'une manière satisfaisante pour des raisons que nous examinerons plus tard. Par contre, Nietzsche n'a fait aucun effort pour voir si chez Pascal une solution se trouvait sous-jacente. Dans les lignes qui suivent, il paraît se moquer du thème du "Dieu caché": Dieu, manquait-il peut-être d'esprit, ou d'éloquence? "Ce serait d'autant plus grave ! Car alors il se serait peut-êre trompé dans ce qu'il appelle sa "vérité" et il ressemblerait beaucoup au "pauvre diable dupé"!"[29] Nietzsche continue:

Toutes les religions portent l'indice d'une orgine redevable à un état d'intellectualité humaine trop jeune et qui n'avait pas encore atteint sa maturité, elles prennent toutes extraordinairement l'obligation de dire la vérité: elles ne savent encore rien d'un devoir de Dieu envers les hommes, le devoir d'être précis et véridique dans ses communications.[30]

Cette citation suit immédiatement le premier jugement sur le Dieu qui ne peut dissiper les doutes et les hésitations de ses créatures. On note que l'auteur signale une certaine naiveté intellectuelle dans toutes les religions et qu'il vise surtout Pascal:

Personne n'a été plus éloquent que Pascal pour parler du "Dieu caché" et des raisons qu'il a à se tenir si caché et à dire jamais les choses qu'à demi, ce qui indique bien que Pascal n'a jamais pu se tranquilliser à ce sujet: mais il parle avec tant de confiance que l'on pourrait croire qu'il s'est trouvé par hasard dans les coulisses. Il sentait vaguement que le "deus absconditus" ressemblait à quelque chose comme de l'immoralité, mais il aurait eu honte et il aurait craint de se l'avouer à lui-même: c'est pourquoi il parlait aussi haut qu'il pouvait, comme quelqu'un qui a peur.[31]

Là-dessus, comment ne pas se rappeler la prétendue attitude chrétienne sur le doute, attitude qui s'applique tout particulièrement à Pascal? Nietzsche souligne encore une fois le scepticisme de Pascal: celui-ci a dû se réfugier auprès du "Dieu caché" sans être convaincu de la valeur de son argument. On ne saurait dire que le philosophe allemand a eu complètement tort à ce sujet, car on peut bien se demander si le thème du *Deus absconditus,* tel que Pascal s'en sert, est tout à fait efficace. Mais remarquons, pour le moment, que le "Dieu caché" s'attache à un autre problème que Nietzsche n'hésite pas à discuter, sans nommer Pascal directement. On sait que pour Pascal l'ancien Testament et le nouveau constituent un seul livre et que dans une certaine mesure les vrais chrétiens ont toujours existé.[32] Nietzsche ne peut accepter un tel jugement. Dans l'essai sur "La philologie du christianisme", il paraît viser d'abord les protestants en tant qu'ils citent les Ecritures pour prouver un argument, sans se rendre compte du véritable sens de la Bible. La tendance à faire des deux Testaments un seul livre paraît s'appliquer surtout au catholicisme (et indirectement à Pascal) puisqu'il s'agit d'une tentative qui remonte jusqu'anx origines de l'Eglise:

> Mais, en fin de compte, que peut-on attendre des effets d'une religion qui, pendant les siècles de sa fondation, a exécuté cette extraordinaire farce philologique autour de l'Ancien Testament? Je veux dire la tentative d'enlever l'Ancien Testament aux juifs avec l'affirmation qu'il ne contenait que des doctrines chrétiennes et qu'il ne devait appartenir qu'aux chrétiens, le véritable peuple d'Israël, tandis que les juifs n'avaient fait que se l'arroger . . .; quelles que fussent les protestations des juifs, partout, dans l'Ancien Testament, il devait être question du Christ, et rien que du Christ . . . tout cela n'était que des allusions et, en quelque sorte, des préludes de la croix! Ceux qui prétendaient ces choses, les ont-ils jamais crues?[33]

Pascal a pensé qu'on pouvait établir la position chrétienne en montrant que les prophéties de l'ancien Testament ont été réalisées dans le nouveau. Bien qu'il ne soit pas certain que le philosophe allemand pense à Pascal dans le passage qu'on vient de citer, il est clair qu'une telle critique s'opposerait à l'argument pascalien. Nietzsche rejette l'effort pour démontrer la vérité du christianisme en faisant des deux Testaments un seul livre. Il s'appuie sur la philologie, science où il se sent particulièrement fort, mais il ne donne pas assez d'exemples concrets pour prouver la validité de ses remarques. Son accusation reste donc un peu vague. Malgré cela, il est certain que l'herméneutique de Pascal ne dépasse pas toujours les limites de son époque. Quoiqu'il en soit, Nietzsche en critiquant le *Deus absconditus* et la tentative de faire des Ecritures un seul livre a mis en cause l'essence même de l'Apologétique. En outre, l'effort intellectuel de Pascal l'a amené au désepoir:

Le christianisme possède le flair du chasseur pour tous ceux que, de
quelque façon que ce soit, on peut amener au désespoir . . . Il est
toujours à la poursuite de ceux-ci, toujours à l'affût. Pascal fit l'expérience d'amener chacun au désespoir au moyen de la connaissance
la plus incisive;—la tentative échoua, ce qui lui procura un second
désespoir.[34]

Nietzsche n'explique nulle part comment Pascal est arrivé au premier
désespoir, pour ne pas parler du second. Peut-être qu'il estime la vision
tragique de l'homme vis-à-vis du monde comme une sorte d'angoisse que
Pascal n'a jamais pu dissiper. De plus, Pascal était pour lui un sceptique
qui n'a pas voulu s'avouer à lui-même ses doutes, ce qui, selon Nietzsche,
serait un péché pour les chrétiens et à plus forte raison, pour le plus grand
de ceux-ci. On sait, par un fragment des oeuvres posthumes qu'on
signalera plus tard, que le philosophe allemand a considéré le problème de
la connaissance comme la difficulté la plus intime de Pascal. De toute
façon, l'accusation du désespoir n'est pas sans équivoque.

Après avoir mis en question le noeud de l'Apologétique, Nietzsche
croit pouvoir démolir le christianisme en se fondant sur les données de certaines sciences qui n'existaient pas au dix-septième siècle. Il s'agit surtout
d'une argumentation reposant d'abord sur une sorte d'analyse linguistique
et ensuite sur diverses conclusions de la religion comparée. Nietzsche ne
parle expressément pas de Pascal. Toutefois, si nous poursuivons notre
enquête, nous décelons encore un argument contre lui: Nietzsche met en
cause la valeur d'un témoignage scellé par la mort:

"La vérité du christianisme était démontrée par la conduite vertueuse
des chrétiens, leur fermeté dans la souffrance, leur foi inébranlable et
avant tout, par leur expansion et leur accroissement malgré toutes les
misères".—Vous parlez ainsi aujourd'hui encore! C'est à faire pitié!
Apprenez donc que tout cela ne prouve rien, ni pour ni contre la
vérité, qu'il faut démontrer la vérité autrement que la véracité et que
cette dernière n'est nullement un argument en faveur de la première.[35]

L'auteur pense sans doute à certaines phrases de l'Apologétique qu'on
peut mal interpréter: "Je ne crois que les histoires dont les témoins se
feraient égorger".[36] Ou bien, peut-être qu'il se rappelle ce jugement:

Jamais on ne s'est fait martyriser pour les miracles qu'on dit avoir vus,
car ceux que les Turcs croient par tradition, la folie des hommes va
peut-être jusqu'au martyr, mais non pour ceux qu'on a vus.[37]

Si c'est bien Pascal à qui Nietzsche reproche d'avoir confondu la
"vérité" avec la "véracité", il est clair que le philosophe allemand a mal
compris Pascal à ce sujet. Se livrer à la mort pour témoigner d'une
croyance ne prouve rien d'autre que la sincérité; il faudrait un critère tout
autre pour établir la valeur objective de ce qu'on croit. Nietzsche n'a
cependant pas épuisé ses critiques car il oppose la théorie de l'évolution
(qu'il n'a pas acceptée, en fin de compte, parce qu'elle s'accorde mal avec
la théorie cyclique de l'histoire) à tout ce qui indique la grandeur de
l'homme en général. Aussi songe-t-il au fameux thème pascalien. Nietzsche
déclare:

Autrefois, on cherchait à éveiller le sentiment de la souveraineté de l'homme en montrant son origine divine: ceci est devenu maintenant un chemin interdit, car à sa porte, il y a le singe, avec quelque autre gent animale non moins effrayable; - elle grince des dents comme si elle voulait dire: pas un pas de plus dans cette direction.[38]

On ne peut non plus insister sur la grandeur de l'homme en signalant son destin:

On fait, par conséquent, des tentatives dans la direction opposée : le chemin que prend l'humanité doit servir de preuve à sa souveraineté et à sa nature divine. Hélas! de cela aussi il n'en est rien ! Au bout de ce chemin se trouve l'urne funéraire du dernier homme qui enterre les morts (avec l'inscription: "nihil humani a me alienum puto").[39]

Nietzsche a donc exclu toute idée de la grandeur de l'homme en général (il ne s'agit pas ici de la supériorité du Surhomme) qui se fonde ou sur son origine ou sur son destin. Il ne serait pas osé d'y voir une attaque indirecte contre Pascal. Mais si notre jugement doit rester un peu réservé à ce propos, il est certain qu'une telle perspective sur la grandeur de l'homme en général s'oppose à celle de Pascal. Quoiqu'il en soit, les notes de cette période révèlent la principale erreur que fait Pascal: celui-ci a fait de la nécessité du christianisme une preuve de sa vérité:

Pascal a conseillé qu'on s'habitue au christianisme; on verrait que les passions diminuent. Cela, c'est profiter et jouir de son manque d'honnêteté. La faute capitale de Pascal: il pense prouver que le christianisme est vrai parce qu'il est nécessaire—cela présuppose qu'il existe une bénigne Providence vraie qui fait que tout ce qui est nécessaire soit aussi vrai: mais il pourrait y avoir des erreurs nécessaires! Finalement, la nécessité pourrait seulement paraître nécessaire, parce qu'on s'est tellement habitué à l'erreur qu'elle devient, d'une façon dominante, une seconde nature.[40]

On note ici deux constatations dont le fondement ne saurait se justifier: d'abord, pour Nietzsche, Pascal a confondu la nécessité du christianisme avec sa "vérité"; puis, le philosophe allemand emploie contre lui un jugement sur la coutume qu'il a trouvé dans les *Pensées*. En ce qui concerne le rapport entre la nécessité du christianisme et sa valeur objective, les raisons pour lesquelles Nietzsche a tiré cette conclusion injustifiable ne sont pas claires. Il paraît se méprendre sur trois observations de Pascal qu'il a réduites à un seul principe: la nécessité prouve la vérité. On se demande comment il a pu interpréter Pascal à tort et à travers. Pour Pascal, une religion qui est vraie doit pouvoir rendre compte des "étonnantes contrariétés"; c'est-à-dire qu'elle doit harmoniser et la grandeur et la misère de l'homme. Les philosophes n'y sont jamais parvenus—au fond, Epictète et Montaigne ne se contredisent-ils pas? La religion chrétienne seule vient à bout de cette tâche.[41] Donc, il vaut bien la peine d'examiner le fondement de celle-ci. Pour Pascal, le fait que, seul, le christianisme rend raison des "contrariétés" humaines montre tout simplement que le christianisme est nécessaire pour comprendre celles-ci; mais cela ne signifie pas que la doctrine chrétienne est justifiée à cause de cette réussite. Pascal remarque aussi que nous sommes automates autant qu'esprit, d'où l'instrument de la persuasion n'est pas la démonstration seule, car ". . . la

coutume fait ses preuves les plus fortes et les plus crues. . ."[42] Mais il faut
regarder tout le contexte:

> Enfin il faut avoir recours à elle (i.e., à la coutume) quand une fois
> l'esprit a vu où est la vérité, afin de nous abreuver et nous teindre de
> cette créance, qui nous échappe à toute heure; . . . Il faut donc faire
> croire nos deux pièces: l'esprit, par ses raisons, qu'il suffit d'avoir vues
> une fois en sa vie; et l'automate, par la coutume, et en ne lui permet-
> tant pas de s'incliner au contraire.[43]

C'est donc seulement après que l'esprit a vu les preuves du
christianisme que Pascal conseille qu'on s'y habitue. La critique
nietzschéenne rappelle encore un conseil de Pascal qui, en parlant à celui
qui veut parier, lui demande de commencer par "diminuer" les passions,
puisqu'elles l'empêchent de croire. Son interlocuteur n'aura rien à perdre;
au contraire, il gagnera déjà pendant cette vie, parce qu'il sera plus vertueux.[44] Pascal ne dit point que ce phénomène justifie par lui-même la position chrétienne. En somme, Nietzsche s'est complètement mépris sur la
"faute capitale". Le sol de son argument reposant sur la coutume considérée chez Pascal comme une seconde nature se dérobe totalement.

Voilà les armes que Nietzsche fourbit contre l'Apologétique.[45] Pascal
apologiste, est-il pour Nietzsche un rival sérieux? Il paraît que non. D'une
part, tout en mal interprétant certaines idées-maîtresses de l'Apologétique,
Nietzsche croit avoir démoli le fondement intellectuel du christianisme, ne
se rendant pas toujours compte que l'Apologétique, telle que nous la connaissons, ne constitue qu'une simple ébauche. D'autre part, Nietzsche
pense que les données de certaines sciences nouvelles, surtout de la religion
comparée, lui permettent de s'appuyer sur des arguments dont Pascal ne se
doutait pas.[46] En somme, Nietzsche estime que Pascal apologiste ne lui
lance aucun défi insurmontable, semble-t-il. Les données des années 1881-
1883 laissent tirer cependant des conclusions plus nuancées; ces données
montrent que le véritable rapport entre Nietzsche et Pascal s'ordonne non
pas autour du fondement intellectuel de la position chrétienne mais autour
du problème de l'ascétisme. C'est donc la signification des jugements
nietzschéens sur cette question qu'on doit maintenant chercher.

III

Avant d'aborder le problème de l'ascétisme, il convient de se rappeler
qu'à cette date Nietzsche continue son analyse psychologique de la conduite humaine et qu'il résume généralement ses découvertes à ce sujet sous
l'idée du désir de dominer les autres. Or, c'est précisément dans *Aurore* que
Nietzsche parle de l'ascète comme de celui qui éprouve le plus grand sentiment de puissance. Il s'agit surtout de l' "aspiration à la distinction" qui
est

> l'aspiration à subjuguer le prochain . . . Il y a une longue série de
> degrés dans cette secrète volonté d'asservir, et pour en épuiser la
> nomenclature il faudrait presque écrire une histoire de la civilisation,

depuis la première barbarie grimaçante jusqu'à la grimace du raffinement et de l'idéalité maladive. L'aspiration à la distinction procure
successivement au prochain—pour désigner par leurs noms quelques
degrés de cette longue échelle: d'abord la torture, puis des coups, puis
de l'épouvante, puis de l'étonnement angoissé, puis de la surprise, puis
de l'envie, puis de l'admiration, puis de l'édification, puis du plaisir,
puis de la joie, puis des rires, puis des railleries, puis des ricanements,
puis des insultes, puis des coups donnés, puis des tortures in-
fligées:—là, au bout de l'échelle se trouve placé l'ascète et le martyr; il
éprouve la plus grande jouissance, justement par suite de son aspiration à la distinction, à subir lui-même ce que son opposé sur le
premier degré de l'échelle, le barbare, fait souffrir à l'autre, devant qui
il veut se distinguer. Le triomphe de l'ascète sur lui-même . . . cette
tragédie de l'instinct de distinction . . ., c'est là le digne dénouement
qui complète les origines: dans les deux cas un indicible bonheur de
l'aspect des tortures![47]

Au premier degré de l'échelle se trouve le barbare; au dernier, se place
l'ascète. Il est intéressant de noter dans cette longue série que seul l'ascète
parvient à la discipline de lui-même et que son triomphe sur les autres s'accomplit d'une façon indirecte. L'apogée du phénomène ascétique, c'est à
la fois le comble de l'aspiration à la distinction et le dénouement; car on ne
pourra que revenir au premier degré de l'échelle où l'on rencontrera le barbare. On voit peut-être ici une allusion à l'éternel retour. Quoiqu'il en soit,
le problème que pose l'homme austère, c'est en grande partie celui du
Surhomme: lui aussi sera "ascète." La différence, et elle est capitale, c'est
que pour Nietzsche l'ascète détruit ses passions, tandis que l'homme le plus
supérieur les sublime. Voilà pourquoi la vie austère est une tragédie et une
tendance maladive. Mais la discipline chrétienne, mal dirigée sans doute,
ressemble à la maîtrise du Surhomme qui donne une forme au chaos de sa
nature. Nietzsche ne peut accepter la "philosophie" sur laquelle l'ascétisme
chrétien se fonde. Il n'a qu'un seul choix: ou abandonner sa tentative de
résoudre à sa façon le problème de la vie ou accepter la position chrétienne.
Toute sa pensée, déjà attachée à la philosophie du devenir, l'empêche
d'admettre la seconde alternative. Nous avons vu qu'il se sent obligé de
s'attaquer à la première.

Si nous pouvons laisser de côté, pour le moment, la question de
l'ascétisme chez le Surhomme, nous pouvons nous demander s'il n'y a pas
dans la pensée de Nietzsche un rapport entre l'ascétisme et Pascal. Dans un
essai d'*Aurore,* "Désirer des adversaires parfaits", Nietzsche pense à
Pascal, semble-t-il. Pour le philosophe allemand, les Français ont été le
peuple le plus chrétien de la terre, non pas parce que la dévotion des masses
a été plus généreuse qu'ailleurs mais parce que ". . . les formes les plus difficiles à réaliser de l'idéal chrétien n'y sont point demeurées à l'état de conception . . . ."[48] L'auteur signale six personnages: Pascal, Fénelon, Mme
Guyon et le mouvement quiétiste, le fondateur des Trappistes, les
Huguenots, et enfin, Port-Royal, dernière floraison de la haute érudition
chrétienne; Nietzsche dit de Pascal en particulier:

Voici Pascal, dans l'union de la ferveur, de l'esprit et de la loyauté, le
plus grand des chrétiens,—et que l'on songe à tout ce qu'il s'agissait
d'allier ici.[49]

Remarquons que tous ces personnages ont, d'une façon ou d'une autre, un caractère ascétique, qu'ils sont, pour Nietzsche, "des adversaires parfaits". Cependant, ce n'est pas à eux en général que Nietzsche s'attaque dans *Aurore* et ailleurs; c'est uniquement à Pascal, "le plus grand des chrétiens". Les diverses critiques nietzschéennes sur Pascal s'expliquent généralement à la lumière de l'ascétisme, semble-t-il. Cela est d'autant plus probable lorsqu'on se rappelle ce qu'on a signalé dans le chapitre précédent: Nietzsche a vu Pascal surtout par les yeux de Schopenhauer. On doit cependant poser une question ultérieure: peut-on entrevoir un certain lien entre le comble du sentiment de puissance (du temps d'*Aurore*) et l'ascétisme de Pascal?

Il ne sera pas sans profit d'aborder ce problème par un examen du jugement nietzschéen sur le "moi-haïssable". A la date où nous en sommes, Nietzsche n'est pas encore parvenu à l'idéal du Surhomme; le caractère de l'homme affranchi n'est pas tout à fait clair dans son esprit. Jusqu'ici, l'esprit libre est généralement celui qui doit se débarrasser de tout pour entrer en possession de lui-même. Aussi la pensée de Nietzsche est-elle négative; elle devient positive en ce sens-ci: les valeurs selon lesquelles l'esprit libre doit organiser le chaos qui est en lui découlent de lui-même, non pas d'un facteur extérieur. De ce point de vue-là, son "moi" ne sera donc pas "haïssable". Le problème est cependant plus complexe, car il paraît que Nietzsche a conscience, d'une façon au premier abord paradoxale, d'un idéal qui ressemble au sien. Constatons premièrement ce qu'on trouve dans *Aurore,* où Nietzsche se limite à montrer que le "moi-haïssable" n'est pas entièrement honnête par rapport à l'ensemble de la doctrine chrétienne:

> Si, d'après Pascal et le christianisme, notre moi est toujours haïssable, comment pouvons-nous autoriser et accepter que d'autres se mettent à l'aimer—fussent-ils Dieu ou hommes? Ce serait contraire à toute bonne conscience de se laisser aimer alors que l'on sait fort bien que l'on ne mérite que la haine,—pour ne pas parler d'autres sentiments defensifs.[50]

Dans les lignes qui suivent Nietzsche devient ironique. Il est vis-à-vis d'un problème qui l'inquiète, car à son sens le "moi-haissable" de Pascal s'attache à l'idée de l'ascétisme. On se rappelle que l'ascète éprouve le plus grand sentiment de puissance, que ce même sentiment va bientôt devenir la "volonté de puissance" qu'incarne le Surhomme et que, finalement, celui-ci sera "austère". En d'autres termes, le philosophe allemand entrevoit chez Pascal une similarité de pensée. Il croit avoir démoli le fondement du christianisme; il s'adonne maintenant à détruire le "moi-haïssable". Il ne le peut pas; et dans les phrases suivantes où l'on entend une espèce de dialogue entre lui et Pascal, il trahit son embarras:

> "Mais c'est là justement le règne de la grâce". Votre amour du prochain est donc une grâce? Votre pitié est une grâce? Eh bien! Si cela vous est possible faites un pas de plus: aimez-vous vous-même par grâce,—alors vous n'aurez plus du tout besoin de votre Dieu, et tout le drame de la chute et de la rédemption se déroulera en vous-même jusqu'à sa fin.[51]

Toutefois, le lecteur peut bien demander si, en décrivant le Surhomme comme celui qui sera "ascète", nous n'avons pas dépassé la pensée de Nietzsche telle qu'on la saisit en 1881. Aussi le lecteur peut-il faire objection à ce que nous venons de constater: Nietzsche est embarrassé par le "moi-haïssable" précisément à cause du fait qu'il y décèle une ressemblance à son idéal, qui sera plus tard celui du Surhomme. On peut faire face à ces objections légitimes en signalant d'abord que le sentiment de puissance dans *Aurore,* ayant son apogée en l'ascète, sera sans aucun doute après 1883 la volonté de puissance. Celle-ci, nous l'avons vu dans *Ainsi parlait Zarathoustra,* entraîne une discipline, une victoire sur soi-même. Cependant, bien que l'idéal que cherchait Nietzsche vers 1881 soit certainement dans la ligne de celui d'après 1883, il reste à préciser deux questions: premièrement, l'idéal nietzschéen avait-il déjà en 1881 un caractère vraiment ascétique et deuxièmement, Nietzsche a-t-il associé l'auteur des *Pensées* directement à l'évolution de cet idéal?

Nous croyons que les *Gedanken über Moral*, esquissés pendant 1880-1881, nous permettent non seulement de répondre affirmativement à ces questions mais aussi de les éclaircir davantage; les *Gedanken über Moral* montrent sans aucune équivoque que l'idéal nietzschéen comprenait, déjà au temps d'*Aurore,* même un certain mépris de soi. Le texte qu'il faut maintenant citer, et dont on ne saurait trop estimer l'importance, n'aurait aucune signification à moins que Nietzsche ne vît chez Pascal un ideal qui ressemblait au sien:

> En comparaison avec Pascal: n'avons-nous pas aussi notre force dans la maîtrise de nous-même, comme lui? lui, au service de Dieu, nous au service de la loyauté? Naturellement: un idéal, (qui consiste) à arracher au monde les hommes et nous-mêmes, fait la tension la plus inouïe, est un continuel mépris de soi dans un sens le plus profond, une heureuse proclamation sur nous-mêmes, dans la haine de tout ce qui s'appelle le "moi". Nous sommes moins amers et aussi moins pleins de vengeance contre le monde, notre force est tout d'un coup plus modeste, d'où nous ne consommons pas nos cierges si vite (que lui), mais (au contraire), nous avons la force de persévérer.[52]

L'idéal dont il s'agit dans cette citation sera plus tard celui du Surhomme et de la volonté de puissance. Celle-ci est un monisme métaphysique comportant un principe négatif (le chaos dionysien, les passions) et un principe positif (la sagesse d'Apollon, la maîtrise de celles-ci). Il est clair que, dorénavant, on devra tenir compte d'une nouvelle perspective chez Nietzsche, car la discipline en question entraînera un mépris de soi, un "moi-haïssable". Or, il est très intéressant de noter le rôle de Pascal dans ce développement. On se souvient des quatre couples signalés dans *Opinions et Sentences mêlées:* Epicure et Montaigne, Goethe et Spinoza, Platon et Rousseau, Pascal et Schopenhauer. On se rappelle aussi ce jugement: "Quoique je dise, quoique je décide, c'est sur ces huit que je fixe mes yeux, et je vois les leurs fixés sur moi". De ces huit, c'est seulement Pascal que Nietzsche associe à son idéal; c'est avec lui qu'il rivalise. Si le philosophe allemand pense dépasser Pascal apologiste, il reste tout à fait probable que Pascal ascète était pour lui un véritable rival.

Cette conclusion, fondée sur les données de la période 1881-1883, est fortifiée par les jugements qu'on trouve chez Nietzsche pendant les années 1883-1886.[53] Ainsi, dans *Par delà le bien et le mal (1886)*, l'auteur fait trois constatations qui se réduisent à deux jugements: le christianisme, par l'excès de son austérité, a corrompu des hommes comme Pascal;[54] la foi de Pascal ressemble, d'une manière effrayante, à un continuel suicide de la raison.[55] Mais ce qui est très frappant, c'est que Nietzsche, en parlant de Pascal, paraît lier l'ascétisme exagéré avec le *sacrifizio dell'intelletto:*

> Il y a une jouïssance puissante, débordante à assister à ses propres souffrances, à se faire souffrir soi-même,—et partout où l'homme se laisse entraîner jusqu'à l'abnégation (au sens religieux), ou à la mutilation de son propre corps, comme chez les Phéniciens et les ascètes, ou en général au renoncement de la chair, à la macération et à la contrition, aux spasmes puritains de la pénitence, à la vivisection de la conscience, au *sacrifizio dell'intelletto* de Pascal,—il est attiré secrètement par sa propre cruauté, tournée contre elle-même. Que l'on considère enfin que le Connaisseur lui-même, tandis qu'il force son esprit à la connaissance, contre le penchant de l'esprit, et souvent même contre le voeu de son coeur,—c'est-à-dire à nier, alors qu'il voudrait affirmer, aimer, adorer,—agit comme artiste et transfigure la cruauté.[56]

Si le jugement de l'auteur se terminait là, on pourrait comprendre plus facilement ce qu'il veut dire: le sacrifice de la raison ne saurait être qu'un aspect de l'ascétisme, ce qui serait d'autant plus vrai chez Pascal. Mais dans le même paragraphe, Nietzsche ajoute:

> Toute tentative d'aller au fond des choses, d'éclaircir les mystères est déjà une violence, une volonté de faire souffrir, la volonté essentielle de l'esprit qui tend toujours vers l'apparence et le superficiel,—dans toute volonté de connaître, il y a une goutte de cruauté.[57]

Cette espèce de cruauté intellectuelle envers soi-même consiste à aller au fond des mystères et, selon l'ensemble de la pensée nietzschéenne, résulte de l'ascétisme. De prime abord, la position de Pascal paraît équivoque: d'une part, l'ascétisme a amené Pascal au sacrifice de la raison: d'autre part, l'ascétisme entraîne la connaissance la plus incisive.[58] On peut éclaircir la difficulté de cette façon-ci: le sacrifice de la raison chez Pascal se limite à un refus de mettre en cause le fondement même du christianisme; l'abnégation religieuse, et par conséquent, la cruauté envers lui-même, découlent de ce que Pascal a essayé de soutenir à contre-coeur—car il est au fond pour Nietzsche un sceptique—la position chrétienne au moyen de la connaissance la plus profonde. Mais si l'on peut harmoniser ces deux jugements sur Pascal (le sacrifice de la raison et la tentative d'aller au fond des choses), les remarques de Nietzsche à l'égard de Pascal s'orientent de plus en plus vers un ascétisme excessif. Une troisième observation sur Pascal renforce cette conclusion, semble-t-il:

> Pour deviner, par exemple, et établir quelle fut l'histoire du problème de la science et de la connaissance dans l'âme des hommes religieux, peut-être faudrait-il être soi-même aussi profond, aussi blessé, aussi énorme que la conscience intellectuelle d'un Pascal. Encore faudrait-il de plus, cet horizon vaste d'une spiritualité claire et malicieuse, d'une

spiritualité qui serait capable de voir de haut, d'embrasser et de ramener en formules ce chaos d'expériences dangereuses et douloureuses.—Mais qui me rendrait ce service![59]

Les "hommes religieux" sont pour Nietzsche des ascètes. On n'éprouve aucune difficulté insoluble par rapport au problème de la connaissance comme telle—la position de Nietzsche est claire à ce sujet: tout est subjectif. On n'a pas de problème non plus en ce qui concerne l'ascétisme chrétien; c'est une fausse piste: toute vie pleinement chrétienne finit par détruire les passions au lieu de les spiritualiser. Cela, Pascal ne l'aurait certainement pas dit; mais Nietzsche estime qu'un Pascal pourrait élucider la difficulté qui se pose lorsque la tendance à aller au fond des choses découle d'une âme ascétique.[60]

Loin de mettre en cause la conclusion que nous avons tirée plus haut, les jugements sur Pascal, à partir de 1883 jusqu'en 1886, ne laissent pas de la fortifier: à l'encontre des idées généralement reçues, le rapport entre Pascal et Nietzsche doit être considéré surtout dans le contexte de l'ascétisme chrétien, non pas dans celui du fondement intellectuel du christianisme comme tel. C'est là une constatation importante, parce que le phénomène ascétique touche au noyau de la philosophie nietzschéenne, la volonté de puissance. Il reste à savoir, cependant, si les diverses références à Pascal dans les oeuvres de Nietzsche composées, sinon publiées, entre les années 1887-1888, nous permettent de préciser davantage cette conclusion, car la relation entre les deux penseurs, telle qu'on la décèle entre 1881-1886, ne fait que s'orienter vers la volonté de puissance. Il convient donc de demander si les données de 1887-1888 ne montrent pas que l'ascétisme pascalien constitue en lui-même une volonté de puissance mal dirigée.

TROISIEME CHAPITRE

PASCAL, NIETZSCHE, ET L'IDEAL ASCETIQUE

A partir de la publication d'*Aurore* jusqu'à la parution de *Par delà le bien et le mal,* le rapport entre Pascal et Nietzsche est devenu de plus en plus distinct: Nietzsche vise surtout Pascal ascète. Il y a cependant lieu d'approfondir la question davantage. Les grandes lignes de la pensée nietzschéenne sont déjà claires dans *Ainsi parlait Zarathoustra;* nous en avons esquissé plus haut la portée générale. Nous pouvons donc sans inconvénient nous mettre tout de suite à examiner assez rapidement les différentes allusions à Pascal faites pendant 1887-1888. Nous verrons que la question de l'ascétisme reste fondamentale. Ensuite, l'analyse de *La Généalogie de la Morale* (1887), où l'auteur s'occupe assez longuement de l'idéal ascétique, sera essentielle. Finalement, en revenant d'une façon sommaire aux jugements sur Pascal et en comparant ceux-ci aux données très précises de l'étude de 1887, nous espérons pouvoir établir la conclusion que voici: le rapport définitif entre Pascal et Nietzsche ne saurait s'expliquer qu'à la lumière de l'ascétisme considéré comme une volonté de puissance mal dirigée. Nous commençons donc par considérer les diverses remarques sur Pascal, telles qu'on les trouve pendant cette période.

I

Dans les dernières oeuvres de Nietzsche, publiées de son vivant, on découvre peu de références directes à Pascal. L'auteur parle de lui une seule fois dans *La Généalogie de la Morale;* on examinera plus bas la signification de sa remarque. Pendant les années 1887-1888, c'est-à-dire, à partir de la publication de *La Généalogie de la Morale* jusqu'à la fin de la vie intellectuelle du philosophe allemand, les divers jugements sur Pascal se réduisent à deux principales critiques: le sacrifice de la raison et la négation de la vie. Ainsi, dans *Nietzsche contre Wagner,* Nietzsche se demande si c'est la haine de la vie ou bien l'abondance de celle-ci qui devient créatrice chez l'artiste. Cela dépend de l'artiste en question: chez Goethe, la création a découlé de l'abondance, tandis que chez Flaubert, elle résulte de la haine. Flaubert, c'est une "réédition de Pascal," mais sous les traits d'un artiste portant ce jugement instinctif: "Flaubert est toujours haïssable, l'homme n'est rien, l'oeuvre est tout".[1] On verra dans l'analyse de *La Généalogie de la Morale* que la grande tension de l'esprit dont il est question chez Pascal

fait partie de l'idéal ascétique, et qu'elle entraîne par conséquent une
austérité inacceptable.[2] Dans *Le Crépuscule des Idoles* il y a deux références
à Pascal. On a déjà discuté la première plus haut.[3] Mais dans un chapitre
qui s'intitule "Flâneries inactuelles", Nietzsche reprend une idée voisine de
celle de *Nietzsche contre Wagner*. Il s'agit encore une fois de l'artiste qui
transforme les choses jusqu'à ce qu'elles reflètent sa puissance. Evidemment, l'artiste en question est celui chez qui la création découle de l'abondance et non pas de la haine de la vie. Ceux qui font autrement sont en
réalité des "anti-artistes". Voilà le contexte dans lequel le philosophe allemand se réfère à Pascal: "C'est . . . le cas du véritable chrétien, Pascal par
exemple; un chrétien qui serait en même temps un artiste n'existe pas
. . .".[4] Par contre, un homme comme Raphaël n'était pas, au fond, chrétien, parce qu'il "disait oui" à l'existence et qu'il "créait l'affirmation".[5]

Les jugements de *Nietzsche contre Wagner* et du *Crépuscule des Idoles*
sont tous négatifs. Mais si l'on puise dans les notes, on décèle des observations moins amères. Il y a deux séries de notes à considérer: la première
est celle du seizième volume des *Gesammelte Werke,* et en particulier, des
"Studien aus der Umwerthungszeit", esquissés entre 1882-1888.[6] On voit
d'abord que Pascal, comme Maître Eckart, a été gâté par le christianisme.
Ensuite, Nietzsche dit:

> Leibnitz est dangereux, comme un bon allemand . . . Spinoza est plus
> profond . . . que Descartes . . . Pascal à son tour est plus profond
> que Spinoza . . . En contraste avec de tels ermites de l'esprit et de la
> conscience, Hume et Locke sont des hommes superficiels.[7]

Nietzsche voit Pascal encore une fois sous l'optique d'une espèce
d'ascétisme, tout en décelant à la fois une tendance austère aussi chez Leibnitz, Spinoza et Descartes: ils sont tous "des ermites de l'esprit et de la conscience". On verra dans *La Généalogie de la Morale* les raisons qui sont à la
base de ce jugement. Il suffit de noter ici que, par rapport à Pascal, les
notes révèlent des opinions assez variées. Ainsi, il est rare qu'on trouve
parmi les Allemands un homme qui ne soit pas obligé de se mentir à lui-
même, tandis que, parmi les Français, Montaigne, La Rochefoucauld,
Pascal, Chamfort, et Stendhal sont des penseurs beaucoup plus purs.[8]
Cependant, si Pascal avait vécu plus longtemps, il se serait attaqué au
christianisme, comme il avait lutté antérieurement contre les Jesuites.[9]
Lorsqu'on pense au christianisme, il faut songer à ses grands hommes de
pensée créatrice, comme, par exemple, à Pascal.[10] L'Eglise a affiné et
assoupli l'esprit européen par le moyen de son "intolérance": la pensée est
alourdie par la démocratie, tandis que ". . . Leibnitz, Abélard, Montaigne, Descartes et Pascal sont autrement intéressants à voir".[11] Mais la
plus importante observation des notes de la première série se rapporte au
problème intime de Pascal. Pour Nietzsche, on n'a jamais sondé cette question capitale: qu'est-ce qui a plus de valeur, l'instinct ou bien le
raisonnement? Socrate a pris parti pour la raison, mais, au fond, il a suivi
l'instinct. Platon, comme Kant, Schopenhauer, et des Anglais, a essayé de
démontrer que l'instinct et la raison étaient, en dernière instance, la même
faculté. Ensuite, Nietzsche paraît laisser de côté la question de l'instinct, en
disant qu'Abélard a tenté d'introduire la raison dans le domaine de

l'autorité de l'Eglise, qu'enfin Descartes a attaché toute autorité à la raison. Puis, dans le même contexte, mais sans mentionner directement ni l'instinct, ni l'autorité de l'Eglise, l'auteur dit: "Comment la raison triomphe d'elle-même, voilà le problème plus intime de Pascal - au service de la "croyance chrétienne".[12] Dans *Aurore,* Nietzsche avait déjà signalé un embarras intellectuel chez Pascal: celui-ci a dû se torturer pour défendre le christianisme; la tentative l'a amené au désespoir. Pourtant, c'est uniquement dans les notes que le philosophe allemand parle sans ambages à ce sujet: le problème le plus intime de Pascal, c'est celui de la connaissance.

Voilà donc, en ce qui concerne Pascal, le sens général des "Studien aus der Umwerthungszeit". Les jugements sont, dans les grandes lignes, plus positifs; ils se rapportent souvent à sa profondeur intellectuelle. Cependant, dans le dix-septième volume des *Gesmmelte Werke,* il y a une remarque péjorative: Nietzsche signale une abondante littérature sur la "calomnie" (*Verleumdung*) de la vie; il se sent obligé de ranger Pascal à côté du Nouveau Testament, de l'Imitation du Christ, de Schopenhauer, et enfin, à côté du *Parsifal* de Wagner.[13] La constatation se limite toujours à la tendance à émasculer les instincts.

Il reste une seconde série de notes à examiner, celle que comprend *La Volonté de puissance.*[14] On constate que Pascal a utilisé le scepticisme moral pour exciter le besoin de croire au christianisme.[15] Pascal et La Rochefoucauld sont rangés parmi ceux qui, tout en se rabaissant, ne sont cependant pas des bêtes de troupeau.[16] C'est à cette époque que Nietzsche a fait le fameux parallèle entre Pascal et Schopenhauer qu'on a signalé plus haut.[17] On décèle aussi une allusion au pari:

> A supposer même qu'on ne pût faire la contrepreuve de la foi chrétienne, Pascal aurait cru prudent d'être chrétien, sur la terrible possibilité de sa vérité éventuelle.[18]

Aujourd'hui, on se contente d'un christianisme opiacé, parce qu'on

> n'a plus la force de chercher, ni de lutter . . . ni le courage d'adopter l'attitude pascalienne, ce mépris hypocondriaque de soi-même, cette croyance à l'indignité de l'homme, cette angoisse au sujet d'une possible damnation . . .[19]

On note ensuite que Nietzsche ne sait pas où classer le "pessimisme moral" de Pascal.[20] Les hommes physiquement malades ont une valeur supérieure, selon le jugement pascalien.[21] Peut-être y a-t-il encore une allusion au "pari" lorsque Nietzsche dit: "Pascal . . . ne voulait rien risquer: il est resté chrétien".[22] Enfin, on trouve cette observation, qui, dans une certaine mesure, résume l'attitude nietzschéenne envers Pascal:

> Ce que nous attaquons dans le christianisme? C'est qu'il veuille briser les forts . . . C'est qu'il sache empoisonner et infecter les instincts valables, jusqu'à ce que leur force et leur volonté de puissance se retournent contre elles-même, jusqu'à ce que les forts périssent des excès de leur mépris d'eux-mêmes, et des mauvais traitements qu'ils s'infligent: horrible désastre dont Pascal est le plus illustre exemple.[25]

La portée générale des notes ayant été établie, il ne reste que deux remarques sur Pascal; elles se trouvent dans l'*Antéchrist* et *Ecce Homo.*

Dans le premier de ces deux livres, Nietzsche parle expressément de Pascal une seule fois:

> Le christianisme a pris parti pour tout ce qui est faible, bas, manqué, il a fait un idéal de l'opposition envers les instincts de conservation de la vie forte, il a gâté même la raison des natures les plus intellectuellement fortes en enseignant que les valeurs supérieures de l'intellectualité ne sont que péchés, égarement et tentations. Le plus lamentable exemple, c'est la corruption de Pascal qui croyait à la perversion de sa raison par le péché originel, tandis qu'elle n'était pervertie que par son christianisme![24]

Il serait difficile de trouver une citation qui mette mieux en lumière la principale objection du philosophe allemand contre l'auteur des *Pensées*: la destruction de la raison et des instincts. La dernière référence à Pascal est celle d'*Ecce Homo*. Nietzsche reprend son ancienne accusation, mais il l'adoucit:

> C'est vers un petit nombre de vieux auteurs français que je retourne toujours à nouveau. Je ne crois qu'à la civilisation française et tout le reste que l'on appelle en Europe culture me semble un malentendu, pour ne rien dire de la civilisation allemande . . . Si je lis Pascal, si je l'aime comme la victime la plus intéressante du christianisme, lequel a lentement assassiné d'abord son corps, puis son âme, comme le résultat logique de cette forme la plus effrayante de la cruauté inhumaine . . . cela ne m'empêche nullement de trouver aussi un très grand charme dans la compagnie des tout derniers venus d'entre les Français.[25]

Voilà probablement le dernier mot que Nietzsche a écrit sur Pascal: le philosophe allemand trouve de très grands charmes dans les écrivains français anciens et modernes, mais il aime Pascal.[26]

Quelle est donc la dernière attitude de Nietzsche envers Pascal? Nous avons noté dans *Nietzsche contre Wagner* et dans *Le Crépuscule des Idoles* que Nietzsche a rejeté encore une fois l'ascétisme excessif de Pascal. Deux séries de notes révèlent cependant des jugements parfois moins amers: l'auteur signale surtout la profondeur intellectuelle de Pascal et la *Selbst-Ueberwindung der Vernunft* comme son problème le plus intime. Tout indique que la question reste centrale. De fait, même en 1888, dernière année de la vie intellectuelle de Nietzsche, les observations de l'*Antéchrist* et d'*Ecce Homo* ne laissent pas de mettre en relief son importance. "L'opposition aux instincts" dans le christianisme comme la corruption de la raison chez Pascal, le plus grand des chrétiens, s'explique difficilement en dehors du contexte d'un ascétisme exagéré.

Il ne serait donc pas sans profit d'approfondir la question de l'ascétisme comme telle, car si l'ascétisme chrétien constitue pour Nietzsche une volonté de puissance mal dirigée et, en outre, si les divers jugements sur Pascal doivent logiquement s'y réduire, le rapport que nous cherchons à éclaircir sera moins obscur. Cette partie de notre tâche entraîne une analyse assez détaillée de *La Généalogie de la Morale*.

II

L'étude de 1887 comporte trois dissertations, dont la première s'intitule tout simplement, "Bien et mal", "Bon et mauvais". Au moyen d'une
analyse surtout linguistique l'auteur s'efforce de trouver l'origine de la
morale. Au commencement de l'histoire, il n'y avait pas de morale entendue dans le sens traditionnel. Quelle est donc l'origine de la morale?
Nietzsche répond:

> La conscience de la supériorité et de la distance, je le répète, le senti-
> ment général, fondamental, durable et dominant d'une race
> supérieure et règnante, en opposition avec une race intérieure, avec un
> "bas-fond humain" - voilà l'origine de l'antithèse entre "bon" et
> "mauvais".[27]

Ce qu'on disait "bon" se rapportait aux "puissants", aux "maîtres";
ce qu'on appelait "mauvais" s'appliquait aux "impuissants", aux
"esclaves". Manifestement, il ne s'agit pas ici de la race supérieure des
Surhommes, car ceux-ci n'ont pas existé dans le cycle d'histoire connue.[28]
L'important, c'est que les adjectifs "bon" et "mauvais" n'avaient pas à
cette époque un sens proprement moral. S'il en a été ainsi, comment rendre
raison de la signification qu'ont ces termes aujourd'hui? La réponse est
également claire:

> Ce sont des Juifs, qui, avec une formidable logique, ont osé le
> renversement de l'aristocratique équation des valeurs (bon, noble,
> puissant, beau, heureux, aimé de Dieu). Ils ont maintenu ce renverse-
> ment avec l'acharnement d'une haine sans borne (la haine de l'im-
> puissance) et ils ont affirmé: "les misérables seuls sont les bons; ceux
> qui souffrent, les nécessiteux, les malades, les difformes sont aussi les
> seuls pieux, les seuls bénis de Dieu; c'est à eux seuls qu'appartiendra la
> béatitude - par contre, vous autres, vous qui êtes nobles et puissants,
> vous êtes de toute éternité les mauvais, les cruels, les avides, les in-
> satiables, les impies, et éternellement, vous demeurerez aussi les
> réprouvés, les maudits, les damnés![29]

C'est avec les Juifs que commence le soulèvement contre l'ancien ordre. Il est intéressant de noter ici que Nietzsche parle du judaïsme et du
christianisme comme d'un seul mouvement historique, tandis que, six ans
plus tôt, dans *Aurore,* il avait repoussé cette façon de s'exprimer lorsqu'il
s'agissait d'une apologétique chrétienne. Quoiqu'il en soit, c'est le
phénomène judéo-chrétien qui est à la base d'une transmutation des anciennes valeurs.

La question des races s'encadre dans une théorie cyclique de l'histoire,
sous-jacente dans *L'Origine de la Tragédie,* et explicite dans la doctrine de
l'éternel retour. Comme telles, les races font partie d'une perspective plus
large. Mais ce qui nous intéresse ici, c'est la manière dont ces antipodes
conçoivent le "moi":

> Tandis que toute morale aristocratique naît d'une triomphale affirma-
> tion d'elle-même, la morale des esclaves oppose dès l'abord un "non"
> à ce qui ne fait pas partie d'elle-même, à ce qui est "différent" d'elle, à

ce qui est son "non-moi": et ce non est son acte créateur. Ce renversement du coup d'oeil appréciateur - ce point de vue nécessairement inspiré du monde extérieur au lieu de reposer sur soi-même - appartient
en propre au ressentiment: la morale des esclaves a toujours et avant
tout besoin, pour prendre naissance, d'un monde opposé et extérieur:
il lui faut, pour parler physiologiquement, des stimulants extérieurs
pour agir, son action est foncièrement une réaction.[30]

Les esclaves s'opposent à tout ce qui est extérieur au "moi"; ils sont
nés d'une négation qui résultent d'un sentiment de ressentiment. On verra
plus bas que l'ascétisme a un rôle très important en changeant la direction
de cette tendance malsaine. La race supérieure, au contraire, naît d'une affirmation du "moi"; elle se fonde par conséquent sur une force intérieure.
L'homme noble ". . . après avoir conçu spontanément et par anticipation,
c'est-à-dire, tiré de son propre "moi", l'idée fondamentale de "bon",
n'arrive à créer la conception de "mauvais" qu'en partant de cette idée".[31]
Voilà la principale différence entre les deux perspectives: homme noble
trouve toutes les valeurs en lui-même. Nietzsche ne parle pas ici de la race
supérieure des Surhommes, mais il croit trouver pour eux dans la théorie
des races une nouvelle source de valeurs. De ce point de vue, la description
de l'origine de la morale s'accorde parfaitement avec l'idéal de
l'*Ubermensch*. Aussi sa théorie met-elle en relief une notion soulignée dans
la méditation sur "Schopenhauer éducateur": les valeurs selon lesquelles
l'esprit libre (et à la date où nous en sommes, le Surhomme) doit vivre,
découlent uniquement de lui-même. La question du "moi-haïssable", les
problèmes de l'ascétisme et de la connaissance, et enfin, le rapport définitif
entre Pascal et Nietzsche devront être vus sous cette optique.

La deuxième dissertation a pour titre "La Faute", la "Mauvaise conscience" et "ce qui leur ressemble". Il s'agit surtout de l'effet du sentiment
de culpabilité sur la personnalité. Lorsque les races ont enfin pu jouir d'une
période de paix, elles ont été réduites, du même coup, à leur "conscience".
Nietzsche paraît dire que la "mauvaise conscience" a son origine dans ce
que, la paix établie, et les instincts freinés par l'Etat, l'homme a dû se
tourner vers l'intérieur de son âme:

> Cet instinct de liberté rendu latent par la force, resserré, refoulé, rentré
> à l'intérieur, ne trouvent plus dès lors qu'à s'exercer et à s'épancher en
> lui-même, cet instinct, rien que cet instinct - nous l'avons déjà compris
> - fait au début la mauvaise conscience.[32]

L'homme, par la répression de ses instincts, devient malade de lui-
même.[33] Nietzsche attache ce phénomène à un autre: en cherchant l'origine
du sentiment de culpabilité ou bien de "châtiment", le philosophe allemand la découvre dans les anciens "rapports de contrat entre créanciers et
débiteurs".[34] Tout doit être payé, sinon, le débiteur doit être puni. C'est
une notion très profonde dans l'esprit humain; elle ne disparaît pas lorsque
l'homme, en temps de paix, est retourné à l'intérieur de lui-même.[35] Au
contraire, ce sentiment malsain s'intensifie, de sorte que l'homme se rend
compte d'une dette de reconnaissance envers ses ancêtres. Ceux-ci sont peu
à peu divinisés, d'où le sentiment s'oriente de plus en plus vers les dieux, et
enfin, vers le Dieu chrétien.[36] Arrivé à ce point, l'homme éprouve le max-

imum du sentiment d'obligation. Il devient craintif: peut-on jamais donner assez à un Dieu?[37] Plus la société est florissante, plus le sentiment d'obligation et de crainte devient fort. On penserait que la diminution de la foi en la divinité affaiblirait le sentiment d'obligation et de châtiment pour une dette non acquittée. Cependant, même là, les instincts ayant été renfermés dans l'esprit, la conscience d'une dette et du châtiment à recevoir, au cas où tout n'a pas été payé, se dirige contre l'homme lui-même.[38] Ainsi, l'origine de la mauvaise conscience, découlant de ce que les instincts, en temps de paix, ont été repoussés à l'intérieur de l'âme, se joint à l'origine du sentiment de culpabilité, qui, à son tour, résulte de la conscience d'une "faute". Celle-ci naît quand la dette envers les ancêtres, et plus tard, envers un Dieu, n'a pas été acquittée. L'homme, clos sur lui-même, se sent coupable. Il éprouve une véritable angoisse puisqu'on n'arrive jamais à donner assez à un Dieu. Les notions de "damnation", de "péché originel", et enfin, le dégoût de l'existence elle-même, ont pour cause cette perspective erronée.[39] Les instincts ("l'hostilité", "la rébellion", "la révolte contre le maître", "le père", "l'ancêtre" et "le principe du monde") sont transformés en fautes envers Dieu, sans que jamais le châtiment puisse être l'équivalent de la faute. Accablé, l'homme malade se réfugie auprès du Dieu chretién qui doit lui-même payer la dette par amour pour son débiteur.[40]

Nietzsche compare l'homme malade à l'homme religieux parmi les Grecs: pour celui-ci, les "fautes" n'étaient que la folie, jamais un péché.[41] Mais le philosophe allemand n'est pas pessimiste, car, "c'est une maladie, la mauvaise conscience, la chose n'est que trop certaine, mais une maladie du genre de la grossesse".[42] L'humanité, tout ce que Nietzsche semble avoir dit de contraire, peut, non pas en dépit du christianisme, mais précisément à cause de celui-ci, donner maintenant naissance au Surhomme. Pour savoir pourquoi l'auteur a tiré cette conclusion, à première vue très paradoxale, il faut aborder la troisième dissertation, qui sera capitale pour notre étude C'est là que l'auteur s'efforce de résoudre le problème mentionné dans *Par delà le bien et le mal:* la recherche de la vérité et l'ascétisme chez l'homme religieux. Ce dernier essai de la *Généalogie de la Morale* est donc une réponse à la question qui est à la fois son titre: "Quel est le sens de tout idéal ascétique?"

Quel est donc le sens de tout idéal ascétique? La signification générale est claire:

> Si l'on fait abstraction de l'idéal ascétique, on constatera que l'homme, l'animal-homme, n'a eu jusqu'à présent aucun sens. Son existence sur la terre était sans but; "pourquoi l'homme existe-t-il?" - C'était là une question sans réponse; la volonté de l'homme et de la terre manquait; derrière chaque puissance destinée humaine retentissait plus puissamment encore le refrain désolé: "En vain!" Et voilà le sens de tout idéal ascétique: il voulait dire que quelque chose manquait, qu'une immense lacune environnait l'homme - il ne savait pas se justifier soi-même, s'interpréter, s'affirmer, il souffrait devant le problème du sens de la vie . . . Le non-sens de la douleur, et non la douleur elle-même, est la malédiction qui a jusqu'à présent le seul sens qu'on lui eût donné; n'importe quel sens vaut mieux que pas de sens du tout; l'idéal ascétique n'était à tous les points de vue que le "faute de mieux" par excellence, l'unique pis-aller qu'il y eût.[43]

Voilà le sens général de l'idéal ascétique: il donne une direction à la vie. Mais que veut dire cet idéal en particulier? Quelle est son origine? Quels sont ses résultats? Nietzsche cherche le sens particulier de l'ascétisme d'abord chez l'artiste et ensuite chez le philosophe. L'auteur constate que dans le cas du premier, l'idéal ascétique n'a pratiquement pas de sens, car l'artiste a besoin d'un rempart, d'une autorité, sur lesquels il peut se fonder.[44] Pour Nietzsche, l'artiste s'inspire du philosophe (comme Wagner s'est appuyé sur la philosophie de Schopenhauer à partir de 1870). C'est donc chez le philosophe qu'il faut chercher la signification de l'ascétisme. L'idéal ascétique n'est souvent chez le philosophe qu'un masque, parce que, tout en posant des questions généralement hasardeuses, le philosophe doit se défendre en prenant un aspect qui inspire la crainte, sinon le respect.[45] Le fond du problème, c'est donc: "Quel est le sens de tout sérieux?"

L'esprit sérieux commence par attacher notre vie à une autre existence, à un "au-delà".[46] "Pour l'ascète, la vie est le chemin de l'erreur, où il faut revenir sur ses pas jusqu'au point où l'on était parti",[47] c' est- à - dire, au néant, car l'homme aime mieux vouloir le néant que de ne pas vouloir du tout. Quand l'esprit sérieux commence à philosopher, sur quoi exercera-t-il son caprice? Il cherchera l'erreur à l'endroit même où l'instinct de la vie a toujours placé la vérité:

> Par exemple, comme furent les ascètes de la philosophie des Vedas, elle traitera d'illusion la matérialité, de même la douleur, la pluralité et tout le concept antithètique "sujet" et "objet" - erreurs que tout cela, pures erreurs! Refuser de croire à son "moi", nier sa propre réalité - quel triomphe! - non plus seulement sur les sens, sur l'apparence visible, non! Un genre de triomphe bien plus élevé, l'assujettissement violent et cruel de la raison: une volupté qui atteint son comble, lorsque le mépris ascétique de la raison qui impitoyablement se nargue elle-même décrète: "il y a un domaine de la vérité et de l'être, mais précisément la science en est exclue!"[48]

L'idéal ascétique ou bien l'esprit sérieux a donc sa source dans l'instinct d'une vie dégénérescente qui cherche à se guérir; c'est une recherche du salut, une lutte pour l'existence; c'est avant tout une volonté de puissance qui, à cause de ses excès et des faux problèmes posés, est mal dirigée.[49] Pourtant, l'idéal ascétique peut servir à changer la direction du sentiment de ressentiment chez la race inférieure.[50] Le prêtre ascétique dirige le sentiment de ressentiment vers l'homme lui-même. Celui-ci se rend compte que "quelqu'un doit être cause que je me sens mal"; et le prêtre de répondre; "C'est vrai, ma brebis, quelqu'un doit être cause de cela: mais tu es toi-même cause de tout cela—tu es toi-même cause de toi-même!"[51] Mais tout bon pasteur doit soulager la douleur de son troupeau:

> Si l'on se place au point de vue que seul connaît et occupe le prêtre, on ne peut pas assez admirer tout ce qu'avec une pareille perspective il a vu, cherché et trouvé. L'adoucissement de la souffrance, la "consolation" sous toutes ses formes, c'est sur ce domaine que se révèle son génie: avec quelle hardiesse et quelle promptitude il a fait choix des moyens! On pourrait dire, en particulier, que le christianisme est un grand trésor de ressources consolatrices des plus ingénieuses, tant il

porte en lui de ce qui réconforte, de ce qui tempère et narcotise, tant il a risqué, pour consoler, de remèdes dangereux et téméraires; il a deviné, avec un flair subtil, si raffiné, d'un raffinement tout oriental, les stimulants par lesquels on peut vaincre, ne fût-ce que par moments, la profonde dépression, la pesante lassitude, la noire tristesse de l'homme physiologiquement atteint.[52]

Comment réagit-on contre le malaise dominant du troupeau?

On combat tout d'abord ce malaise dominant par des moyens qui ramènent le sentiment de la vie à son expression la plus rudimentaire. S'il est possible, plus de volonté, plus de désir du tout; éviter tout ce qui excite la passion, tout ce qui fait du "sang" (ne pas manger de sel: hygiène des fakirs); ne pas aimer; ne pas haïr; l'humeur égale; ne pas se venger; ne pas s'enrichir; ne pas travailler; mendier; autant que possible pas de femme, ou aussi peu de "femme" que possible; au point de vue intellectuel, le principe de Pascal "il faut s'abêtir". Résultat, en langage psychologique et moral; "anéantissement du moi."[53]

Voilà des moyens, sans doute négatifs, d'amoindrir la souffrance devant la vie. On remarque que Nietzsche nomme explicitement Pascal dans ce contexte. Mais le prêtre ascétique se sert aussi de moyens positifs pour atteindre son but: le travail, l'activité "machinale", la joie de la bienfaisance mutuelle (d'où les "églises") aident dans la lutte pour la vie. Tous ces moyens sont innocents en soi; ils sont aussi, sans aucune équivoque, des manifestations de la volonté de puissance.[54] Toutes les tentatives du prêtre ascétique aident non seulement à donner un sens à la vie du troupeau, mais aussi, elles servent à séparer les manqués des forts. On ne peut cependant pas accepter la médication du prêtre ascétique: celui-ci soulage la douleur de vivre, il n'attaque pas la cause de la maladie. Les malades finissent par devenir plus malades.[55] Cela s'entend, parce que la médication sacerdotale est un mélange d'un sentiment de péché et de culpabilité. Là où il exerce son ministère, on trouve:

partout la méconnaissance volontaire de la souffrance devenue chose capitale, la douleur transformée en sentiment de faute, de crainte, de châtiment; partout le pécheur qui se torture lui-même sur la roue cruelle d'une conscience inquiète et voluptueusement malade; partout la peine muette, la peur affreuse, l'agonie du coeur martyrisé, les spasmes d'un bonheur inconnu, le cri désespéré vers le "salut".[56]

Aussi la médication sacerdotale cause-t-elle des troubles intellectuels.[57] Mais, bien que les malades deviennent de plus en plus malades, ils ont, grâce à cette façon de vivre, l'impression de surmonter la lourde lassitude de la vie. Au fond, cependant, ils ne sont que "domestiqués", affaiblis, dégradés.

La signification particulière de l'idéal ascétique ayant été expliquée, Nietzsche en cherche l'antithèse. Il ne trouve pas de remède dans la vie moderne, certainement pas chez les historiens, qui sont la parodie de l'idéal ascétique.[58] On ne peut découvrir non plus chez les scientifiques une opposition à l'idéal ascétique, car il reste à prouver que la science possède en général une volonté, un but, une passion de foi ardente, qui est un idéal.[59] Enfin, même les idéalistes parmi les philosophes et les savants de l'âge moderne ne s'opposent pas à l'idéal ascétique: eux aussi ont confiance en la "foi" qui sauve. Manifestement, la foi dont il s'agit n'est pas, dans ce contexte, la foi religieuse; elle est plutôt la croyance que la vérité existe.[60] Nietzsche contraste sa propre doctrine avec la perspective des idéalistes:

> Nous qui cherchons la "connaissance", nous nous défions précisément de toute espèce de croyants; notre défiance nous a peu à peu enseigné à tirer à cet égard des conclusions inverses de celles qu'on tirait jadis: je veux dire à conclure, partout où la force d'une croyance apparaît au premier plan, que cette croyance a des bases quelque peu fragiles, ou même qu'elle est invraisemblable. Nous aussi, nous ne nions pas que la foi "sauve": mais pour cette raison même nous nions que la foi prouve quelque chose, - une forte foi, moyen de salut, fait naître des soupçons à l'égard de son objet, elle n'est pas un argument en faveur de la "vérité", mais seulement d'une certaine ressemblance - de l'illusion.[61]

Cette recherche de la vérité chez les idéalistes modernes, c'est aussi un ascétisme où la dialectique prend la place de l'instinct.[62] Nietzsche voudrait pousser la question plus loin, pour mettre en cause la valeur même de la vérité:

> Depuis le moment où la foi dans le Dieu de l'idéal ascétique a été nié, il se pose aussi un nouveau problème: celui de la valeur de la vérité. - La volonté de vérité a besoin d'une critique - définissons ainsi notre propre tâche -, il faut essayer une bonne fois de mettre en question la valeur de la vérité . . .[63]

A-t-on jamais mis en doute la valeur de la vérité? Certainement pas: même la tentative kantienne qui, en fin de compte, a mis en cause la possibilité d'atteindre la vérité, n'a pas mis en question sa valeur puisque le prêtre ascétique a pu s'écrier: "il n'y a pas de connaissance donc - il y a un Dieu".[64] Et Nietzsche ajoute: ". . . quelle nouvelle *elegantia syllogismi!* Quel triomple de l'idéal ascétique".[65] Nietzsche conclut en disant que partout, dès que l'esprit est à l'oeuvre avec sérieux, énergie et probité, il se passe absolument d'idéal, surtout ascétique, parce qu' un tel esprit se déclarera athée. Mais l'athéisme absolu n'est point en opposition avec cet idéal, comme il paraît de prime abord:

> L'athéisme absolu, loyal (- et c'est dans son atmosphère seulement que nous respirons à l'aise, nous autres esprits spirituels de ce temps!) n'est donc pas en opposition avec cet idéal, comme il semble au premier abord; il est au contraire une phase dernière de son évolution, une de ses formes finales, une de ses conséquences intimes, - il est la castastrophe imposante d'une discipline deux fois millénaire de l'instinct de vérité qui, en fin de compte, s'interdit le mensonge de la foi en Dieu.[66]

L'athéisme n'est que l'instinct de vérité developé d'une façon tout à fait légitime, car, en dernière instance, cet instinct est le résultat de la conscience aiguisée dans les confessionnaux.[67] De ce point de vue-là, nous sommes en présence du déroulement logique du phénomème chrétien:

> L'instinct chétien de vérité, de déduction en déduction, d'arrêt en arrêt, arrivera finalement à sa déduction la plus redoutable, à son

arrêt contre lui-même; mais ceci arrivera quand il se posera la question: "que signifie la volonté de vérité" . . . Et me voici revenu à mon problème, à notre problème, ô mes amis inconnus (-car je ne me connais encore aucun ami): que serait pour nous le sens de la vie tout entière, si ce n'est qu'en nous cette volonté de vérité arrive à prendre conscience d'elle-même en tant que problème? . . . La volonté de vérité, une fois consciente d'elle-même, ce sera - la chose ne fait aucun doute - la mort de la morale: c'est là le spectacle grandiose en cent actes, réservé pour les deux prochains siècles d'histoire européenne, spectacle terrifiant entre tous, mais peut-être fécond entre tous en magnifiques espérances . . .[68]

Nietzsche a déjà trouvé une doctrine pour remplacer la morale traditionnelle; cette doctrine, c'est la volonté de puissance et l'éternel retour. Quoiqu'il ne puisse accepter l'idéal ascétique, il a adouci son amertume contre lui: "Tous mes respects pour l'idéal ascétique, tant qu'il est sincère, tant qu'il a foi en lui-même et qu'il ne joue pas la comédie".[69] Nietzsche, embarrassé au temps d'*Aurore* par le "moi-haïssable", par le phénomème de l'ascétisme en général et par l'ascétisme chrétien en particulier, parce qu'il y décelait un idéal qui ressemblait au sien, a éclairci le rapport entre les deux perspectives. Il admet qu'un certain ascétisme est nécessaire, voire que l'ascétisme fait partie des conditions favorables d'une spiritualité supérieure".[70] Mais il croit trouver dans l'ascétisme chrétien, très utile peut-être aux impuissants, une pierre d'achoppement pour la culture des forts. Enfin, Nietzsche pense pouvoir expliquer l'origine des religions, surtout du christianisme, en fonction de son propre "système". Dans une certaine mesure, l'état morbide est normal en l'homme.[71] On peut présumer que, de temps à autre, un sentiment de dépression, d'origine physiologique, doit nécessairement se rendre maître des masses, d'où les grandes religions, d'où en particulier, le christianisme, qui soulagent la douleur de la vie en changeant d'abord la direction du sentiment de ressentiment et ensuite en donnant un sens à la vie.[72] Le christianisme, loin d'être un obstacle au "système" nietzschéen, peut, en raison de l'ascétisme qui aiguise l'instinct de la vérité, amener en bonne conscience à un athéisme absolu.[73]

En somme, dans la troisième dissertation de *La Généalogie de la Morale,* Nietzsche a traité de trois problèmes. D'abord, il a défini le sens général de tout idéal ascétique: pour lui, cet idéal cherche à donner un but à la vie. La deuxième question se rapporte au sens qu'a l'ascétisme en particulier: l'idéal ascétique ou bien l'esprit de tout sérieux, c'est une volonté de puissance mal dirigée. Nietzsche admire le prêtre ascétique pourvu qu'il soit sincère, mais, en fin de compte, la médication de celui-ci n'est qu'un poison, car le prêtre ascétique lie notre existence à un au-delà. En introduisant le sentiment de péché, le prêtre rend les malades encore plus malades, bien que, à la surface, il rende la vie tolérable. Le prêtre ascétique n'est que le garde-malade du troupeau; sa consolation n'est pas pour les forts mais pour les faibles. L'idéal ascétique, c'est en réalité une lutte pour la vie, mais les moyens employés pour atteindre cette fin aboutissent à la négation de tout ce qui est de valeur. Etant donné que la force vitale et toute l'activité humaine se réduisent à la volonté de puissance, la bataille du prêtre ascétique ne saurait être qu'une volonté de puissance mal dirigée. Le troisième problème traite de l'antithèse de l'idéal ascétique. Nietzsche ne trouve de remède contre la médication sacerdotale ni parmi les historiens ni parmi les scientifiques. Même les idéalistes philosophes et savants ne s'opposent pas à cette mauvaise médication: au contraire, ils en sont la forme la plus spiritualisée, parce qu'ils croient encore à la vérité, dont ils n'ont pas encore appris à mettre en cause la valeur.[74]

Des trois dissertations, dont nous avons examiné la portée générale, ce ne sont que la première et tout particulièrement la troisième qui nous intéressent pour le moment. Au premier abord, les données que nous avons relevées paraissent assez loin de notre étude. Nous croyons cependant que si l'on regarde de près ce que nous avons trouvé, on peut en conclure ainsi: le rapport entre Pascal et Nietzsche ne saurait s'expliquer qu'à la lumière de l'ascétisme chrétien considéré comme une volonté de puissance mal dirigée. Cette constatation précise davantage le rapport entre eux, car les diverses références des années 1881-1886 montrent tout simplement que l'ascétisme touche au noyau de la philosophie nietzschéenne. A la différence de la période antérieure, les remarques sur Pascal dans l'étude de 1887 s'ordonnent autour des deux principales facultés de l'homme: l'intellect (le problème de la connaissance) et la volonté (le problème de l'ascétisme). Il y a maintenant lieu de déterminer si les différentes observations sur Pascal signalées dans la première partie de cette thèse ne doivent pas logiquement s'encadrer dans le contexte de cette même étude de 1887. Nous nous limitons d'abord aux jugements portant sur l'intellect.

III

Dans *La Généalogie de la Morale*, l'idéal ascétique se caractérise surtout par la recherche de la vérité qui entraîne à la fois l'assujettissement de la raison et des doutes intellectuels. Loin de mettre en cause le salut reposant sur l'existence de Dieu, les troubles intellectuels ne font qu'aiguiser le besoin profond de Dieu devant une vie autrement dépourvue de sens. L'effort de Kant même et le développement logique de sa pensée ont permis au prêtre ascétique de s'écrier: "il n'y a pas de connaissance donc - il y a un Dieu".

Si l'on reprend les diverses observations que Nietzsche fait sur Pascal à partir de 1881, on remarque qu'un grand nombre de celles-ci s'accordent parfaitement avec l'idéal ascétique décrit dans le paragraphe précédent. On se rappelle le "mol oreiller" du doute de Montaigne: Nietzsche a estimé que Pascal en avait particulièrement besoin. En outre, la tentative intellectuelle de Pascal l'a amené au désespoir. La manière dont le philosophe allemand parle du thème du *Deus absconditus* indique que, pour lui, Pascal n'était pas convaincu de son argument, qu'il en doutait, et qu'il n'a pas voulu s'avouer à lui-même ses hésitations. Chez Pascal, on trouve un continuel suicide de la raison; de fait, le problème de la connaissance est sa plus grande difficulté. Les notes de 1881-1888 soulignent à la fois la profondeur intellectuelle de Pascal et sa ruine par le christianisme; le "pari" de Pascal ne fait que cacher sa peur de risquer le salut. Pascal s'est servi du scepticisme moral pour exciter le besoin de croire. Nous sommes en présence ici de la même tendance de certains disciples de Kant, et à plus forte raison, du prêtre ascétique: "il n'y a pas de connaissance donc - il y a un Dieu".

Mais le faux idéal dont il s'agit touche aussi la volonté; c'est-à-dire, il affaiblit celle-ci par la négation des instincts. A part les observations sur le problème de la connaissance, presque tous les jugements nietzschéens sur Pascal se réduisent à ce penchant malsain. On se souvient des embarrassants jugements sur le "moi-haïssable", de certaines notes révélatrices où Nietzsche paraît considérer Pascal comme un ami avec lequel il faut rivaliser. Les accusations de *Par delà le bien et le mal* reprochent au christianisme et à Pascal en particulier l'émasculation des instincts là où l'on aurait dû les spiritualiser. La même critique s'exprime avec plus d'acuité dans *Nietzsche contre Wagner, Le Crépuscle des Idoles,* et *l'Antéchrist.*

La tendance à détruire les passions fait partie de l'idéal ascétique, mais la recherche de la vérité et surtout la croyance à la valeur de celle-ci constituent, malgré les troubles intellectuels qui en résultent, la forme la plus spiritualisée de cet idéal. Tous les deux aspects de l'esprit ascétique s'appliquent éminemment à l'auteur des *Pensées.* Même l'admiration de Nietzsche pour Pascal s'accorde parfaitement avec l'importance qu'a l'ascétisme dans la pensée nietzschéenne: "Tous mes respects pour l'idéal ascétique, tant qu'il est sincère, tant qu'il a la foi en lui-même, et qu'il ne joue pas la comédie".

Etant donné que les diverses références directes et indirectes à Pascal se réduisent, à partir de 1881, à l'idéal ascétique, dont nous avons examiné assez longuement la nature, force nous est de conclure que la position de Pascal était, pour Nietzsche, une volonté de puissance mal dirigée. On doit cependant aller plus loin, car le sacrifice de la raison, comme l'extirpation des instincts, les deux dimensions essentielles de l'idéal ascétique, a son origine pour Nietzsche dans une fausse perspective du moi. La signification de ce jugement, d'ailleurs si important, n'est pas tout à fait claire dans les oeuvres que Nietzsche a lui-même publiées. Il conviendra donc de puiser plus profondément dans les oeuvres posthumes et notamment dans *La Volonté de puissance.* Le fondement historique de cette thèse ayant été établi dans les pages précédentes, l'influence de Pascal sur Nietzsche ainsi que le rapport entre eux ne saurait s'éclaircir définitivement que dans une étude comparée.

DEUXIEME PARTIE

LE PROBLEME DU MOI

PREMIER CHAPITRE

LE PROBLEME DE LA CONNAISSANCE

La dimension intellectuelle de l'idéal ascétique s'attache, avant tout, à une certaine manière de concevoir le moi et fait partie de la philosophie perspectiviste. Dans les pages qui suivent il s'agira donc, généralement, du rapport entre le moi et le problème de la connaissance. Notre enquête s'ordonnera tout particulièrement autour de trois questions. La première, suivie d'un bilan sur Pascal, sera une considération de la nature du moi chez Nietzsche et des conséquences de certaines méprises à ce sujet. La deuxième portera sur le lien entre le moi et le perspectivisme ainsi que sur certaines influences pascaliennes sur celui-ci. Puisque le point de départ du perspectivisme est le moi et que l'idéal ascétique découle d'une fausse optique là-dessus, il sera profitable de traiter d'une troisième question; à savoir: dans quelle mesure les conclusions tirées sur le perspectivisme nietzschéen aident-elles à mieux comprendre la dimension intellectuelle de l'idéal ascétique? Les données à relever permettront de saisir plus complètement dans un chapitre ultérieur le rapport entre le moi et l'extirpation des instincts.

I

La nature du moi, Nietzsche ne la décrit point directement, mais il entrelace ses observations à cet égard avec d'autres concepts non moins importants. Il est donc nécessaire d'aborder inductivement les diverses difficultés qui se présentent. Nietzsche parle expressément du moi dans trente-cinq passages de ses oeuvres. Il n'en donne pas de définition claire. Jusqu'à *Aurore*, les jugements sur le moi portaient sur la moralé; mais dans les notes de 1881-1882 on s'aperçoit d'une perspective[2] tout autre:

> Mais je distingue entre la prétendue individualité et les véritables "systèmes vivants" que représente chacun de nous; on les confond, alors que "l'individu" n'est que la somme des impressions, des jugements, et des erreurs dont nous avons conscience; il est une croyance, un fragment du véritable système de vie ou un assemblage de fragments réunis fictivement par la pensée, une "unité" qui ne résiste pas à l'examen.[3]

Nietzsche ajoute:

Nous sommes les bourgeons d'un même arbre - que savons-nous de ce
qu'il nous faudra devenir dans l'intérêt de cet arbre! Mais nous
croyons sentir que nous devenons et voulons être tout à la fois un Moi
chimérique et la totalité du Non-moi. Cessons de nous sentir cet "ego"
fantastique! Apprenons petit à petit à répudier cette individualité imaginaire. Découvrons les erreurs de l'égo.[4]

L'homme, c'est le résultat des "systèmes vivants", un bourgeon d'un
même arbre qui, dans l'ensemble de la pensée nietzschéenne, est la volonté
de puissance. La conscience entraîne la somme des ". . . impressions, des
jugements, et des erreurs . . ."[5] qui constituent l'individu. Désormais, il
sera nécessaire de tenir compte de cette distinction: Nietzsche oppose
clairement les "systèmes vivants", à la simple "individualité".[6] Quel est
donc cet ". . . assemblage de fragments réunis fictivement par la pensée"
et qui ". . . ne résiste pas à l'examen"?[7] Si l'on puise dans les notes composées vers 1885, on voit que les "systèmes vivants" constituent l'homme:

. . . cette prodigieuse synthèse d'êtres vivants et d'intellects qu'on
appelle "l'homme" ne peut vivre que du moment où a été créé ce
système subtil de relations et de transmissions et par là l'entente ex-
trêmement rapide entre tous ces êtres supérieurs et inférieurs . . .[8]

L'homme est donc une "synthèse d'êtres vivants et d'intellects".[9] C'est
le terme "intellects", que Nietzsche met expressément au pluriel, qui
frappe ici. On en trouve la signification dans le passage que voici:

Il y a donc dans l'homme autant de "consciences" qu'il y a d'êtres qui
constituent son corps. Ce qui distingue ce "conscient" que d'habitude
on s'imagine unique, l'intellect, c'est justement qu'il demeure protégé
et exclu de ce qu'il y a d'innombrable et de divers dans l'expérience de
ces diverses consciences . . .[10]

Dans l'avant-dernière citation, nous avons vu qu'il y a plusieurs intellects en l'homme; dans la dernière, on constate qu'il y a en l'homme autant de consciences qu'il y a d'êtres qui constituent son corps. Nietzsche
continue: ce que nous appelons communément l'intellect, c'est" . . . une
conscience de rang supérieur, une collectivité régnante".[11] Mais là, du
point de vue de la connaissance, une difficulté énorme se présente: du fait
qu'il y a une conscience de rang supérieur, ". . . on ne lui présente qu'un
choix d'expériences, et d'expériences simplifiées, faciles à dominer du
regard et à saisir, donc, falsifiées . . ."[12] Plongé dans le chaos, l'homme
devra "fixer" la vérité pour pouvoir vivre—ce qui entraîne le problème du
perspectivisme. Mais nous avançons trop vite. Dans cette nouvelle dimension où l'intellect n'est qu'une conscience de rang supérieur, que faut-il dire
du moi? Dans les notes de 1881-1882, Nietzsche conseille de cesser de
croire à "cet ego fantastique".[13] En quel sens le moi existe-t-il donc chez
Nietzsche?

"La conscience du moi est le dernier trait qui s'ajoute à l'organisme
. . ."[14] Le moi est donc une étape du développement de la conscience; il
n'apparaît d'habitude que lorsque le tout (c'est-à-dire, toutes les consciences ou bien tous les intellects) veut se subordonner à un tout
supérieur, qui est, à la fois, extérieur".[15] Le moi n'est pas la conscience de
rang supérieur qui constitue ce qu'on appelle communément l'intellect; le

moi, c'est une conscience presque superflue, car, la ". . . grande activité
principale est inconsciente".[16] De fait, Nietzsche maintient: "Nos
jugements au sujet de notre moi suivent cahin-caha et obéissent aux directions du non-moi, de la puissance qui nous domine".[17] La force qui nous
domine, c'est la volonté de puissance.[18] Celle-ci est le Non-moi. Si l'on en
suit la direction, on ne fait généralement pas d'erreur au sujet du moi.
Toute méprise sur ce domaine découle d'un faux perspectivisme.[19] On ne
décèle donc rien dans la dernière philosophie de Nietzsche qui corresponde
à l'idée du moi compris selon sa signification ordinaire.[20] Pour le
philosophe allemand, il est surtout question des "systèmes vivants", où il
constate une multitude d'intellects et de consciences. Certes, le moi existe;
il n'est cependant pas une unité. Le moi, c'est ici un phénomène de la conscience; mais la conscience est tout à fait secondaire.[21] Pourtant, Nietzsche
dit: "Découvrons les erreurs de l'*ego*".[22] On peut donc continuer cette enquête en cherchant les conséquences des jugements signalés plus haut à
l'égard du problème de la connaissance. Si l'on examine ce que Nietzsche
entend par le "phénoménisme du monde intérieur", on trouve des constatations qui changent complètement le fondement même de la connaissance. D'abord, l'homme ne perçoit qu'un fragment du monde extérieur;[23] dans toutes les sensations, l'effet produit sur l'homme est ". . .
projeté après coup comme étant la 'cause' ":[24]

> Dans le phénoménisme du "monde intérieur", nous inversons la
> chronologie de la cause et de l'effet. Le fait fondamental de "l'ex-
> périence interne" est que l'on imagine la cause, après que l'effet s'est
> produit.[25]

Il n'y a pas de "cause" ou d' "effet", si ces termes doivent être
acceptés au sens aristotélien ou cartésien. Mais la même erreur se produit
dans le domaine de la pensée pure:

> Il en est de même dans la succession des pensées: nous cherchons la
> cause d'une pensée avant qu'elle ne soit consciente; et alors c'est la
> cause qui pénètre la première dans la conscience, puis sa consé-
> quence.[26]

L'homme a conscience d'une pensée et en cherche la cause; il conclut
qu'une autre pensée doit être la cause de celle dont il vient d'avoir conscience. Tout cela est une erreur qui a son origine dans une façon défectueuse de concevoir le moi. Pour se rendre compte plus concrètement de
quoi il s'agit, on n'a qu'à puiser dans *Par delà le bien et le mal* et *Le
Crépuscule des Idoles*. Dans l'étude de 1886 Nietzsche analyse la phrase "je
pense" et la décompose pour savoir exactement ce qu'elle signifie. Tout ce
qu'on obtient par un tel examen, c'est une "série d'affirmations
hasardeuses dont le fondement est difficile, peut-être impossible à
établir,—par exemple, que c'est *moi* qui pense."[27] Peut-on affirmer qu'il
doit y avoir quelque chose qui pense, que ". . . 'penser' est l'activité et l'
"effet de l'être, considéré comme cause", qu'il y a un moi qui pense?
Savons-nous ce qu'il faut entendre par "penser"? "Penser", ce n'est pas
plutôt "vouloir", ou bien "sentir"?[28] Nietzsche répond à chacune de ces
questions en posant une autre: "Qu'est-ce qui me donne le droit de parler

d'un 'moi', et encore, d'un moi comme cause, et enfin d'un moi comme
cause intellectuelle?"[29] Le rejet du moi, considéré comme un sujet qui
pense, c'est au fond la négation de la "certitude immédiate": "Il y a des
observateurs assez naïfs pour croire qu'il existe des 'certitudes immédiates',
par exemple, "je pense'. . ."[30] Et plus bas: "Mais je répéterai cent fois que
la 'certitude immédiate' de même que la 'connaissance absolue', la 'chose
en soi' renferment une *contradictio in adjecto.*"[31] Dans *Le Crépuscule des
Idoles,* Nietzsche ne rejette ni la perspective des notes ni leur développement dans *Par delà le bien et le mal:* au contraire, tout en insistant davantage sur ce qu'il a maintenu plus tôt, il y ajoute:

> L'homme a projeté en dehors de lui trois "faits intérieurs", ce en quoi
> il croyait fermement, la volonté, l'esprit, le moi. - Il déduisit d'abord la
> notion de l'être de la notion du moi, il a supposé les "choses" comme
> existantes à son image, selon sa notion du moi en tant que cause.[32]

Le moi une fois considéré comme cause est à l'origine de l'idée de
l'être. Mais l'auteur va plus loin: la ". . . chose elle-même, pour le répéter
encore, la notion de la chose, n'est qu'un réflexe de la croyance au moi en
tant que cause. . ."[33] Nous sommes donc vis-à-vis d'un développement
considérable: les "systèmes vivants" qui, selon les notes constituent
l'homme, ne sont pas, dans *Par delà le bien et le mal,* cause de pensée; en
outre, le moi, faussement considéré, devient dans *Le Crépuscule des Idoles* le
fondement de la croyance en l'existence des choses même. C'est là, du
point de vue de la métaphysique, la destruction de la raison.

Dans les données relevées jusqu'ici, peut-on voir un rapprochement avec
Pascal? Il faut répondre négativement. Pascal ne parle généralement du
moi que dans un sens moral.[34] La plus grande divergence entre les deux
penseurs, c'est dans le domaine de la connaissance immédiate. Chez
Nietzsche, le rejet du moi comme cause intellectuelle aboutit à la négation
de la certitude immédiate. Ainsi ses réflexions à ce sujet sont contraires à la
"connaissance par le coeur", où l'homme saisit les premiers principes qui
restent vrais, bien qu'ils ne puissent être prouvés.[35] A mesure que la "connaissance absolue" des principes entraîne la possibilité de la certitude absolue, Nietzsche s'oppose là aussi à Pascal. Dans *L'Art de persuader,*
celui-ci insiste sur certaines vérités qui peuvent être "infailliblement persuadées", et qui ont un rapport tellement étroit avec les premiers principes,
qu'il y a ". . . une nécessité inévitable de convaincre".[36] Il serait difficile
d'harmoniser le rejet du moi comme cause intellectuelle ainsi que les conséquences de ce rejet avec la perspective de Pascal. Mais Pascal et
Nietzsche ont de prime abord la même tendance: tous les deux sont "anti-
métaphysiciens". Pascal et Nietzsche rejettent la métaphysique pour des
raisons tout à fait différentes. Pascal voit dans ce domaine un obstacle à
l'acceptation de la foi: "Les preuves de Dieu métaphysiques sont si
éloignées du raisonnement des hommes et si impliquées, qu'elles frappent
peu . . ."[37] Les hommes, si par hasard ils ". . . voient cette démonstration
. . . une heure après ils craignent de s'être trompés".[38] En opposition à
Pascal, Nietzsche voit dans la métaphysique la cause d'une croyance inad-
missible en l'âme et en Dieu. La projection du moi, d'où la notion de l'être
et de la chose-en-soi, aboutit à l'idée de Dieu.[39] L' "anti-métaphysique" de

Pascal ne ressemble à celle de Nietzsche qu'à la surface. Toutefois, si le moi, comme phénomène de la conscience, ne peut légitimement devenir le fondement de la métaphysique, une certaine théorie de la connaissance sera nécessaire. Elle est le perspectivisme, dont le point de départ est le moi. Voilà la deuxième question qu'il faut examiner.

II

Le problème du perspectivisme, on n'en a pas toujours parlé clairement. Dans son étude sur Nietzsche, Charles Andler fait les constatations que voici:

> Si l'on essaie de qualifier la théorie de la connaissance où s'arrête ce vigoureux mathématicien, on ne lui trouvera pas de nom plus exact que celui, trop moderne, que Nietzsche lui a donné quand il l'a emprunté: le nom de perspectivisme. La relativité de la connaissance ne se démontre pas tant par les erreurs des sens que par l'incertitude du point de vue où nous sommes placés pour observer . . . *Le problème de Pascal est de découvrir les lois de la perspective dans l'art de penser et dans la morale.* Ainsi dans Nietzsche, tout le savoir de l'homme n'est que notre ". . . pouvoir poétique et logique de fixer sur les choses des perspectives par lesquelles nous réussissons à nous conserver vivants." Le détail de cette théorie de la perspective intellectuelle ne saurait, en passant de Pascal à Nietzsche, s'être conservé. Le grand effort de Nietzsche a été de renouveler la doctrine pascalienne par tout ce que la physique et la physiologie d'aujourd'hui apportaient de confirmations.[40]

Il y a plusieurs conclusions douteuses dans ces jugements d'Andler.[41] Nous nous limitons ici au sens du terme "perspectivisme" chez Pascal et Nietzsche.[42] Chez celui-ci, le perspectivisme signifie la nécessité de "fixer" la vérité pour pouvoir vivre; par contre, chez Pascal, le terme se borne presque uniquement à l'effort pour examiner de tous les points de vue possibles une proposition à établir, jusqu'à ce qu'il y ait une convergence des faits.[43] A ce point de vue, le perspectivisme nietzschéen ne ressemble pas au perspectivisme pascalien. Cependant, si l'on considère le perspectivisme tel que Nietzsche le comprend, on peut déceler chez lui des influences pascaliennes presque indéniables. Dans les pages qui suivent, nous nous en tenons à deux questions: celle des raisons pour lesquelles le perspectivisme est nécessaire, et celle des influences pascaliennes sur le perspectivisme nietzschéen. Les deux problèmes interfèrent.

On constate d'abord que le perspectivisme n'a aucun rapport avec l'être:

> Question fondamentale: est-ce que le perspectivisme *(das Perspectivische)* appartient à l'être *(Wesen)*? et n'est-il pas seulement une espèce d'observation (*Betrachtungsform*), une relation entre des êtres divers? Les puissances diverses, ont-elles une relation (les unes aux autres) de sorte que ces relations soient liées à l'optique de perception *(Wahrnehmungs - Optik)*? Cela serait possible si tout existant *(Sein)* était, dans une certaine mesure, l'acte de percevoir.[44]

Nietzsche veut dire que le perspectivisme est accidentel, c'est-à-dire, il n'est pas nécessaire à cause de la nature de l'être, que ce terme soit entendu dans le sens de *Wesen* ou dans celui de *Sein;* l'être, comme tel, n'existe pas. Il faudra donc chercher ailleurs l'origine du perspectivisme. Dans *La Volonté de puissance,* on trouve non seulement un lien fondamental entre le perspectivisme et le moi, mais, ce qui est plus intéressant, un rapport sans doute voilé avec le fragment sur la "Disproportion de l'homme". Nietzsche porte le jugement que voici:

> Même dans le monde inorganique, un atome de force ne s'occupe que de son voisinage: les forces éloignées s'annulent mutuellement. C'est en cela que réside le germe du perspectivisme, c'est pourquoi l'être vivant est foncièrement "égoïste".[45]

Ce passage rappelle celui de 1881-1882 où le rapprochement avec des intuitions pascaliennes sera, nous allons le voir, presque indubitable.[46] Déjà le philosophe allemand, tout en admettant que l'homme a l'impression d'être placé entre l'infiniment grand et l'infiniment petit, devra se demander: ". . . l'atome nous serait-il plus proche que l'extrémité la plus lointaine de l'univers?"[47] Dans *La Volonté de puissance*, on retrouve l'atome *(Krafte-Atom)* duquel seule la proximité *(Nachbarschaft)* importe: les puissances lointaines s'annulent *(gleichen sich aus)*. Nous sommes probablement vis-à-vis d'un jugement d'inspiration pascalienne. Mais le lien entre le moi et le *Kern* du perspectivisme, Nietzsche ne le déclare que d'une manière indirecte: "C'est en cela que réside le germe du perspectivisme, c'est pourquoi l'être vivant est foncièrement "égoïste".[48] La signification de cette phrase n'est pas tout à fait claire; l'auteur n'explique pas sa pensée directement. Pour résoudre cette difficulté, il y a lieu de reprendre *La Volonté de puissance* où Nietzsche déclare:

> Une "chose en soi" - absurdité égale au "sens en soi . . ." La question: qu'est-ce que c'est? est une façon de poser un sens, vu d'un autre point de vue. L' "essence", "l'être", est une réalité perspectiviste et suppose une pluralité. Au fond, c'est toujours la question: "Qu'est-ce que c'est pour moi?"[49]

Dans ces deux paragraphes, on trouve la clef des constatations sur le noyau du perspectivisme et l' "égoïsme" de l'être vivant. Il n'y a pas de chose-en-soi, comme il n'y a pas de signification-en-soi, parce qu'une "chose-en-soi" est uniquement une perspective et que le perspectivisme n'appartient ni à *Wesen* ni à *Sein*. Donc, lorsqu'on demande "qu'est-ce que c'est que cela", question qui se rapporte à la chose-en-soi, à l'essence ou bien à l'entité d'un phénomène, on veut dire, au fond: "Qu'est-ce que c'est pour moi?" Le *was ist das für mich* présuppose la conscience; il s'en faut de peu pour que la conscience et tout particulièrement celle du moi soient considérées comme une valeur supérieure. Or, il importe de bien saisir tout ce qui est impliqué ici. Il n'y a pas de *Wesen*, pas de *Sein,* objectivement, car l'être n'est que la projection du moi. L'homme a l'impression d'être au milieu des deux infinis dont il ne voit pas les extrémités. Il doit vivre, et au sujet de chaque être il se pose cette question: "Qu'est-ce que c'est pour moi?" A partir de cet instant naît une perspective, un perspectivisme.

Celui-ci a donc son origine dans l'impossibilité de voir les extrémités des deux infinis; le perspectivisme des "systèmes vivants" et par conséquent de l'homme est toujours "égoïste", parce qu'une perspective n'existe pas avant d'être associé au moi, la conscience duquel est déjà réalité.

Nous aurons l'occasion de revenir à ce point de départ du perspectivisme. Pour le moment, il sera utile d'examiner d'autres raisons pour lesquelles le perspectivisme est nécessaire. Là aussi, Pascal, tel que Nietzsche l'a compris, entre en jeu. La première de ces raisons, c'est la nature de la réalité, le devenir cosmique. Déjà en 1878, Nietzsche envisageait le devenir comme la réalité la plus profonde. A l'époque qui a précédé l'attaque contre l'Apologétique, le devenir se rapportait à la difficulté d'atteindre une vérité stable. Ainsi, dans *Humain, trop Humain*, on lit:

> . . . on ne tient pas compte, de ce fait, que ce tableau - ce qui, pour nous, hommes, s'appelle actuellement vie et expérience - est devenu, peu à peu, ce qu'il est, même est encore entièrement dans le devenir, et par cette raison ne saurait être considéré comme une grandeur stable . . .[50]

Un an plus tard, dans *Opinions et sentences mêlées,* le lien entre le devenir et le problème de la connaissance se décrit d'une façon encore plus nette:

> Vouloir peindre l'image de la vie, cette tâche, bien que présentée par les poètes et les philosophes n'en est pas moins insensée: sous la main des plus grands peintres et penseurs il ne s'est jamais formé que des images et des esquisses tirées d'une vie, c'est-à-dire de leur propre vie - et il ne saurait en être autrement. Dans une chose qui est en plein devenir, une autre chose qui devient ne saurait se refléter d'une façon fixe et durable, comme "la" vie.[51]

L'homme, que fera-t-il devant le devenir? Il y a une "antinomie entre la fluidité absolue des choses et la connaissance".[52] Puisqu'il n'y a pas de vérité constante, l'homme doit se servir d' "erreurs foncières": dans un monde pareil, ". . . un être vivant devrait d'abord croire aux choses, à la durée, etc., pour exister; l'erreur sera sa condition d'existence. Peut-être en est-il ainsi".[53] La nécessité de "fixer" la vérité découle ici, non pas de la nature de l'intellect mais de la nature de la réalité. Le philosophe allemand, a-t-il découvert chez Pascal une pareille vision? Il y a peu de doute à ce sujet. Pour Pascal, "Nous voguons sur un milieu vaste, toujours incertains, et flottants, poussés d'un bout vers l'autre . . ."[54] Et ensuite, Pascal ajoute cette phrase:

> Ne cherchons donc point d'assurance et de fermeté; notre raison est toujours déçue par l'inconstance des apparences: rien ne peut fixer le fini entre les deux infinis qui s'enferment et le fuient.[55]

Il est certain que Pascal n'a pas en vue une philosophie du devenir; il n'est guère moins certain que Nietzsche a été influencé par ce passage, ainsi que par les deux infinis chez Pascal. Pour se montrer, on n'a qu'à considérer une note de 1881-1882:

> Nous nous trouvons placés en quelque sorte au milieu - entre l'infiniment grand et l'infiniment petit. Ou bien l'atome nous serait-il plus

proche que l'extrémité la plus lointaine de l'univers? - Le monde n'est-
il pour nous qu'un groupement de relations réduites à une commune
mesure? Dès que cette mesure arbitraire manque, notre univers
s'écoule en eau![46]

Nietzsche ne nomme expressément pas Pascal, mais il se sert du
langage même des *Pensées*. Il serait difficile de considérer ce passage, où
l'on retrouve l'homme pascalien placé entre deux infinis, autrement que
sous l'optique de tout ce que Nietzsche a dit sur la philosophie du devenir.
Le monde, qui est ici celui de la pensée, serait-il pour l'homme un "groupement de relations réduites à une commune mesure", si tout n'était pas dans
un état de flux? Et cette mesure, qui est arbitraire, ne rappelle-t-elle pas la
nécessité de "fixer" la vérité, ainsi que l'erreur, condition d'existence? Enfin, on entrevoit, peut-être, dans cette exigence, une réflexion de l' "erreur
nécessaire" de Pascal.[57] Le perspectivisme est cependant exigé non seulement par le devenir cosmique mais aussi par la nature même de l'intellect.
Déjà dans *Aurore,* avant que le philosophe allemand ne parvînt à découvrir
en l'homme plusieurs intellects dont le principal, espèce de conscience
supérieure, constitue une source d'erreurs, on pouvait déceler les pouvoirs
très limités de l'intellect:

Mon eoil, qu'il soit perçant ou qu'il soit faible ne voit qu'à une certaine distance. Je vis et j'agis dans cet espace, cette ligne d'horizon est
ma plus proche destinée, grande ou petite, à laquelle je ne peux
échapper. Autour de chaque être s'étend ainsi un cercle concentrique
qui lui est particulier . . . Les habitudes de nos sens nous ont
enveloppés dans un tissu de sensations mensongères qui sont, à leur
tour, la base de tous nos jugements . . . Il n'y a absolument pas
d'issue, pas d'échappatoire, pas de sentier détourné vers le monde
réel! Nous sommes dans notre toile comme des araignées, et quoi que
nous puissions y prendre, ce ne sera toujours que ce que se laissera
prendre à notre toile.[58]

Nietzsche se sert de deux images pour décrire la même réalité: le cercle
concentrique et la toile d'araignée reviennent à plusieurs reprises dans ses
oeuvres et désignent que la raison ne peut franchir les bornes qui lui sont
imposées. Même dans ces limites, il n'y a rien de stable, rien de certain:
". . . nos sens nous ont enveloppés dans un tissu de sensations mensongères qui sont, à leur tour, la base de tous nos jugements".[59] On saisit
dans le passage que nous venons de citer deux idées-maîtresses que
Nietzsche a pu remarquer chez Pascal. D'abord, le "cercle concentrique"
et la "toile d'araignée" rappellent le "milieu entre deux extrêmes":

Notre intelligence tient dans l'ordre des choses intelligibles le même
rang que notre corps dans l'étendue de la nature. Bornés en tout
genre, cet état qui tient le milieu entre deux extrêmes se trouve en
toutes nos puissances. Nos sens n'aperçoivent rien d'extrême, trop de
bruit nous assourdit, trop de lumière éblouit, trop de distance et trop
de proximité empêche la vue.[60]

L'homme, placé entre deux infinis, ne peut comprendre ni le principe
ni la fin des choses; même dans le "milieu", les sensations "extrêmes" lui
échappent. Dans le passage où Nietzsche parle du "cercle concentrique" et

de la "toile d'araignée", il peut y avoir encore un lien avec Pascal: les sens ne sont pas un solide fondement de la connaissance. On se rappelle "l'inconstance des apparences" du fragment 199-72; on se souvient aussi du fragment 45-83, où Pascal maintient que l'homme n'est qu'un sujet plein d'erreur naturelle sans la grâce:

> Rien ne lui montre la vérité. Tout l'abuse. Ces deux principes de vérité, la raison et les sens, outre qu'ils manquent chacun de sincérité, s'abusent réciproquement l'un l'autre . . .[61]

Pourtant, on constate une différence fondamentale entre Pascal et Nietzsche: pour celui-ci, il faut "fixer" la vérité pour pouvoir vivre dans le devenir. De fait, Jaspers a signalé que le cercle concentrique aboutit logiquement chez Nietzsche à la destruction de la raison, ce qui est précisément la même faute que Nietzsche reproche à Pascal après 1883.[62] Nous avons montré dans les pages suivantes, cependant, que pour Pascal, il s'agit d'une perspective tout autre. Il y a plusieurs degrés de vérités, dont le premier se fonde sur les données des sens, qui n'empêchent nullement que l'intellect saisisse la vérité spéculative pourvu qu'il se serve de principes efficaces pour y parvenir. Nietzsche, lui aussi, admet la valeur des sciences expérimentales; mais pour lui, il n'y a pas de vérité stable. On n'a enfin aucun moyen d'établir une vérité non positive, si ce n'est pour dire que rien n'est vrai, tout est permis. Le problème du perspectivisme ne se termine cependant pas là, car le perspectivisme et l'idéal ascétique partagent le terrain commun du moi. On peut donc se demander jusqu'à quel point le perspectivisme éclaircit la dimension intellectuelle de cet idéal. Ainsi, nous abordons la troisième question à laquelle nous avons fait référence plus haut.

III

Il ne sera pas sans profit de reprendre le *was ist das für mich,* qui contraste avec un jugement sur Pascal:

> On ne pouvait ni ne devait détourner les yeux de soi-même. Il est maintenant possible de perdre de vue cet intérêt morbide à notre égard et de placer la passion en dehors de nous contre les choses *(Wissenschaft).* Quelle est donc mon importance! Cela, Pascal n'aurait pas pu le dire.[63]

L'auteur compare l'ancienne attitude sur le moi, surtout celle du dix-septième siècle, à la sienne. Ce qui nous intéresse ici, c'est le *was liegt an mir,* qui s'oppose au *Kern* du perspectivisme, *was ist das für mich.* La question *was liegt an mir,* qui date de l'époque des notes sur *Philosophie und Wissenschaft,* Nietzsche la répète encore une fois vers la même date, dans les *Kristische persönliche Bermerkungen,* où il dit:

> Cette façon d'agir est tellement dangereuse. Je ne peux pas crier à moi-même, comme un somnanbule qui se promène sur les toits; un saint titre n'a aucun besoin d'être désigné par son nom. Qu'elle est donc mon importance! Voilà la seule voix défiante que je veux entendre.[64]

Nietzsche pose une question pareille dans les même notes; il n'y a aucun doute de ce qu'il s'agit précisément du moi:

> C'est ma diligence et mon oisiveté, ma conquête et mon abandon, ma bravoure et ma peur, ma lumière du soleil et mon éclair venant d'un ciel sombre et nuageux, c'est mon âme et mon esprit, mon premier moi, difficile et dur, qui peut une fois encore parler à lui-même: Quelle est donc mon importance![65]

Was liegt an mir: Quelle est donc mon importance! mais cette fois-ci, au lieu de nommer Pascal, l'auteur ajoute: "Voilà la seule voix défiante que je veux entendre". Dans la note suivante, le contraste entre "diligence" et "oisiveté", "bravoure" et "peur", "lumière du soleil" et "ciel sombre et nuageux", termes qui sont des contraires et donc, dans un certain sens, des extrémités, indique que le jugement dont il s'agit, placé, pour ainsi dire, au milieu de ces contraires, fait une partie importante de la pensée nietzschéenne. Une question voisine se pose: *was liegt an mir!* Ce qui est pour Nietzsche la seule voix défiante qu'il veut entendre, ce que seul son *schweres, erstes, granites Ich* peut déclarer, c'est à la fois ce que Pascal n'aurait pas pu dire: Quelle est donc mon importance! En ce qui concerne le moi, donc, Nietzsche pense être l'antipode de Pascal. Le rapport entre le perspectivisme et la dimension intellectuelle de l'idéal ascétique s'éclaircit dans l'arrière-pensée que présuppose cette opposition. Mais à première vue, une difficulté se présente. Dans *La Généalogie de la Morale,* il était question de glorifier le moi. L'homme noble, et à plus forte raison, le Surhomme, ". . . après avoir conçu spontanément et par anticipation, c'est-à-dire, tiré de son propre 'moi' l'idée fondamentale de 'bon', n'arrive à créer la conception de 'mauvais' qu'à partir de cette idée".[66] Et tout particulièrement par rapport à la dimension intellectuelle de l'idéal ascétique, la médication du prêtre est ". . . au point de vue intellectuel, le principe de Pascal, "il faut s'abêtir". Résultat en langage psychologique et moral: 'anéantissement du moi' . . ."[67] L'affirmation de la valeur du moi contredit la négation de celle-ci signalée plus haut, semble-t-il.

C'est dans la solution de ce paradoxe qu'on peut voir plus clairement la relation entre le moi, le perspectivisme, et l'idéal ascétique. Lorsque Nietzsche parle du moi ici, il met ce terme entre guillemets. Ce n'est donc pas le moi entendu comme phénomène de la conscience dont il s'agit, mais du moi considéré comme synonyme du terme "individu", ou bien, du terme "systèmes vivants". Cette distinction admise, on peut examiner d'autres jugements de *La Volonté de puissance,* où il est question d'abord de la conscience:

> Comparé à l'énormité et à la variété du travail accompli en collaboration ou en opposition mutuelle que représente la vie totale de tout organisme, son monde conscient de sensations, d'intentions, d'évaluations n'en est qu'un petit segment. Nous n'avons aucun droit de supposer que ce fragment de conscience doive servir de fin, de pourquoi, à ce phénomène global de la vie. Il est visible que la conscience n'est qu'un moyen de plus au service du déploiement et de l'accroissement de la vie.[68]

Plus bas, Nietzsche attache à l'idéal ascétique la fausse perspective portant sur le conscient, bien qu'il ne se serve pas ici du terme "idéal ascétique":

> C'est là mon objection fondamentale à toute espèce de cosmodicée ou de théodicée philosophico-morale . . . On a pris pour une fin une sorte de moyen; inversement, on a rabaissé au rang de moyens la vie et l'accroissement de sa puissance . . . L'erreur fondamentale consiste uniquement en ce que nous prenons pour mesure, pour valeur supérieure de la vie, le conscient, au lieu de comprendre qu'il est un instrument, un détail dans l'ensemble de la vie . . .[69]

Puisque la position pascalienne est réductible à l'idéal ascétique, doit-on en conclure que Pascal n'aurait pas pu prononcer le *was liegt an mir* parce que, sous l'influence du christianisme, il a pris le conscient comme une valeur supérieure, comme une fin? En d'autres termes, le pascalisme, en ce qui concerne la dimension intellectuelle de l'idéal ascétique, est-il avant tout un problème de la connaissance où la conscience du moi est considérée comme une valeur supérieure? Nous croyons que oui.

Une comparaison de la *Généalogie de la Morale* avec *La Volonté de puissance* fortifie cette conclusion. Dans l'étude de 1887, Nietzsche maintient que la morale des esclaves ". . . oppose dès l'abord un 'non' à ce qui ne fait pas partie d'elle-même, à ce qui est 'différent' d'elle, à ce qui est son acte créateur."[70] La morale des esclaves, et à plus forte raison, l'idéal ascétique, naît d'une opposition à tout ce qui est extérieur au moi. Dans *La Volonté de puissance,* l'auteur utilise un langage semblable à celui de *La Généalogie de la Morale:*

> La conscience n'apparaît d'habitude que lorsque le tout veut se subordonner à un tout supérieur - elle est d'abord la conscience de ce tout supérieur, de la réalité extérieure au moi.[71]

Le moi, c'est ici le moi entendu comme phénomène de la conscience. Mais ailleurs, le philosophe allemand parle du moi comme synonyme du terme "individu": "Nos jugements au sujet de notre 'moi' suivent cahin-caha et obéissent aux directions du non-moi, de la puissance qui nous domine."[72] Le moi, comme phénomène de la conscience, n'est qu'un instrument au service de la volonté de puissance, de la force "qui nous domine"; le moi, ainsi entendu, c'est un moyen dont se sert l'individu. Il n'y a donc, dans une vie où la volonté de puissance est bien dirigée, aucune préoccupation avec le moi, car la ". . . grande activité principale est inconsciente".[73] Nous croyons que c'est là l'optique sous laquelle il faut comprendre le jugement de *La Généalogie de la Morale:* l'homme noble, ". . . après avoir conçu spontanément et par anticipation, c'est-à-dire, tiré de son propre 'moi' l'idée fondamentale de 'bon', n'arrive à créer la conception de 'mauvais' qu'à partir de cette idée".[74] Nous pouvons transposer cette constatation de la façon que voici: l'homme noble, ". . . après avoir conçu spontanément et par anticipation, c'est-à-dire, tiré de sa propre "individualité" (systèmes vivants) l'idée fondamentale de 'bon', n'arrive à créer la conception de 'mauvais' qu'à partir de cette idée".

L'une des différences fondamentales entre la race noble et celle des esclaves, entre l'idéal ascétique et la volonté de puissance, c'est la tendance à prendre le conscient comme une valeur supérieure. Puisque la conscience du moi est le dernier trait qui s'ajoute à l'organisme, l'incapacité de Pascal de prononcer le *was liegt an mir* ne serait que plus certaine parce que la conscience du moi est plus près de l'expérience psychologique. Cette incapacité découle d'une perspective défectueuse que Nietzsche s'efforce de corriger dans un passage de *La Volonté de puissance* où l'on entrevoit une référence au fragment sur la "Disproportion de l'homme":

> Il nous faut donc renverser la hiérarchie: tout le "conscient" est d'importance secondaire: du fait qu'il nous est plus proche, plus intime, ce n'est pas une raison, du moins pas une raison morale, pour l'estimer plus haut. Confondre la proximité avec l'importance, c'est là justement notre vieux préjugé.[75]

Nietzsche a déjà fait référence aux idées de "proximité et d' "extrémité" lorsqu'il a parlé de l'infiniment grand et de l'infiniment petit ainsi que des puissances "lointaines" du *Krafte-Atom*.[76] Nous retrouvons ici la notion de "proximité" et implicitement celle d' "extrémité", mais dans le contexte de la conscience. Confondre la proximité de la conscience avec l'importance de celle-ci ne peut résulter que d'une fausse perspective. L'impossibilité de prononcer le *was liegt an mir,* l'incapacité de se débarrasser de l'idéal ascétique, se réduit à un problème de la connaissance, où, par une perspective défectueuse, le moi, comme phénomène de la conscience, est considéré comme une valeur supérieure.[77]

En somme, l'enquête sur le moi et le problème de la connaissance chez Pascal et Nietzsche nous permet de tirer les conclusions suivantes:

1) la négation du moi comme phénomène de la conscience aboutit au rejet de la certitude immédiate et de la métaphysique; Pascal et Nietzsche sont "anti-métaphysiciens" pour des raisons opposées;

2) le perspectivisme a son point de départ dans le moi, entendu comme phénomène de la conscience, et, en outre, s'inspire, en partie, de Pascal;

3) la position de Pascal, en ce qui concerne la dimension intellectuelle de l'idéal ascétique, ne saurait que constituer une perspective défectueuse où la conscience du moi est prise comme une valeur supérieure.

La relation entre les deux penseurs ne pourra cependant pas être établie en définitive sans tenir compte de la vision totale de l'homme chez Nietzsche. Il sera donc utile d'aborder un examen de l'autre dimension de l'idéal ascétique qui porte sur la volonté et la destruction des instincts.

DEUXIEME CHAPITRE

LE MOI, LES PASSIONS, ET LA VOLONTE DE PUISSANCE

Dans les pages précédentes, il s'est agi principalement du moi comme phénomène de la conscience; dans celles qui suivent, il sera surtout question du moi en tant que corps.[1] Car l'on ne peut saisir totalement la vision nietzschéenne de l'homme qu'en sondant ce problème des valeurs, plus important que celui de la certitude.[2] Ces valeurs s'attachent au problème des instincts et à celui de la volonté de puissance. Dans tous les deux domaines, la question du moi, entendu au sens de "corps", est sous-jacente. Il y a par conséquent lieu de considérer plusieurs problèmes qui sont distincts mais qui interfèrent.

Cette dernière étape de notre étude se divise en trois parties. On doit d'abord comprendre comment le moi, comme phénomène de la conscience, estropie les instincts. Ensuite, puisque Nietzsche oppose la doctrine de la volonté de puissance à l'idéal ascétique, il importe de savoir plus concrètement en quoi consiste cette doctrine, ce qui entraînera une courte comparaison avec certains jugements pascaliens. Finalement, le point de départ de la volonté de puissance étant le moi en tant que corps, on pourra saisir plus facilement la vision de l'homme implicite dans cette nouvelle perspective. Nous serons ainsi à même d'établir la principale conclusion de cette étude; à savoir: ce qui sépare Nietzsche de Pascal, c'est avant tout la source des valeurs selon lesquelles l'homme, en maîtrisant les passions, doit vivre. Les diverses influences de Pascal sur Nietzsche s'éclairciront en définitive au cours de notre enquête.

I

Nietzsche pose le problème des instincts, comme celui de la connaissance, dans le contexte du moi, phénomène de la conscience. Sa pensée est ici sans doute moins complexe; mais elle est grosse de conséquences pour son rapport avec Pascal. Il conviendra donc de citer le philosophe allemand assez longuement:

"Dogmatisme erroné au sujet de l'*ego* - on l'a conçu de façon atomiste, dans une fausse contradiction avec le "non-moi"; détaché

également du devenir, conçu comme étant. Fausse substantialisation
du moi: transformé en article de foi . . . surtout sous la pression de la
discipline religieuse et morale. Après avoir détaché artificiellement ce
moi et l'avoir proclamé autonome, on se trouvait en présence d'une
antinomie de valeurs qui semblait incontestable: le moi individuel et
l'énorme non-moi. Il paraissait évident que la valeur du moi individuel ne pouvait consister qu'à être en relation avec l'énorme non-
moi, même à lui être subordonné et à n'exister qu'à cause de lui. Ici les
instincts grégaires l'ont emporté: rien ne répugne tant à ces instincts
que la souveraineté de l'individu. Mais à supposer que le moi soit conçu comme existant en soi, sa valeur ne peut plus consister qu'à se
renoncer soi-même.[3]

L'erreur fondamentale, c'est donc qu'on a considéré le moi comme
une unité.[4] Nous sommes vis-à-vis d'un jugement qui ressemble à celui discuté plus haut, mais qui se limite ici à la question des instincts. Mais avant
d'aller plus loin, il importe de préciser le sens de cette phrase où Nietzsche
dit qu'il ". . . paraissait évident que la valeur du moi individuel ne pouvait
consister qu'à être en relation avec l'énorme non-moi, même à lui être subordonné et à n'exister qu'à cause de lui".[5] La phrase qui suit, où il signale
que les ". . . instincts grégaires l'ont emporté: rien ne répugne tant à ces
instincts que la souveraineté de l'individu . . .",[6] rend la signification de la
phrase précédente, de prime abord, équivoque. On pourrait en conclure
que Nietzsche s'oppose à la subordination du moi au non-moi, car une
telle subordination présuppose que l'individu n'est pas d'importance
primordiale.[7] La solution de cette difficulté repose sur ce que Nietzsche
veut dire par le "non-moi". Celui-ci est la volonté de puissance entendu
comme phénomène cosmique.[8] L'homme s'y soumet pour parvenir à
l'épanouissement de toutes les possibilités de sa nature. L'effort nécessaire
pour atteindre toute la perfection dont l'homme est capable devient, en
l'homme lui-même, la volonté de puissance considérée comme phénomène
humain, dont il s'agira plus bas.[9] Cette subordination mène au plein
développement de l'individu. C'est le refus de se plier au non-moi, à la
volonté de puissance comme phénomène cosmique qui, une fois le moi
considéré comme valeur supérieure, donne naissance à la "fausse substantialisation du moi".[10] Loin de mettre en cause la grandeur de l'individu, la
subordination au non-moi est le premier acte qu'il faut affirmer pour y
parvenir.

On peut maintenant reprendre la considération de la fausse perspective sur le moi. Ici Nietzsche s'en tient principalement aux instincts:

Donc: 1⁰ fausse émancipation de l'"individu", comme atome; 2⁰ ap-
préciation grégaire qui a horreur de la volonté de demeurer un atome,
y sent une menace; 3⁰ par suite, on triomphe de l'individu en
déplaçant son but; 4⁰ il semblait alors qu'il y eut des actions dont le
caractère fut l'abnégation, on les a entourées de toute une sphère d'an-
tinomies; 5⁰ on s'est demandé dans quelles actions l'homme s'affirme
le plus fortement. On a accumulé sur elles (sexualité, cupidité, tyrannie, cruauté, etc.), la flétrissure, la haine, le mépris; on croyait qu'il y a
des instincts non égoïstes, on répudiait les instincts égoïstes, on exigeait ceux qui ne le sont pas; 6⁰ par suite, qu'avait-on fait? On avait
banni les instincts les plus forts, les plus naturels, et qui plus est, les
seuls réels; pour trouver louable une action, il fallait désormais nier

qu'il y eût en elle de pareils instincts; monstrueuse falsification *in psy-chologicis* . . .
    N. B. Le christianisme marque par là un progrès en perspicacité psy-chologique: La Rochefoucauld et Pascal. Il a compris l'identité essen-tielle des actions humaines et leur équivalence foncière (toutes im-morales).[11]

La destruction des instincts a donc son origine dans l'interprétation erronée du moi. Les six étapes de cette dégénérescence, qui commence par la ". . . fausse émancipation de l'individu",[12] et qui se termine par l'extir-pation des instincts les plus forts, atteignent leur comble dans la position que représentent La Rochefoucauld et tout particulièrement Pascal.[13]
    Dans la lumière de ces données, que dire de la perspective pascalienne? Limitons-nous ici au "moi-haïssable." Après avoir constaté dans le dialogue avec Miton que le "moi est haïssable", Pascal déclare:

En un mot, le moi a deux qualités. Il est injuste en soi en ce qu'il se fait centre de tout. Il est incommode aux autres en ce qu'il les veut asser-vir, car chaque moi est l'ennemi et voudrait être le tyran de tous les autres. Vous ôtez l'incommodité, mais non pas l'injustice.
Et ainsi vous ne le rendez pas aimable à ceux qui en haïssent l'in-justice. Vous ne le rendez aimable qu'aux injustes qui n'y trouvent plus leur ennemi. Et ainsi vous demeurez injuste, et ne pouvez plaire qu'aux injustes.[14]

Le contraste avec Nietzsche repose sur une définition du moi implicite dans ces deux paragraphes et ailleurs dans les *Pensées*. En opposition à Nietzsche, Pascal ne commence pas par considérer le moi comme une cause intellectuelle,[15] mais il constate tout simplement: "La vraie et unique vertu est donc de se haïr (car on est haïssable par sa concupiscence)".[16] Cette parenthèse est utile, car elle nous permet de conclure que le moi-haïssable n'est autre chose que la concupiscence contre laquelle tous doi-vent lutter. S'il en est ainsi, la concupiscence est toujours haïssable, puis-que le moi est "injuste en soi".[17] Nietzsche, dans *Aurore,* a critiqué ce jugement.[18] Pour lui, la concupiscence fait partie des instincts;[19] ceux-ci sont toujours utiles, à condition qu'ils soient spiritualisés. Il ne s'agit pas ici de déterminer si Nietzsche a bien compris Pascal;[20] il suffit de remar-quer que le jugement de Pascal, considéré dans son ensemble, Nietzsche l'estime opposé au sien.
    Les raisons pour lesquelles Nietzsche rejette la perspective de Pascal sont plus intéressantes. Bien que, dans *Aurore,* le philosophe allemand repousse en définitive le "moi-haïssable", les notes des années 1880-1881 in-diquent qu'il décelait chez Pascal un idéal voisin du sien, mais qu'il ne parvenait pas à préciser les raisons de son rejet. Les données relevées plus haut montrent que Nietzsche est finalement sorti de cet embarras: la cause fondamentale de l'erreur qu'a partagée Pascal, influencé par le christianisme, est réductible au "dogmatisme erroné au sujet de l'égo".[21] Plus concrètement, on peut dire que Nietzsche voit dans le faux jugement sur le moi une perspective qui oriente la nature de l'homme vers l'illusion. Mais revenons pour un moment sur nos pas. La difficulté commence à l'instant où l'homme pose la question, *was ist das für mich,* qui présuppose

non seulement la conscience mais aussi la conscience du moi.[22] La conscience, tout particulièrement celle du moi, devient une valeur supérieure au lieu de rester secondaire. De là, l'homme passe facilement au concept de l'esprit. C'est ici qu'on voit le lien entre le moi et l'extirpation des instincts. Ce que Nietzsche constate dans le long passage cité plus haut[23] n'aurait pas de sens à moins que la "fausse substantialisation du moi"[24] ne dirigeât l'idée de la nature humaine, non seulement vers la notion de l'esprit, mais aussi vers la primauté de celui-ci. Cela veut dire que, pour Nietzsche, la notion de l'"individu" est mal comprise: l'idée de l'homme, conçu concrètement, s'ordonne autour de quelque chose que l'homme n'est pas.[25] De ce faux jugement découle logiquement encore un autre: tout le corps est d'importance secondaire. Il s'en faut de peu qu'on puisse dire que les instincts les plus virils du corps sont foncièrement mauvais, pour comprendre ". . . . l'identité essentielle des actions humaines, et leur équivalence foncière (toutes immorales)".[26] Autre façon de dire que le "moi . . . est haïssable" ou bien "injuste en soi".[27] Nietzsche a pensé corriger cette tendance malsaine par la volonté de puissance dont il convient d'examiner ici les principaux aspects. Certaines influences pascaliennes se révèleront, tandis que certaines différences se cristalliseront. Les données à relever serviront de fondement pour déterminer plus bas ce qui sépare le plus profondément Nietzsche de Pascal.

II

La volonté de puissance repose au fond sur le concept nietzschéen du moi non pas comme phénomène de la conscience mais entendu au sens d'"individu", d'"êtres vivants", et, en fin de compte, de "corps":[28]

> Partir du corps et de la physiologie: pourquoi? - Nous obtenons ainsi une représentation exacte de la nature de notre unité subjective, faite d'un groupe de dirigeants à la tête d'une collectivité (ni "âmes" ni "forces vitales") . . .[29]

Nietzsche dit ailleurs que la ". . . croyance au corps est mieux assise que la croyance à l'esprit . . ."[30], que la croyance au corps ". . . est plus fondamentale que la croyance à l'âme . . ."[31] car,

> Si nous prenons le corps pour guide, nous reconnaissons dans l'homme une pluralité d'êtres vivants qui, luttant ou collaborant entre eux, ou se soumettant les uns aux autres, en affirmant leur être individuel affirment involontairement le tout.
>
> Parmi ces êtres vivants, il en est qui sont plutôt maîtres que subalternes; entre ceux-là il y a de nouveau lutte ou victoire.
>
> La totalité de l'homme a toutes ces qualités de l'organique qui nous demeurent pour une part inconscientes, et nous deviennent pour l'autre part conscientes sous forme d'instincts.[32]

La pluralité d'êtres vivants correspond à la vision dionysienne de l'homme dont Nietzsche a parlé vans L'Origine de la Tragédie et qu'il rappelle, parfois indirectement, dans *La Volonté de puissance*.[33] Mais l'important, c'est qu'il s'agit avant tout de forces:

> L'homme est une pluralité de forces hiérarchisées, de telle sorte qu'il y a des chefs, mais que le chef doit aussi procurer aux subordonnés tout ce qui sert à leur subsistance; il est donc conditionné par leur existence.[34]

Les forces ou bien les instincts doivent être augmentées: ". . . les passions les plus puissantes sont les plus précieuses dans la mesure où il n'y a pas de plus grandes sources de force".[35] Mais toutes les passions sont utiles.[36] De prime abord, cette affirmation (que la force des instincts doit être intensifiée, que toutes les passions sont utiles, et enfin, que les plus puissantes sont les plus précieuses) nous paraît tout à fait excessive: "Force de caractère.—Accueillir un grand nombre d'excitations et les laisser agir profondément, se laisser beaucoup détourner de son chemin, presque jusqu'à se perdre, beaucoup souffrir . . ."[37] Nietzsche insiste, cependant, sur la nécessité de "garder son orientation générale."[38] De plus, il s'agit avant tout d'une victoire sur soi-même: "Ma qualité maîtresse est la maîtrise de moi. Mais nul n'en a plus grand besoin que moi; je côtoie toujours l'abîme".[39] Parfois il conçoit de deux façons la domination de soi-même, sa pensée embrassant à la fois le fondement de son rejet de Pascal et l'idéal qu'il cherche:

> Vaincre nos passions? Non, si cela doit signifier les affaiblir et les anéantir. Les domestiquer, au contraire; et pour cela, peut-être les tyranniser longtemps . . . Finalement on leur rend la liberté et la confiance; elles nous aiment, comme le font les bons serviteurs, et elles agissent librement dans le sens où va le meilleur de nous-mêmes.[40]

Le triomphe sur soi-même entraîne sans aucun doute une véritable domination des instincts; cette victoire devient à son tour l'instinct qui prédomine: "Le triomphe sur soi-même et toutes les vertus n'ont aucun sens s'ils ne deviennent des moyens de former en nous la force dominante".[41] Pour atteindre ce but, il faut établir une espèce de trêve entre les divers instincts:

> La maîtrise de soi est l'équilibre d'un grand nombre de souvenirs et de motifs amoncelés - une sorte de trêve entre des forces hostiles. La *voluntas* est une prépondérance absolue, mécanique en dernière analyse, une victoire qui parvient à la conscience.[42]

On se demande cependant comment la paix entre les divers instincts s'établira. Il est nécessaire de commencer par les coordonner:

> La pluralité et l'incohérence des impulsions, l'absence de système entre elles produit la "volonté faible"; la coordination de ces impulsions sous la prédominance de l'une d'elles produit la "volonté forte"; dans le premier cas, il y a oscillation et manque d'un centre de gravité; dans le second cas, précision et direction claire.[43]

Le fait qu'on met de l'ordre dans les instincts constitue le premier pas vers leur discipline. Le but fondamental cependant, c'est de les spiritualiser. Nietzsche donne un exemple de la sublimation dont il s'agit dans un contexte que, pour d'autres raisons signalées dans la troisième étape de cette étude,[44] il ne peut accepter:

> Quand un instinct s'intellectualise, il prend un nom nouveau, un charme nouveau, un prix nouveau. On l'oppose souvent à l'instinct qui en a été le premier degré, comme si c'en était le contraire (la cruauté, par exemple). - Beaucoup d'instincts, l'instinct sexuel par exemple, sont susceptibles d'être grandement affinés par l'intelligence (amour de l'humanité, culte de Marie et des saints, enthousiasme artiste; Platon pense que l'amour de la connaissance et de la philosophie est un instinct sexuel sublimé). Mais son ancienne action directe subsiste à côté.[45]

L'intellect (ou bien la conscience) sert d'instrument pour réaliser le *aufheben* des instincts. Il est intéressant de noter que la spiritualisation ressemble à l'idéal chrétien bien compris: "La spiritualisation posée comme but: ainsi l'opposition nette du bien et du mal, de la vertu et du vice, est un moyen de dressage, pour amener l'homme à être maître de soi, une préparation à la vie spirituelle."[46] Ce passage s'attache à encore un autre non moins important où Nietzsche décrit la maîtrise à laquelle il importe d'aboutir:

> La partie la plus raisonnable de toute éducation morale a toujours été de chercher à obtenir la sûreté d'un réflexe instinctif; de telle sorte que l'on n'ait immédiatement conscience ni de la bonne intention, ni des objets louables à employer. Comme on exerce le soldat, on dressait l'homme à agir. En fait, cette inconscience est inséparable de toute perfection . . .[47]

Ce jugement est peut-être plus clair dans une autre note de *La Volonté de puissance:*

> (Critique: Tout acte parfait justement est inconscient et n'est plus voulu; le conscient exprime un état personnel imparfait et souvent morbide. La perfection personnelle conditionnée par la volonté, la perfection consciente, pareille à une raison munie de dialectique, est une caricature, une sorte de contradiction dans les termes . . . Le degré de conscience rend la perfection impossible . . .)[48]

L'inconscience avec laquelle la volonté de puissance s'accomplit se rapporte à la négation de la conscience du moi comme valeur supérieure. On doit cependant faire une distinction: Nietzsche parle de la spiritualisation *in fieri*, non pas *in facto esse*.[49] Cela paraît évident, étant donné que la notion de la volonté de puissance se lie à celle de l'éternel retour. Lisons d'abord le paragraphe que voici:

> Et savez-vous bien ce qu'est "le monde" pour moi? Voulez-vous que je vous le montre dans un miroir? Ce monde: un monstre de force, sans commencement ni fin; une somme fixe de force, dure comme l'airain, qui n'augmente ni ne diminue, qui ne s'use pas mais se transforme, dont la totalité est une grandeur invariable, une économie où il n'y a ni dépenses ni perte; mais pas d'accroissement non plus ni de recette . . . Voilà mon univers dionysiaque qui se crée et se détruit éternelle-

ment lui-même, ce monde mystérieux des voluptés doubles, voilà mon au-delà du bien et du mal, "sans but, à moins que le bonheur d'avoir accompli le cycle ne soit un but, sans vouloir, à moins qu'un anneau n'ait la bonne volonté de tourner éternellement sur soi-même et rien que sur soi, dans son propre orbite. Cet univers qui est le mien, qui donc est assez lucide pour le voir sans souhaiter de perdre la vue? Assez fort pour exposer son âme à ce miroir? Pour opposer son propre miroir au miroir de Dionysos? Pour proposer sa propre solution à l'énigme de Dionysos? Et celui qui en serait capable, ne devrait-il pas faire plus encore? Se fiancer au cycle des cycles"? Jurer son propre retour? Accepter le cycle où éternellement il se bénira lui-même, s'affirmera lui-même? Avec la volonté de vouloir toutes choses de nouveau?[50]

Nietzsche appelle ce monde celui de la volonté de puissance.[51] L'éternel retour en fait partie puisque le cycle des temps reviendra à jamais. L'homme, tel qu'il est et tel qu'il a été, est destiné à revenir dans d'autres cycles. Celui qui s'est maîtrisé, selon toute la capacité qualificative de ses forces, et qui, par conséquent, a atteint le bonheur, éprouvera la plus grande joie dans cet instant d'extase où il se rendra compte qu'il reviendra avec toute sa puissance acquise. Evidemment, la conscience de la domination de soi-même ne se réalise pas avant qu'on ne parvienne à la victoire sur soi-même, car pour Nietzsche tout acte parfait est inconscient. Mais le Surhomme qui, à la lumière de l'éternel retour, domine ses instincts, aura sans aucun doute conscience de sa perfection et de son bonheur.[52] La conscience reste secondaire, cependant, par rapport à l'exercice de la volonté de puissance, non pas à l'égard de son acquisition concrète. Cette distinction (c'est-à-dire que la conscience entre en jeu dans la volonté de puissance *in facto esse,* mais non pas *in fieri*) qui se fonde sur les implications de l'éternel retour, sera importante en ce qui concerne le rapport entre la maîtrise des passions et le bonheur chez Pascal. Il y a cependant encore une caractéristique de la volonté de puissance qu'il suffit de rappeler.[53] Nietzsche veut "renaturaliser" l'ascétisme, en substituant à l'intention négative une "intention fortifiante", une ". . . gymnastique du vouloir", et même la "privation et jeûne temporaire de toute espèce . . ."[54] car "l'ascétisme temporaire est le moyen de les (instincts) endiguer, de les rendre périlleux et de leur donner du style".[55] L'idée de l'ascétisme s'attache donc non seulement à la notion de la domination des instincts mais aussi à la nécessité d'augmenter leur intensité, ce qui comporte une certaine souffrance:

> Une âme riche et puissante est capable non seulement de triompher de pertes, de privation, de spoliations, de mépris douloureux, voire effroyables; elle sort de ces cercles infernaux avec une plénitude et une puissance accrues; et s'il leur faut dire l'essentiel, avec un accroissement nouveau de la béatitude d'aimer.[56]

La souffrance, une certaine cruauté envers soi-même ainsi que l'ascétisme font partie de l'acquisition de la volonté de puissance. Mais quelles sont les principales caractéristiques de la volonté de puissance qui entrent en jeu dans le contexte du problème des passions chez Pascal? A part la question de l'ascétisme et de la souffrance, on peut résumer la notion essentielle de la façon que voici:

$$\text{Intensité} + \text{coordination} + \text{maîtrise}$$
$$= \text{volonté de puissance.}$$

Les trois premières idées-maîtresses doivent être comprises selon l'ensemble de ce que Nietzsche exige. Le concept de l'intensité des instincts entraîne l'idée de leur augmentation non seulement quantitative mais aussi qualitative. La coordination des instincts sous la prédominance de l'un d'entre eux aboutit à la destruction d'hostilité entre les instincts, qui restent tous utiles. Enfin la maîtrise s'accomplit au moyen de la spiritualisation. Le résultat de tout l'effort, la volonté de puissance, doit être considéré à la lumière de l'éternel retour, d'où le Surhomme a conscience du bonheur *in facto esse*. S'il l'on examine l'idée de l'intensification des instincts, il serait difficile de dire qu'une pareille exigence se trouve chez Pascal, pour qui les passions ne peuvent qu'empêcher l'homme de bien penser.[57] A ce point de vue, Nietzsche est son antipode. On ne saurait en dire de même pour le deuxième concept fondamental, celui de la coordination des instincts. Nietzsche veut qu'on règle les instincts parce que l'homme reste intérieurement un chaos et qu'il a en lui une lutte continuelle entre des forces hostiles. C'est là l'homme dionysien qui n'a pas encore acquis la sagesse d'Apollon.[58] Pascal, bien avant Nietzsche, a signalé cette "guerre intestine de l'homme entre la raison et les passions".[59] Il y a sans doute un parallèle entre le "monstre et un chaos" qu'est l'homme chez Pascal et le désordre intérieur de l'homme chez Nietzsche.[60] Cela paraît d'autant plus probable si l'on considère les conséquences de ce chaos:

> Nous ne nous soutenons pas dans la vertu par notre propre force, mais par le contrepoids de deux vices opposés, comme nous demeurons debout entre deux vents contraires: ôtez un de ces vices, nous tombons dan l'autre.[61]

Pascal parle, vraisemblablement, de l'impossibilité pratique qu'éprouve l'homme de se maîtriser sans la grâce. Toutefois, on entrevoit peut-être chez Nietzsche une réflexion de ce "contrepoids de deux vices opposés" dans cette espèce de tension, voulue par lui, entre des passions contraires, tension qui aboutit à une "trêve entre des forces hostiles".[62] Mais c'est là aussi qu'on remarque une grande divergence: ce qui est un malheur pour Pascal, ce qui n'est guérissable que par la grâce, n'est pour Nietzsche qu'un moyen de dressage, pour amener l'homme à augmenter la quantité et la qualité des instincts afin que, par leur spiritualisation, sa joie dans la volonté de puissance acquise soit plus grande.

On ne saurait dire davantage sur la nécessité de coordonner les passions. La grande similarité entre Pascal et Nietzsche se trouve ailleurs, dans l'exigence de maîtriser les instincts. Dans le fragment 603-502 Pascal n'entend pas la destruction des passions mais leur domination:

> Abraham ne prit rien pour lui, mais seulement pour ses serviteurs; ainsi le juste ne prend rien pour soi du monde, ni des applaudissements du monde; mais seulement pour ses passions, desquelles il se sert com-

me maître, en disant à l'une: Va et viens, *sub te erit appetitus tuus.* Ses passions ainsi dominées sont vertus; l'avarice, la jalousie, la colère, Dieu même se les attribue. Et ce sont aussi bien vertus que la clémence, la pitié, la constance qui sont aussi des passions. Il faut s'en servir comme d'esclaves et leur laissant leur aliment empêcher que l'âme n'y en prenne. Car quand les passions sont les maîtresses, elles sont vices, et alors elles donnent à l'âme de leur aliment, et l'âme s'en nourrit et s'en empoisonne.[63]

Le passage où Nietzsche parle de la "domestication des instincts" rappelle ce fragment des *Pensées.*[64] Le parallèle est d'autant plus remarquable lorsqu'on tient compte du paragraphe suivant, où Pascal, après avoir constaté que tout est concupiscence, porte le jugement que voici:

"Tout ce qui est au monde est concupiscence de la chair, ou concupiscence des yeux, ou orgueil de la vie: *Libido sentiendi, libido sciendi, libido dominandi."* Malheureuse la terre de malédiction que ces trois fleuves de feu embrasent plutôt qu'ils n'arrosent! Heureux ceux qui, étant sur ces fleuves, non pas plongés, non pas entraînés, mais immobiles, mais affermis sur ces fleuves; non pas debout, mais assis dans une assiette basse et sûre, d'où ils ne se relèvent pas avant la lumière, mais après s'y être reposés en paix, tendent la main à celui qui les doit élever, pour les faire tenir debout et fermes dans les porches de la sainte Hiérusalem . . .[65]

Ce que Nietzsche dit au sujet du corps et de toute réalité comme faisant partie du devenir ressemble d'une façon assez frappante à l'image des trois fleuves. Toutes les passions sont pour Nietzsche en train de devenir, et l'image pascalienne ne serait pour lui qu'une autre façon d'annoncer une vérité voisine. L'homme qui maîtrise ses passions chez Nietzsche ne sait pas où la volonté de puissance l'amènera; l'homme pascalien, flottant sur ces fleuves ne sait pas concrètement, lui non plus, où tout va aboutir. Le Surhomme vise l'éternel retour tandis que l'homme chrétien attend la "sainte Hiérusalem". Tous les deux utilisent un moyen pareil pour atteindre des buts éternels auxquels tous les deux aspirent, l'un dirigé vers la terre et la matière, l'autre orienté vers la primauté de l'esprit.

A l'égard des trois premières idées-maîtresses que nous avons discutées, ce sont donc la notion de la coordination et de la spiritualisation des passions qui reflètent une ressemblance entre les deux penseurs. Dans le domaine de la coordination des instincts, Nietzsche s'est probablement inspiré des *Pensées.* Sa remarque à Georg Brandes, si tardive, puisqu'en 1888, ("Pascal, pour qui j'ai presque de la tendresse, parce qu'il m'a infiniment instruit . . .")[66] n'aurait pas de sens, à moins que Pascal n'influençât, dans une certaine mesure, le noyau de la philosophie nietzschéenne.

A part les trois notions centrales, il y a des jugements annexes où une comparaison des perspectives pascaliennes et nietzschéennes ne sera pas sans profit. Le Surhomme, ainsi que l'homme envisagé par Pascal, cherche le bonheur. Cette constatation se heurte de premier abord au sens de plusieurs passages où Nietzsche insiste sur ce fait: le bonheur (dont Nietzsche parle parfois en se servant du terme "plaisir") n'est aucunement un but légitime des actions humaines.[67] Mais lorsque Nietzsche rejette le bonheur comme but, il pense à la volonté de puissance *in fieri.* Toute sa doctrine de l'éternel retour présuppose que le Surhomme éprouve la plus grande joie dans la volonté de puissance *in facto esse.* Cette distinction admise, on peut déceler encore une ressemblance entre les deux penseurs. A celui qui veut parier mais qui ne peut encore croire Pascal donne ce conseil que nous avons considéré ailleurs: "Travaillez donc, non pas à vous convaincre par l'augmentation des preuves de Dieu, mais par la diminution de vos passions".[68] Tout homme qui se lancera sur ce chemin ne sera certes pas "dans les plaisirs" ou "dans la gloire",[69] mais il possèdera quelque chose de plus précieux. Pascal dit à son interlocuteur:

> Or, quel mal vous arrivera-t-il en prenant ce parti? Vous serez fidèle, honnête, humble, reconnaissant, bienfaisant, ami sincère véritable . . . Je vous dis que vous gagnerez dans cette vie . . .[70]

Nietzsche a repoussé cette perspective pascalienne: pour lui, le bonheur qui résulte de la discipline et de la spiritualisation des passions n'est pas un motif suffisant pour se maîtriser.[71] Cependant, cela n'empêche pas que, logiquement, sa position ressemble à celle de Pascal, car, en niant le bonheur comme but, Nietzsche le repousse dans le contexte de la volonté de puissance non pas acquise mais en train d'être acquise. Le rapport entre la volonté de puissance et l'éternel retour crée sans aucune équivoque un lien nécessaire entre le bonheur et la volonté de puissance *in facto esse.*

III

Certes, ces rapprochements, tels qu'on peut les entrevoir, restent à la surface: un abîme sépare Nietzsche de Pascal. Dire tout simplement que chaque côté de l'abîme est le refus et l'acceptation du christianisme serait trop simplifier la question. Il faut chercher la racine de l'opposition dans deux points de vue radicalement divergents. Nous abordons ainsi le problème signalé plus haut: l'abîme n'est rien d'autre que la source des valeurs selon lesquelles l'homme, en maîtrisant et en spiritualisant les instincts, doit vivre. Pour ce montrer, il suffit de reprendre quelques-unes des observations sur la volonté de puissance et les instincts, jugements qui complètent et à la fois révèlent en sa totalité la vision nietzschéenne de l'homme. Ici, le point de départ, nous l'avons vu, c'est le corps. Cela est fondamental et présuppose tout ce que Nietzsche a dit sur le moi comme phénomène de la conscience. Le moi, entendu en ce sens, projette l'idée de l'esprit. Celui-ci, comme un phénomène tout à fait différent de la matière, n'existe pas chez Nietzsche, à proprement parler.[72] Tout est dans le corps, le moi en tant que "êtres vivants", en tant que "individu". Le moi, ainsi compris, constitue une valeur supérieure à l'égard du moi, phénomène de la conscience.

Puisque les instincts sont uniquement des forces, évidemment matériels, mais devenues conscientes, il s'en suit que la volonté de puissance, par laquelle les instincts sont spiritualisés, se dirige vers la matière. Inversement, la perspective nietzschéenne sur la volonté de puissance *in fieri* et *in facto esse* repose sur la présupposition que le bien de l'homme se trouve à l'intérieur de lui. On a insisté, comme Deleuze, sur le fait que Nietzsche exige la discipline non seulement de la quantité, mais aussi, de la qualité des forces (instincts ou bien passions); cependant, on ne saurait échapper à la prémisse toujours implicite de la volonté de puissance: le bien de l'homme se trouve, en germe, en lui-même.[73] Rien dans la dernière philosophie de Nietzsche ne permet d'en conclure le contraire; de fait, on peut dire que cette orientation est centrale chez Nietzsche à partir de la méditation sur *Schopenhauer éducateur.*[74] La doctrine de la volonté de puissance n'est que la "systématisation" de cette perspective. Cette conclusion, exigée par les données citées plus haut, pose la sublimation des instincts dans une lumière tout autre, non seulement en ce qui concerne la relation de Nietzsche avec Pascal, mais aussi, à l'égard de Nietzsche lui-même. Kaufmann dans son excellente étude sur Nietzsche signale à plusieurs reprises que la spiritualisation des instincts s'accomplit au moyen de la raison.[75] Nietzsche dit, sans ambages, que la conscience (et donc, l'intellect, conscience de rang supérieur) est un instrument dans la sublimation des instincts.[76] Mais Kaufmann ne signale nulle part que lorsqu'il s'agit de la raison chez Nietzsche, il n'est aucunement question de la raison entendue au sens cartésien ou même kantien. La raison, pour Nietzsche, n'est qu'une étape dans le développement de l'organisme qui est le corps.[77] Les valeurs qui sont le fondement de la perfection de l'*Ubermensch* découlent de l'homme lui-même, mais elles en découlent d'une façon beaucoup plus radicale que ne laisse supposer l'étude de Kaufmann.[78]

Pour revenir à la relation entre Pascal et Nietzsche, la perspective nietzschéenne modifie considérablement le rapport entre eux, tel qu'on a décrit ce rapport jusqu'à maintenant. La thèse d'Elise Lohmann, généralement assez complète sur les principaux aspects du problème, témoigne d'une lacune dans ce domaine.[79] Les notes d'Henry Bauer, simple brouillon d'une thèse de doctorat, ne disent rien à ce sujet.[80] Le très court article de Denis Saurat est trop général et n'effleure même pas les problèmes essentiels pour faire une comparaison valable.[81] Mais c'est ici, dans le domaine de la source des valeurs selon lesquelles l'homme doit vivre, que Pascal et Nietzsche sont les antipodes l'un de l'autre. La position nietzschéenne étant suffisamment claire, limitons-nous à faire quelques citations des *Pensées:*

> Notre instinct nous fait sentir qu'il faut chercher notre bonheur hors de nous. Nos passions nous poussent au dehors, quand même les objets ne s'offriraient pas pour les exciter; les objets du dehors nous tentent d'eux-mêmes et nous appellent, quand même nous n'y pensons pas. Et ainsi les philosophes ont beau dire: "Retirez-vous en vous-mêmes, vous y trouverez votre bien"; on ne les croit pas, et ceux qui les croient sont les plus vides et les plus sots.[82]

L'homme est poussé au dehors par les passions, et les stoïciens lui disent: "Rentrez au dedans de vous-mêmes: c'est là que vous trouverez votre repos".[83] Tout cela pour Pascal n'est pas vrai, car le ". . . bonheur n'est ni hors de nous ni dans nous; il est en Dieu, et hors et dans nous".[84] La question de la source des valeurs, ou, en d'autres termes, du bien de l'homme, se lie pour Nietzsche, ainsi que pour Pascal au problème des passions.

Chez Pascal, le remède pour l'homme n'est ni à l'intérieur ni à l'extérieur;
le remède de l'homme, c'est un être suprême qui est immanent et à la fois
transcendant:

> "C'est en vain, ô hommes, que vous cherchez dans vous-mêmes le
> remède de vos misères. Toutes vos lumières ne peuvent arriver qu'à
> connaître que ce n'est point dans vous-mêmes que vous trouverez ni la
> vérité ni le bien. Les philosophes vous l'ont promis, et ils n'ont pu le
> faire.[85]

Nietzsche dit, au contraire, que tout le bien de l'homme lui est immanent, bien qu'il ne se serve pas de ce terme très souvent. Par la volonté de
puissance, par la maîtrise et la spiritualisation des instincts, Nietzsche
maintient que toutes les valeurs humaines sont déjà dans le chaos que constituent les instincts, à condition que ceux-ci soient sublimés. C'est pourquoi toutes les passions sont utiles; c'est pourquoi le philosophe allemand
n'admet pas, *a priori*, la distinction entre le bien et le mal; c'est pourquoi,
enfin, seul le Surhomme pourra élever (*aufheben*) le chaos des instincts,
pour en tirer une nouvelle création dont lui seul sera créateur.

Voilà la perspective radicale qui sépare Nietzsche de Pascal: l'homme,
du point de vue de la maîtrise de lui, se suffit-il à lui-même, ou non? En
répondant affirmativement, Nietzsche s'oppose irrévocablement à l'auteur
des *Pensées*. Pour Nietzsche, la raison pour laquelle Pascal a dû répondre
négativement à la même question se réduit à une fausse perspective sur le
moi, laquelle Pascal a partagée sous l'influence de l'idéal ascétique, dont le
christianisme n'est qu'une forme concrète. Le problème du moi est au commencement un problème de la connaissance; admis comme valeur
supérieure, le moi, phénomène de la conscience, estropie le moi qui est le
corps. Le moi, entendu en ce dernier sens, ne peut plus consister "qu'à
renoncer à soi-même",[86] d'où la destruction des instincts les plus forts.

On peut donc conclure:

1) ce que Nietzsche rejette dans le pascalisme, c'est que le moi, comme phénomène de la conscience, l'emporte sur le moi entendu au
sens de "corps", qui reste secondaire; l'homme s'oriente vers le
concept de l'esprit illusoire;

2) paradoxalement, dans le domaine des passions du corps, la plus
grande ressemblance entre Pascal et Nietzsche, c'est la maîtrise et
non pas la destruction des instincts;

3) finalement, la divergence la plus grande entre les deux penseurs,
c'est la source des valeurs selon lesquelles l'homme, en réglant les
passions, doit vivre: pour Pascal, cette source est un être suprême,
immanent et transcendant; pour Nietzsche, elle est uniquement le
moi en tant que "systèmes vivants" ou bien en tant que corps.

En concluant ainsi, announce-t-on quelque chose de nouveau?

BILAN

Il est temps de ramasser les diverses conclusions parsemées dans les pages précédentes. Nietzsche a commencé par considérer la culture médiocre de son siècle; mais il s'est occupé de plus en plus du problème de l'individu. Liée à l'idée du devenir et à la théorie cyclique de l'histoire, la question de l'individu, d'abord celle de l'esprit libre et ensuite celle du Surhomme, est devenue de plus en plus importante. C'est à la lumière de ce déroulement que nous avons cherché le rapport entre Pascal et Nietzsche. A partir de l'homme dionysien de *L'Origine de la Tragédie* jusqu'à l'*Ubermensch* de *La Volonté de puissance*, où doit-on, en fin de compte, situer Pascal? Nous croyons que le chemin parcouru nous permet, enfin, de répondre à cette question. Les études signalées dans l'Introduction de cette thèse[1] manquent de précision à ce sujet. C'est pourquoi notre étude a porté sur deux problèmes fondamentaux. Le premier est celui des influences de Pascal sur Nietzsche; le deuxième, celui du rapport entre eux. Ces problèmes sont distincts, mais ils interfèrent. Dans les deux parties de notre étude, nous avons traité de l'un ou de l'autre selon l'exigence des données. Il sera utile, dans ce court bilan, de résumer séparément les principaux faits que nous avons glanés. Nous nous limitons d'abord à la question des influences.

I

Dans la période 1871-1880 on peut signaler avec certitude seulement trois passages où Nietzsche s'inspire de Pascal. Les plus importants de ceux-ce, ce sont les paragraphes où le philosophe allemand souligne la vision tragique de l'homme. Cette vision, qu'on trouve dans *L'Origine de la Tragédie,* Nietzsche l'emprunte directement à Schopenhauer et indirectement à Pascal. A part cette *Weltanschauung*, d'ailleurs fondamentale, Nietzsche trouve directement chez Pascal la raison pour laquelle les savants allemands du dix-neuvième siècle ne s'adonnent pas à la considération des questions vitales. Enfin, Nietzsche se sert de l'analyse du rêve chez Pascal pour mettre en cause la valeur de la raison. Moins nombreux sont les passages qui témoignent d'une influence pascalienne sur Nietzsche pendant les années 1881-1886. Toutes les remarques dans les oeuvres publiées par Nietzsche lui-même pendant cette période sont péjoratives.Nietzsche se demande pourquoi Pascal ne s'est pas reposé sur le "mol oreiller" du doute de Montaigne; il s'attaque au *Deus absconditus* et à l'effort pour faire de l'ancien Testestament et du nouveau un seul livre. Aussi affronte-t-il le noyau de l'Apologétique. Il n'a pas toujours compris Pascal, mais il ne trouve pas chez lui non plus un véritable défi intellectuel à son "système" en pleine évolution.

On a dû puiser dans les oeuvres posthumes pour trouver des jugements positifs sur Pascal; c'est là aussi qu'on décèle la plus grande influence sur Nietzsche. A première vue, cette influence a l'air d'être une attaque, car dans *Aurore* Nietzsche rejette le "moi-haïssable." Mais une note des *Gedanken über Moral* révèle que Nietzsche entrevoit chez Pascal un idéal voisin du sien: ". . . n'avons-nous pas aussi notre force dans la maîtrise de nous-mêmes, comme lui? . . . Naturellement: un idéal (qui consiste en) . . . un continuel mépris de soi, dans le sens le plus profond . . . la haine de tout ce qui s'appelle le 'moi' ".[2] Cette observation de Nietzsche est révélatrice: elle montre que Nietzsche associe Pascal au noyau de sa philosophie qu'il est en train de découvrir. Déjà, le sentiment de puissance, ayant son apogée dans la maîtrise que l'ascète exerce sur lui-même, est clair dans *Aurore*. Dans *Ainsi parlait Zarathoustra*, le sentiment de puissance, devenu la volonté de puissance, nécessite un certain ascétisme. Les implications de la "haine de tout ce qui s'appelle le moi" ne sont cependant pas claires à cette époque.

L'attitude de Nietzsche sur le moi-haïssable reste équivoque jusqu'en 1884. Nietzsche est embarrassé par le problème de l'ascétisme qu'entraîne la haine du moi. C'est pourquoi la remarque de Nietzsche, "Quelle est donc mon importance: Cela, Pascal n'aurait pas pu le dire", faite vers la même époque, n'a pas de signification claire avant que Nietzsche ne distingue le moi comme phénomène de la conscience et le moi synonyme du terme "individu" compris comme une pluralité de forces à organiser. Nietzsche ne sait pas, entre les années 1880 et 1883 séparer complètement du sien l'idéal qu'il découvre chez Pascal. Par conséquent, en comparant Pascal et lui-même à d'autres penseurs, Nietzsche peut toujours déclarer: *Anders Pascal und ich*: "Pascal et moi, nous pensons autrement". Cette dernière constatation aurait été impossible après la découverte du rôle de la conscience considérée comme une source de fausses valeurs.

La deuxième indication d'une influence pascalienne s'encadre, elle aussi, dans le contexte de l'ascétisme. *Par delà le bien et le mal* révèle un problème qui tourmente Nietzsche vers 1886: comment expliquer la fusion de l'érudition et l'ascétisme dans l'âme de l'homme religieux? Nietzsche estime qu'il faudrait peut-être un Pascal pour éclaircir cette question. Il donne une solution dans *La Généalogie de la Morale*: la recherche de la vérité, ou bien la croyance en celle-ci, et l'ascétisme, ne sont que la forme la plus spiritualisée de l'idéal ascétique. A part une remarque dans *Ainsi parlait Zarathoustra* ("l'homme est quelque chose qui doit être dépassé")[3], remarque qui rappelle, peut-être un jugement voisin des *Pensées* ("l'homme dépasse infiniment l'homme"),[4] on ne constate pas d'autres influences pendant cette période.

C'est ici qu'un examen des oeuvres posthumes était surtout utile. Car tout le problème du perspectivisme, qu'on ne saurait traiter adéquatement en se limitant aux ouvrages publiés par Nietzsche lui-même, laisse entrevoir certaines notions pascaliennes qui ne sont pas sans importance. Le perspectivisme est nécessaire, d'abord, parce que l'homme, ne pouvant

voir les extrémités des deux infinis, associe tout au moi. Nietzsche se sert
du langage des *Pensées*, mais jamais, dans le contexte du perspectivisme, il
ne cite leur auteur. En outre, le perspectivisme est nécessaire à cause de la
nature de la réalité (tout est devenir) et de l'intellect (qui ne reçoit qu'un
choix d'expériences). Nietzsche a probablement trouvé chez Pascal des
observations qui, pour lui, ressemblent à ses propres conclusions. Ce ne
serait pas la première fois que Nietzsche se réfère à Pascal sans le citer; ce
ne serait pas la première fois non plus que le philosophe allemand comprend mal l'auteur des *Pensées*.[5] Enfin, pendant la période 1887-1888, il y a
une seule phrase qui révèle une influence pascalienne générale sur
Nietzsche: celui-ci a eu presque de la tendresse pour Pascal, ". . . parce
qu'il m'a infiniment instruit".[6]

II

La détermination de l'influence de Pascal sur Nietzsche n'était cependant pas le principal but de cette étude: nous avons visé surtout à préciser
le rapport entre eux. Déjà dès le premier chapitre nous avons dû conclure
que pendant les années 1871-1880 Pascal n'était pour Nietzsche qu'un
grand moraliste. Nietzsche, à cette époque, ne cite pas Pascal à moins qu'il
ne soit d'accord avec lui. Mais Pascal moraliste, Nietzsche l'a vu principalement par les yeux de Schopenhauer et par conséquent sous l'optique
de l'ascétisme. La question de l'ascétisme s'est précisée à la lumière des
données de 1881-1886: on ne saurait considérer les deux penseurs en dehors
de ce contexte. La critique nietzschéenne des années 1887-1888 ne laisse
pas de fortifier cette conclusion; de fait, les données de cette époque la
précisent davantage: la position que représente Pascal n'est qu'une forme
concrète de l'idéal ascétique ou bien de la volonté de puissance mal dirigée.

L'idéal ascétique a deux dimensions: celle du problème de la connaissance et celle de l'extirpation des instincts. Constater tout simplement
que le pascalisme ne constitue qu'une forme concrète de l'idéal ascétique,
c'est tirer une conclusion, en fin de compte, générale. Toutefois, c'est là, en
gros, tout ce que révèlent les faits glanés des oeuvres publiées par Nietzsche
lui-même, considérées chronologiquement. La methode historique a
cependant laissé entrevoir un fait capital: l'idéal ascétique naît d'une fausse
conception du moi. Cette constatation, faite dans *La Généalogie de la
Morale*, est devenue la clef pour ouvrir la porte sur le rapport précis entre
Pascal et Nietzsche. Il a donc fallu faire une étude comparée.

Nietzsche distingue entre le moi comme phénomène de la conscience
et le moi synonyme du terme "individu" (corps). Tout homme vis-à-vis du
devenir se demande à propos de chaque être: *was ist das für mich?* Cette
question présuppose la conscience du moi. Bien que nécessaire, cette in-
terrogation, point de départ du perspectivisme, risque de devenir le fondement d'une valeur défectueuse où la conscience acquiert une première importance. Pascal n'aurait pas pu prononcer le *was liegt an mir* qui corrige
cette tendance malsaine, parce qu'il a été influencé par la fausse perspective

du christianisme. La dimension intellectuelle de l'idéal ascétique est désormais claire: on peut comprendre plus concrètement pourquoi Nietzsche estime que le problème le plus intime de Pascal est celui de la connaissance. Il ne s'agit pas tout simplement de l'effort pascalien pour soutenir le christianisme au moyen du scepticisme; il est question de l'incapacité de se débarrasser de la fausse valeur de la conscience, surtout celle du moi, qui projette l'idée de l'esprit. L'orientation erronée vers l'esprit, découlant d'abord d'un problème de la connaissance, finit par émasculer les instincts. Car le moi, comme phénomène de la conscience, l'emporte sur le moi le plus authentique qui est le corps ou bien l'individu, compris comme une pluralité de forces à dominer. L'homme se dirige vers un faux idéal, celui de l'esprit. Il doit par conséquent mépriser le corps. Certes, chez Pascal bien interprété, on constate une ressemblance entre la maîtrise des passions et leur domination chez Nietzsche qui, sous l'influence de Schopenhauer, a mal compris Pascal à ce sujet. Mais le moi, entendu au sens de l' "individu", devient le fondement de la volonté de puissance, doctrine destinée à remplacer la fausse piste qu'est l'idéal ascétique. La volonté de puissance crée l'abîme qui sépare Nietzsche de Pascal. Chez le philosophe allemand, les valeurs selon lesquelles l'homme, en réglant le chaos dionysien qui est en lui, doit vivre, sont déjà en l'homme lui-même. Pour Pascal, une telle perspective n'est pas possible, car les vraies valeurs sont transcendantes.

Nous sommes donc loin de l'interprétation d'Henry Bauer, qui a vu en Nietzsche le véritable disciple de Pascal; nous sommes loin aussi du jugement de Denis Saurat, pour qui Nietzsche était le Pascal du dix-neuvième siècle. Nous croyons que le rapport entre Pascal et Nietzsche dépasse le simple contraste entre deux personnalités complexes, contraste marqué chez Bauer et Lohmann par la différence entre Pascal apologiste et Nietzsche antéchrist.

Finalement, les données historiques et comparées de cette étude ayant été établies dans les pages précédentes, force nous est de tirer les conclusions suivantes:

1) L'influence de Pascal sur Nietzsche se limite principalement à la question de l'ascétisme et à la philosophie perspectiviste.

2) Pendant les années 1871-1880, Pascal est pour Nietzsche un grand moraliste vu surtout par les yeux de Schopenhauer. Généralement, Nietzsche ne cite Pascal que dans les contextes où il est d'accord avec lui.

3) La période 1881-1886 témoigne d'un changement de perspective chez Nietzsche. Du point de vue intellectuel Pascal apologiste n'est pas un obstacle que Nietzsche ne pense pas pouvoir surmonter; il rivalise avec Pascal surtout dans le domaine de l'ascétisme.

4) Les écrits de 1887-1888 montrent que la position représentée par Pascal constitue une forme concrète de l'idéal ascétique ou bien de la volonté de puissance mal dirigée. Celle-ci est bifurquée, entraînant le problème de la connaissance et celui de l'expirpation des instincts. Chacun de ces problèmes a son origine dans une mauvaise

façon de concevoir le moi. C'est tout particulièrement ici, dans cette quatrième conclusion, que nous nous séparons des conclusions de Bauer et de Lohmann.

5) Par rapport au problème de la connaissance, Pascal et Nietzsche s'opposent à la métaphysique pour des raisons tout à fait différentes. Nietzsche s'inspire de Pascal en développant sa philosophie perspectiviste; main, enfin, il rejette le pascalisme parce que cette orientation dirige l'homme vers une fausse valeur; cette fausse valeur, c'est le moi, qui, comme phénomène de la conscience, projette l'idée de l'esprit.

6) Par rapport au problème des instincts, la plus grande ressemblance entre les deux penseurs se situe, paradoxalement, et à l'encontre des idées généralement reçues, dans le domaine de la maîtrise des passions.

7) Finalement, pour Nietzsche, le moi, en tant que "corps", est plus important que le moi, phénomène de la conscience. Le rejet final du pascalisme doit s'expliquer à la lumière de cette dernière prespective nietzschéenne, car la question du rapport entre Pascal et Nietzsche s'oriente vers les problèmes de l'immanence et de la transcendance des valeurs selon lesquelles l'homme doit vivre.

Nous nous sommes donc écartés des conclusions qu'on a parfois tirées jusqu'à présent. Le rapport entre Pascal et Nietzsche ne peut se résumer dans une simple phrase, mais doit être considéré selon les diverses époques où Nietzsche cherchait ou bien où il a enfin découvert sa philosophie.

Nous espérons que les données relevées dans les pages précédentes clarifient ce rapport.

Voilà le seul but que nous avons cherché à atteindre.

APPENDICE I

LES DEGRES DU SAVOIR SELON PASCAL

La forme la plus spiritualisée de l'idéal ascétique était pour Nietzsche la recherche de la vérité ou bien la croyance en celle-ci; comme tel, l'idéal entraîne presque par sa nature des doutes et des troubles intellectuels. A l'égard de Pascal, la volonté de puissance mal dirigée est donc avant tout un problème de la connaissance que Pascal a résolu par le sacrifice de la raison. A l'encontre de cette critique, nous croyons déceler chez lui plusieurs niveaux de vérités qui réclament chacun la soumission de la raison postulée par la raison elle-même. Si, en examinant les divers écrits de Pascal, nous pouvons parvenir à établir cette conclusion, l'accusation qu'on a souvent faite contre lui et que Nietzsche n'a fait que répéter sous la rubrique de l'idéal ascétique ne saurait se soutenir.[1]

Le premier niveau de vérité qu'on trouve chez Pascal est celui des données des sens. Dans la *Préface sur le Traité du Vide,* l'auteur distingue nettement deux sources de vérité: celle qui se fonde sur l'autorité (la méthode de la théologie et de l'histoire) et celle qui tombe ". . . sous le sens ou sous le raisonnement" (la méthode des sciences expérimentales de la *Préface).*[2] Il est nécessaire de ne pas confondre les deux disciplines très différentes. Par rapport aux sciences, c'est la raison qui tire des conclusions reposant sur les données des sens, car ". . . les appréhensions des sens sont toujours vraies",[3] à condition que la raison se garde de tirer des conséquences trop faciles sans avoir suffisamment examiné les faits. Cette méthode est inductive. Pourvu que les expériences soient faites soigneusement et qu'elles soient assez nombreuses, la raison doit se soumettre à ses découvertes. Toute la portée de la *Préface* ne s'explique qu'à la lumière de la soumission aux faits contrôlés par la raison, qui ne doit pas être entravée par l'autorité des anciens en ce domaine. La méthode des sciences expérimentales et la soumission aux découvertes solidement établies restent donc tout à fait légitimes.[4]

On s'aperçoit d'un moyen différent de connaître qui s'attache, lui aussi, aux faits et qui, comme les expériences scientifiques, amène à la certitude: c'est la methode historique. On a souvent oublié de signaler chez Pascal cette source de vérité car il n'en parle pas toujours d'une façon claire. La perspective historique est cependant sousjacente dans l'Apologétique et marque en grande partie son originalité.[5] Toutefois, il ne s'agit pas d'indiquer si, dans tous les cas, Pascal a bien utilisé les données historiques. Soit dit pourtant en passant qu'il n'a pas toujours compris les exigences de cette discipline rigoureuse. Son usage de certaines prophéties de l'ancien Testament, son apparente ignorance de la critique textuelle, son emploi du thème du *Deus absconditus*, l'ont amené parfois à voir surtout dans l'ancien Testament plus d'histoire qu'il n'y en a. Cela n'empêche cependant pas que Pascal avait conscience de la valeur de l'histoire comme d'une source de connaissance et de vérité. Cette méthode appartient au même niveau de vérité que les sciences expérimentales et exige, à son tour, la soumission de la raison, à la différence que voici: les découvertes des expériences scientifiques, bien dirigées, aboutissent à des conclusions universelles tandis que les données historiques ne permettent que des conséquences particulières.

La connaissance ou bien la certitude provenant des données des sens et de l'histoire s'acquiert par une méthode inductive. Si l'on cherche dans *L'Art de persuader*, on distingue un moyen de connaître qui va logiquement de principes en principes, jusqu'à ce qu'une conclusion indubitable soit établie. C'est une méthode déductive dont Pascal résume les règles nécessaires de la manière que voici:

> Prouver toutes les propositions en n'employant à leur preuve que des axiomes très évidents d'eux-mêmes, ou des propositions déjà montrées ou accordées. N'abuser jamais de l'équivoque des termes, en manquant de substituer mentalement les définitions qui les restreignent ou les expliquent.[6].

Une telle méthode de raisonner aboutit à des vérités qui peuvent être "infailliblement persuadées";[7] la raison n'a donc qu'à s'y soumettre. On apprend une autre espèce de déduction par laquelle on peut parvenir à des vérités que l'esprit n'arrive pas toujours à comprendre totalement mais dont il ne peut douter. Cette façon d'atteindre la certitude ou bien de connaître suffisamment une vérité est capitale: Pascal fait clairement entendre que la raison peut se rendre compte qu'une certaine vérité existe sans que la raison réussisse à saisir sa nature. Les principaux exemples dont Pascal se sert à ce propos sont les nombres, l'espace et le temps, qui peuvent être multipliés ou divisés à l'infini. La raison est incapable de connaître la vérité intime de cette proposition, mais elle ne peut en douter parce qu'elle sait que le contraire de la proposition est faux.[8] La raison saisit donc la vérité par la négation du contraire:

> Et c'est pourquoi, toutes les fois qu'une proposition est inconcevable, il faut en suspendre le jugement et ne pas la nier à cette marque, mais en examiner le contraire; et si on le trouve manifestement faux, on peut hardiment affirmer la première, tout incompréhensible qu'elle est.[9]

Ensuite, parlant de l'espace comme tel, Pascal affirme:

> Il n'y a point de géomètre qui ne croie l'espace divisible à l'infini. On ne peut non plus l'être sans ce principe qu'être homme sans âme. Et néanmoins il n'y en a point qui comprennent une division infinie, et l'on ne s'assure de cette vérité que par cette seule raison, mais qui est certainement suffisante, qu'on comprend parfaitement qu'il est faux qu'en divisant un espace on puisse arriver à une partie indivisible, c'est à dire qui n'ait aucune étendue.[10]

La connaissance qu'on possède par négation n'est pas une connaissance reposant directement sur les données des sens; elle n'est pas non plus une conviction liée à une série de propositions dont chacune, à son tour, a été établie, car dans le cas de la connaissance par négation la vérité acquise ne peut être prouvée. Elle reste cependant indubitable,[11] exigeant, elle aussi, la soumission de la raison. Cette soumission est tout à fait justifiée puisque c'est la raison qui demande sa propre soumission à une vérité qui reste incompréhensible en elle-même.

La raison, jusqu'ici, n'est que le raisonnement, qui entraîne des méthodes inductives et déductives de connaître. Le raisonnement déductif comprend deux méthodes; l'une se fonde sur les principes, l'autre sur la vérité acquise par la négation de son contraire. *De tous ces moyens de savoir, celui de la négation du contraire montre que même dans l'ordre naturel la raison juge parfois nécessaire de se soumettre à une vérité qui de par sa nature dépasse la raison.*

Le dépassement de la raison atteint son comble dans la "connaissance par le coeur". Il n'est pas toujours facile de déterminer ce que Pascal veut dire par le "coeur", ou par le "sentiment": d'une part, il oppose ces termes à l'exercice de la raison comme telle; d'autre part, il songe à une sorte d'intuition, semble-t-il.[12] Peut-être qu'on réussisse à harmoniser l'apparente divergence de la façon que voici: lorsque Pascal oppose la connaissance acquise par le coeur à celle de la raison, il vaut mieux entendre le terme "raison" dans le sens de "raisonnement". Cette distinction nous paraît justifiée par le contexte de certains passages des *Pensées.* Ainsi, dans le fragment 110-282, l'auteur parle de la connaissance des premiers principes comme de certaines vérités que la raison saisit immédiatement, mais qui ne sont pas moins certaines parce qu'elles ne peuvent être démontrées. Puisqu'il ne s'agit aucunement dans ce contexte des vérités de la foi, l'intuition ou bien le coeur (l'instinct) qui saisit les premiers principes ne peut être, en termes plus précis, qu'un acte de la raison mais non pas le raisonnment comme tel. Donc, l'intuition de la raison (la connaissance par le coeur) doit être différenciée du raisonnement, terme qui s'applique plus précisément aux vérités acquises par les méthodes inductives et déductives. La connaissance par l'intuition est immédiate; celle qu'on acquiert par le raisonnement est médiate. De ce point de vue, les ". . . principes se sentent, les propositions se concluent, et le tout avec certitude, quoique par différentes voies . . .[13]

La connaissance par le coeur a un sens tout autre lorsque Pascal l'emploie pour signifier la "foi". On peut dire, que pour lui, on ne connaît pas Dieu sans la foi, ce qui demande, comme les autres méthodes de connaître, la soumission de la raison. C'est surtout cette deuxième signification du terme "connaissance par le coeur" (sentiment, instinct), qui est la source du malentendu portant sur le "suicide de la raison". Mais il est à rappeler que toutes les autres méthodes de connaître esquissées jusqu'ici exigent la soumission de la raison demandée par la raison elle-même. Il serait donc tout à fait arbitraire de supposer, *a priori,* que la soumission requise par la foi ne soit pas, elle aussi, postulée par la raison. Si l'on regarde de près la direction générale de l'Apologétique, on voit que Pascal pensait amener son interlocuteur jusqu'au point où, ayant examiné à fond les divers aspects de l'évidence, celui-ci doit dire: je sais que la structure essentielle du christianisme est vraie". Une telle conviction n'est pas encore la connaissance de la révélation par le "coeur" ou par la "foi". Il faudrait une grâce toute spéciale pour que l'homme, après avoir suffisamment approfondi la question, puisse dire: "je crois".[14] Le "je crois" entraîne une nouvelle soumission de la raison parce que la raison, à partir de ce moment, se soumet à Dieu qui révèle le contenu de la foi. En d'autres termes, la raison se fondant sur les faits, sait que Dieu a révélé le contenu de la foi. Jusqu'à ce point, la raison n'aboutit pas à la foi ou bien à la connaissance par le coeur. Le dernier degré de vérité ne se réalise pas avant que l'homme ne puisse s'écrier: "je crois, parce que Dieu l'a révélé". Mais c'est la raison qui exige cette dernière "conclusion". La soumission de la raison est tout à fait justifiée.[15] Nous pouvons donc résumer ce que nous avons vu de la façon que voici:

LES DEGRES DU SAVOIR SELON PASCAL[16]

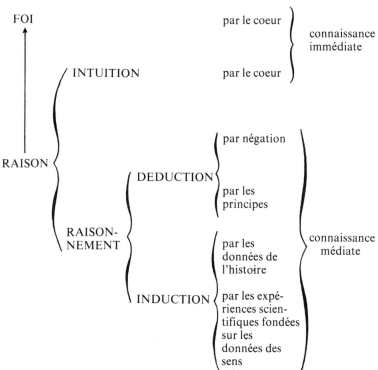

FOI — par le coeur — connaissance immédiate

INTUITION — par le coeur

RAISON

RAISONNEMENT

DEDUCTION — par négation / par les principes

INDUCTION — par les données de l'histoire / par les expériences scientifiques fondées sur les données des sens

connaissance médiate

On décèle donc chez Pascal plusieurs degrés de vérité ou bien de certitude dont chacun réclame à son tour la soumission de la raison postulée par la raison elle-même. Le *sacrifizio dell'intelletto* que lui reproche

Nietzsche ne saurait donc pas se soutenir. Le philosophe allemand, en insistant sur un rapport direct entre l'ascétisme et la ruine intellectuelle, a interprêté Pascal à tort.[17]

LES PENSEES ET LA
DESTRUCTION DES INSTINCTS

Dans les pages précédentes nous avons signalé à plusieurs reprises la critique nietzschéenne: la position qu'incarne Pascal finit par anéantir les instincts les plus forts.[1] Nietzsche a expliqué les raisons de son jugement à la lumière de l'idéal ascétique. Ici, cependant, on constate chez lui une lacune: à part les remarques sur le "moi-haïssable", Nietzsche se réfère à une seule phrase des *Pensées* pour justifier ses observations à ce sujet.[2] Par conséquent, une dernière question se pose: en quelle mesure peut-on déceler chez Pascal les raisons pour lesquelles Nietzsche a tant insisté sur la destruction des instincts?[3] C'est là le problème que nous essayerons de résoudre dans ce court appendice.

On constate chez Pascal trois idées-maîtresses qui, à première vue, peuvent constituer le fondement de l'accusation nietzschéenne: 1) le devoir de se haïr, 2) l'apparent mépris du plaisir, et 3) le fait que l'homme naît en péché. Toutes les trois observations s'attachent à une notion plus générale, en tant qu'elles présupposent, semble-t-il, que la nature humaine est, d'une façon ou d'une autre, méprisable. La première idée-maîtresse, celle du devoir de se haïr, nous l'avons traitée ailleurs;[4] les remarques qui suivent se bornent à la considération de mépris du plaisir et du fait que l'homme naît en péché.

Par rapport à l'idée de plaisir, Pascal porte le jugement que voici: "Il n'est pas honteux à l'homme de succomber sous la douleur et il lui est honteux de succomber sous le plaisir".[5] De prime abord, le plaisir est une passion malsaine. Mais si l'homme succombe à la douleur qu'il a lui-même cherchée, il ne fait que céder à lui-même; par contre, en ne résistant pas au plaisir, l'homme succombe à quelque chose qui lui est extérieur.[6] Nietzsche dit que l'homme ne devrait pas succomber à lui-même. Cependant, la doctrine de la volonté de puissance ressemble dans une certaine mesure au fragment 795: "Or, il n'y a que la maîtrise et l'empire qui fasse la gloire, et que la servitude qui fasse honte".[7] Pascal ne dit point que le plaisir est honteux en lui-même; pour lui, c'est l'homme qui est honteux en succombant au plaisir parce que, ce faisant, l'homme n'est plus maître de lui-même. Chez Pascal bien compris, le fragment 795 ne peut logiquement pas servir de fondement pour dire que le plaisir est méprisable en lui-même.

Toutefois, c'est bien dans le domaine du sentiment de plaisir que Nietzsche a pu constater la tendance à émasculer les instincts: "Tous les

grands divertissements sont dangereux pour la vie chrétienne . . ." annonce Pascal.[8] L'auteur parle surtout de la comédie, dont la représentation
risque d'augmenter la force des passions. La pensée de Nietzsche se heurte
à celle de Pascal. Le philosophe allemand veut intensifier la quantité et la
qualité des passions, pour que la joie de leur sublimation soit plus grande.
Pascal veut que les passions soient maîtrisées; mais cette maîtrise doit être
précédée par leur diminution.

Mais il y a un lien, chez Nietzsche, entre la diminution des passions,
diminution réalisée avant leur sublimation et la notion de péché. C'est
probablement ici qu'on apprend la raison pour laquelle Nietzsche a tant insisté sur la destruction des instincts chez Pascal. Celui-ci
dit que l'homme naît en péché, ce qui veut dire que la nature est corrompue
dès le commencement.[9] Ce jugement pascalien pose deux problèmes.
D'abord, Pascal ne distingue pas clairement entre le péché de nature (péché
originel) et le péché personnel. Toutefois, il paraît évident que l'auteur des
Pensées, en distant que l'homme naît en péché, entend par là le péché
originel. Mais on constate encore une difficulté, car Pascal n'explique nulle part l'étendue du péché originel. On pourrait en conclure que, du point
de vue de la nature, l'homme est totalement dépravé.[10] Or, dans La
Généalogie de la Morale, c'était, en partie, cette perspective que Nietzsche
reprochait au pascalisme; de fait, Nietzsche attache indirectement la notion de péché originel à la destruction des instincts.

Dans la deuxième méditation de la Généalogie, l'homme, en réprimant
les instincts, devient malade de lui-même.[11] La guérison du sentiment de
culpabilité s'accomplit par l'idéal ascétique: l'homme ne doit avoir ". . .
plus de volonté, plus de désir . . . pas de femme . . . au point de vue intellectuel, 'il faut s'abêtir'. Résultat en langage psychologique et moral:
'anéantissement du moi' ".[12] Une partie du chemin vers la volonté de
puissance mal dirigée ou bien vers l'idéal ascétique, c'est précisément, dans
cette même méditation, la notion du "péché originel". Les expressions
"plus de volonté", "plus de désir", signifient la diminution des passions,
mouvement dont le comble est la position de Pascal. Il est à remarquer que
l'idée du "péché originel" fait partie de ce mouvement. Nietzsche lie la
diminution des instincts à l'idée du péché dans un contexte où Pascal entre
en jeu.

On peut donc affirmer ceci: ce sont certains passages des Pensées portant sur la nécessité de diminuer les passions et l'idée du péché qui ont
probablement servi de fondement pour la critique nietzschéenne. Mais on
ne saurait dire davantage, car en ce domaine Nietzsche ne signale pas
clairement les sources de son jugement.[13]

LISTE DES REFERENCES

DIRECTES A PASCAL

(1) "Le christianisme a sur la conscience d'avoir gâté beaucoup de personnalités 'pleines', par exemple Pascal, et avant lui, maître Eckart."

> *La Naissance de la Philosophie à l'époque de la Tragédie grecque;*
> traduit par Geneviève Bianquis. Paris, Gallimard, onzième édition,
> 1938, p. 20.

(2) "On admet quelquefois qu'il y a une destinée pour les livres, un *fatum libellorum,* mais ce doit être un destin malveillant qui a jugé bon de nous soustraire Héraclite, le merveilleux poème d'Empédocle . . . Il semble bien que la partie la plus grandiose de la pensée grecque et de son expression verbale nous ait été dérobée, fatalité dont on ne s'étonnera pas, si l'on se souvient des mésaventures de Scot Erigène ou de Pascal, et si l'on pense que, même en ce siècle de lumière la première édition du *Monde comme Volonté et Représentation* de Schopenhauer, dut être mise au pilon".

> *Ibid.*, p. 39

(3) "Nos savants se distinguent fort peu, et en tous les cas point à leur avantage de l'agriculteur qui veut augmenter son bien héréditaire et qui, du soir au matin, peine à cultiver son champ, à conduire sa charrue et à encourager ses boeufs. Or, Pascal croit que les hommes s'efforcent seulement ainsi à faire leurs affaires et à cultiver leurs sciences pour échapper aux problèmes importants que toute solitude, tous les loisirs véritables, leur imposeraient, et il s'agit précisément des problèmes du pourquoi et du comment. Chose singulière, nos savants ne songent même pas à la question la plus proche, celle de savoir à quoi peuvent bien servir leur travail, leur hâte, leurs douloureux transports".

> *Considérations inactuelles,* "David Strauss sectateur et écrivain"
> traduit par Henri Albert. Paris, Société du Mercure de France, 1907,
> p. 75

(4) "En soi, l'homme réveillé se rend compte qu'il se réveille seulement par la rigide toile conceptuelle ordinaire, et à cause de cela, il arrive parfois à croire qu'il rêve, lorsque cette toile conceptuelle est une fois

déchirée par (quelque) artifice. Pascal a raison lorsqu'il affirme que, si chaque muit nous avions le même rêve, nous en serions autant occupés que des choses que nous voyons tous les jours." ("An sich ist ja der wache Mensch nur durch das starre und regelmässig Begriffsgespinnst darüber im Klaren, dass er wache, und kommt eben deshelb mitunter in den Glauben, er träume, wenn jenes Begriffsgespinnst einmal durch die Kunst zerrissen wird. Pascal hat Rechte, wenn er behauptet, dass wir, wenn uns jede Nacht derselbe Traum käme, davon ebenso beschäftig würden, als von den Dingen, die wir jeden Tag sehen".

> *Gesammelte Werke,* Uber Warheit und Lüge im aussermoralischen Sinne", Vol. VI, pp. 88-89. La traduction et les parenthèses sont de nous.

(5) "Mais il faut s'avouer que notre temps est pauvre en grands moralistes, que Pascal, Epictète, Sénèque, Plutarque, sont à présent peu lus . . ."

> *Humain, trop Humain,* première partie, n° 282, p. 282.

(6) "Les philosophes se sont emparés de tous les temps des axiomes de ceux qui étudient les hommes (moralistes); ils les ont corrompus, en prenant dans un sens absolu et en voulant démontrer la nécessité de ce que ceux-ci n'avaient considéré que comme indication approximative . . . C'est ainsi que l'on trouvera comme bases des célèbres doctrines de Schopenhauer concernant la primauté de la volonté sur l'intellect, l'invariabilité du caractère, la négativité de la joie . . . Le mot "volonté" que Schopenhauer transforma pour en faire une désignation commune à plusieurs conditions humaines, l'introduisant dans le langage là où il y avait une lacune, à son grand profit personnel, pour autant qu'il était moraliste - dès lors il put parler de la "volonté" de la même façon dont Pascal en avait parlé".

> *Opinions et Sentences mêlées,* traduit par A-M. Desrousseau. Paris, Société du Mercure de France, septième édition, 1901, pp. 22-23.

(7) "Moi aussi, j'ai été aux enfers comme Ulysse et j'y serai souvent encore; et pour pouvoir parler à quelques morts, je n'ai non seulement sacrifié des béliers, je n'ai pas non plus ménagé mon propre sang. Quatre couples d'hommes ne se sont pas refusés à moi qui sacrifiais: Epicure et Montaigne, Goethe et Spinoza, Platon et Rousseau, Pascal et Schopenhauer. C'est avec eux qu'il faut que je m'explique, lorsque j'ai longtemps cheminé solitaire, c'est par eux que je veux me faire donner tort ou raison, et je les écouterai lorsque devant moi, ils se donneront tort ou raison les uns aux autres. Quoique je dise, quoique je décide, c'est sur ses huit que je fixe mes yeux et je vois les leurs fixés sur moi".

> *Ibid.,* n° 408, p. 206.

(8) "Naturellement, c'est pourquoi l'auteur de *Aera Bismarcks* m'a appelé le Montaigne, le Pascal, et le Diderot allemands. Tout cela à la

fois. Combien peu de finesse dans une telle louange, et ainsi, combien peu de louange." ("Dagegen freilich hat der Verfasser der *Aera Bismarks* mich 'den deutschen Montaigne, Pascal, und Diderot" genannt. Alles auf ein Mal. Wie wenig Feinheit ist in solchem Lobe, also: wie wenig Lob."

Lettre à Peter Gast, le 20 mars 1881. La traduction est de nous.

(9) "Quel bon oreiller est le doute pour une tête bien équilibrée! - ce mot de Montaigne a toujours exaspéré Pascal, car personne n'a jamais désiré aussi violemment que lui un bon oreiller. A quoi cela tenait-il donc?"

Aurore, "Réflexions sur les préjugés moraux, traduit par Henri Albert. Paris, Société de Mercure de France, n⁰ 46 p. 60.

(10) "En admettant que nous considérons notre prochain comme il se considère lui-même - Schopenhauer appelle cela de la compassion, ce serait plus exactement de l'auto-passion - nous serions forcées de le haïr, si comme Pascal, il se croit lui-même haïssable. Et c'était bien le sentiment général de Pascal à l'égard des hommes, et aussi celui de l'ancien christianisme que, sous Néron, l'on 'convainquit' de l'*odium generis humani*, comme rapporte Tacite".

Ibid., n⁰ 63, pp. 72-73

(11) "Le christianisme possède le flair du chasseur pour tous ceux que, de quelque façon que ce soit, on peut amener au désespoir, - seule une partie de l'humanité y est susceptible). Il est toujours à la poursuite de ceux-ci, toujours à l'affût. Pascal fit l'expérience d'amener chacun au désespoir au moyen de la connaissance la plus incisive; - la tentative échoua, ce qui lui procura un second désespoir".

Ibid., n⁰ 64, p. 73.

(12) "Si, d'après Pascal et le christianisme, notre moi est toujours haïssable, comment pouvons-nous autoriser et accepter que d'autres se mettent à l'aimer - fussent-ils Dieu ou hommes? Ce serait contraire à toute bonne convenance de se laisser aimer alors que l'on sait fort bien que l'on ne mérite que la haine, - pour ne point parler d'autres sentiments défensifs. - 'Mais c'est là justement le règne de la grâce'. Votre amour du prochain est donc une grâce? Votre pitié une grâce? Eh bien! si cela vous est possible, faites un pas de plus: aimez-vous vous-même par grâce, - alors vous n'aurez plus du tout besoin de votre Dieu, et tout le drame de la chute et de la rédemption se déroulera en vous-même jusqu'à sa fin".

Ibid., n⁰ 79, pp. 91-92

(13) "Tout ce qui peut provenir de l'estomac, des intestins, des battements du coeur, des nerfs, de la bile, de la semence - toutes ces indispositions, ces affaiblissements, ces irritations, tous les hasards de la machine, qui nous est si peu connue - tout cela un chrétien comme Pascal le considère comme un phénomène moral et religieux, et il se

demande si c'est Dieu ou le diable, le bien ou le mal, le salut ou la damnation qui sont en cause. Hélas, quel interprète malheureux! Comme il lui faut contourner et torturer son système. Comme il lui faut se tourner et se torturer lui-même pour garder raison".

Ibid., n° 86, pp. 95-96

(14) "Personne n'a été plus éloquent que Pascal pour parler du 'Dieu caché' et des raisons qu'il a à se tenir si caché et à ne dire jamais les choses qu'à demi, ce qui indique bien que Pascal n'a jamais pu se tranquilliser à ce sujet: mais il parle avec tant de confiance que l'on pourrait croire qu'il s'est trouvé par hasard dans les coulisses. Il sentait vaguement que le 'deus absconditus' ressemblait à quelque chose comme de l'immoralité, mais il aurait eu honte et aurait craint de se l'avouer à lui-même: c'est pourquoi il parlait aussi haut qu'il pouvait, comme quelqu'un qui a peur".

Ibid., n° 91, p. 101

(15) "Si l'on compare Kant et Schopenhauer avec Platon, Pascal, Rousseau, Goethe, pour ce qui en est de leur âme et non de leur esprit: on s'apercevra que les deux premiers penseurs sont en posture désavantageuse: leurs idées ne représentent pas l'histoire d'une âme passionnée, il n'y a point de roman à deviner, point de crises, de catastrophes, et d'heures d'angoisse, leur pensée n'est pas en même temps l'involontaire biographée d'une âme, mais dans le cas de Kant, celle d'un cerveau, dans le cas de Schopenhauer, la description et le reflet d'un caractère (d'un caractère 'immuable') et la joie que cause le 'miroir' lui-même, c'est-à-dire la joie de rencontrer un intellect de tout premier ordre".

Ibid., n° 481, pp. 360-361

(16) "Ces hommes des luttes intellectuelles qui sont impatients à l'égard d'eux-mêmes et assombris, comme Byron et Alfred de Musset . . . comment ces hommes supporteraient-ils de s'approfondir sur eux-mêmes? . . . Le besoin d'action serait-il donc au fond le besoin de fuite devant soi-même? - ainsi demanderait Pascal. En effet, les représentants les plus nobles du besoin d'action prouveraient cette assertion . . . que les quatre hommes qui, dans tous les temps, furent les plus assoiffés d'action ont été des épileptiques (j'ai nommé Alexandre, César, Mahomet et Napoléon): tout comme Byron lui aussi a été affligé de ce mal".

Ibid., n° 549, pp. 403-404

(17) "On ne saurait contester aux Français qu'ils ont été le peuple le plus chrétien de la terre: non point qu'en France la dévotion des masses ait été plus grande qu'ailleurs, mais les formes les plus difficiles à réaliser de l'idéal chrétien s'y sont incarnées en des hommes et n'y sont point demeurées à l'état de conception, d'intention, d'ébauche imparfaite. Voici Pascal dans l'union de la ferveur, de l'esprit et de la loyauté, le

plus grand de tous les chrétiens, - et que l'on songe à tout ce qu'il s'agissait d'allier ici!"

Ibid., n⁰ 192, p. 206

(18) "Pascal a conseillé qu'on s'habitue au christianisme; on verrait que les passions diminuent. Cela, c'est profiter et jouir de son manque d'honnêteté. La faute capitale de Pascal: il pense prouver que le christianisme est vrai parce qu'il est nécessaire - cela présuppose qu'il existe une bénigne Providence vraie qui fait que tout ce qui est nécessaire soit aussi vrai: mais il pourrait y avoir des erreurs nécessaires! Finalement, la nécessité pourrait seulement paraître nécessaire, parce qu'on s'est tellement habitué à l'erreur qu'elle devient, d'une façon dominante, une seconde nature".

Gesammelte Werke, Vol. XI, "Aus der Zeit der Morgenröthe", pp. 71-72

La traduction est de nous. Cf. p. 109 note 40, de notre étude pour le texte allemand.

(19) "En comparaison avec Pascal: n'avons-nous pas aussi notre force dans la maîtrise de nous-mêmes, comme lui? Lui, au service de Dieu, nous au service de la loyauté? Naturellement: un idéal, (qui consiste) à arracher au monde les hommes et nous-mêmes, fait la tension la plus inouïe, est un continuel mépris de soi dans un sens le plus profond, une heureuse proclamation sur nous-mêmes, dans la haine de tout ce qui s'appelle le "moi". Nous sommes moins amers et aussi moins pleins de vengeance contre le monde, notre force est tout d'un coup plus modeste, d'où nous ne consommons pas nos cierges si vite (que lui), mais (au contraire), nous avons la force de persévérer".

Gesammelte Werke, Vol. X, "Gedanken über Moral aus der Zeit der Morgenröthe", p. 430

La traduction, et les parenthèses sont de nous. Pour le texte allemand, cf. p. 110, note 52.

(20) "La conversation de Pascal avec Jésus est plus belle que tout ce qu'il y a dans le nouveu Testament." ("Pascals Gespräch mit Jesus ist schöner als irgend im Neuen Testament")

Gesammelte Werke, Vol. XI, p. 71. La traduction est de nous.

(21) "Les Jésuites ont soutenu contre Pascal la philosophie des lumières et l'humanité".

Ibid., Vol. XI, p. 279.

La traduction est de nous. Pour le texte allemand, cf. p. 109, note 45. notre étude.

(22) "On ne pouvait ni ne devait détourner les yeux de soi-même. Il est maintenant possible de perdre de vue cet intérêt morbide à notre égard et de placer la passion en dehors de nous, contre les choses

(Wissenschaft). Quel est donc mon importance! Cela, Pascal n'aurait
pas pu le dire".

Ibid., Vol. XI, p. 12.

La traduction est de nous. Pour le texte allemand, cf. p. 110, note 52.
Les parenthèses sont de Nietzsche.

(23) "Votre âme n'est pas assez forte pour emporter avec elle jusqu'en
haut tant de détails de la connaissance, tant de choses insignifiantes et
basses. Vous êtes obligés de vous mentir à vous-mêmes, afin de ne pas
perdre votre sentiment de puissance et de grandeur. Pascal et moi,
nous pensons autrement".

Ibid., Vol. XXI, "Kritische persönliche Bemerkungen", p. 85
La traduction est de nous. Pour le texte allemand, cf. p. 111, note 52.

(24) "Quand je parle de Platon, de Pascal, de Spinoze et de Goethe, je sais
que leur sang coule dans mes veines - je suis fier de dire la vérité en ce
qui les concerne - la famille est assez noble pour n'avoir pas besoin
d'inventer ou de dissimuler".

Le texte date de 1881-1882. Néanmoins, F. Wurzbach l'a inclus dans
le texte de *La Volonté de puissance*, traduction de G. Bianquis, Vol. II,
quatrième livre, n° 620, p. 386

(25) "J'ai contre moi la haine de Pascal et le mépris de Schopenhauer . . .
Naturellement, avec la dévotion d'un ami qui reste honnête, pour
rester un ami, et pour ne pas devenir un amant et un sot. ("Ich habe
die Verachtung Pascals und den Fluch Schopenhauers auf mir! . . .
Freilich mit jener Anhänglichkeit eines Freundes, welcher aufrecht
bleibt, um Freund zu bleiben und nicht Liebhaber und Narr zu
werden").

Gesammelte Werke, Vol. XXI, p. 78 La traduction est de nous.

(26) "La position de Pascal est une passion; il montre les signes et les
résultats du bonheur, de la misère, et du sérieux le plus profond. C'est
vraiment ridicule le voir s'opposer, avec orgueil, à la passion - c'est
une espèce d'amour qui hait tous les autres et qui plaint les hommes,
pour se passer d'eux. Pascal n'envisage pas un amour utile, mais
seulement un amour qui gaspille; c'est toujours, pour lui, une question d'égoïsme. Il ne voit pas que de cette totalité d'activités une
génération nouvelle se lève, avec ses passions, ses habitudes, et ses
moyens (ou bien, son manque de moyens) de les (passions) satisfaire".
Il ne voit que l'individu mais non pas ce qui devient.
("Der Zustand Pascals ist eine Passion, er hat ganz die Anzeichen und
Folgen von Glück, Elend und tiefstem, dauerndem Ernste. Deshalb
ist es eingentlich zum Lachen, ihn so gegen die Passion stolz zu sehen
-es ist eine Art von Liebe, welche alle andern verachtet und die
Menschen bemitleidet, ihrer zu entbehren. Pascal hat keine nützliche
Liebe vor Augen, sondern lauter vergeudete, es ist alles égoïstische
Privatsache. Dass aus dieser Summe von Thätigkeit sich eine neue

Generation erzeugt, mit ihren Leidenschaften, Gewohnheiten und Mitteln (oder Nicht-Mitteln) sie zu befriedigen - das sieht er nicht. Immer nur den Einzelnen, nicht das Werdende").

*Gesammelte Werke,*Vol. X, p. 431 La traduction est de nous.

(27) "La chrétienté a sur la conscience d'avoir gâté beaucoup d'hommes pleins, comme par exemple, Pascal, et antérieurement, Maître Eckart". ("Das Christenthum hat es auf dem Gewissen viele volle Menschen verdorben zu haben, z. B. Pascal und früher den Meister Eckart".)

Gesammelte Werke, Vol. XVI, "Studien aus der Umwerthungszeit", pp. 7-8

(28) "Leibnitz est dangereux, comme un bon allemand . . . Spinoza est plus profond . . . que Descartes . . . Pascal à son tour est plus profond que Spinoza . . . En contraste avec de tels ermites de l'esprit et de la conscience, Hume et Locke sont des hommes superficiels".

Gesammelte Werke, Ibid., p. 9. La traduction est de nous. Pour le texte allemand, cf. p. 112, note F.

(29) "Les Français, avec leurs Montaigne, La Rochefoucauld, Pascal, Chamfort, Stendhal, sont une nation beaucoup plus pure d'esprit". ("Die Franzosen, mit ihrem Montaigne, La Rochefoucauld, Pascal, Chamfort, Stendhal, sind eine viel reinlichene Nation des Geistes".)

Ibid., p. 151 La traduction est de nous.

(30) "Quand on pense à une telle façon de penser (comme, par exemple, à la façon chrétienne) on doit penser à leurs hommes idéaux, voire, à leurs hommes d'esprit créateur, à Pascal, par exemple". ("Man muss sich zu einer solchen Denkweise (wie die christliche ist) den idealen, ganz zu ihr geschaffenen Menschen denken - Pascal, z. B.")

Ibid., p. 327 La traduction est de nous.

(31) "Comment la raison triomphe sur elle-même, voilà le problème plus intime de Pascal - au service de la "croyance" chrétienne". ("Die Selbst-Ueberwindung der Vernunft, inneres Problem Pascals - zu Gunsten des christlichen "Glaubens"")

Ibid., p. 328 La traduction est de nous.

(32) "C'est une question d'honnêteté, et en effet, d'une honnêteté très médiocre, certainement pas digne d'admiration, que se conserver libre (rein) de la croyance en Dieu; et ce qu'on considérait autrefois, comme par exemple, au temps de Pascal, comme une demande de la conscience intellectuelle, on peut le considérer aujourd'hui comme une interdiction de la méme conscience dans chaque tête et chaque coeur puissants et virils". ("Es ist eine Sache der Ehrlichkeit und zwar einer sehr mässigen und keineswegs bewunderungswürdigen Ehrlichkeit, vom Glauben an Gott sich rein zu erhalten; und was ehemals, z. B. nach zu Pascals Zeiten, eine Forderung des intellectualen Gewissens

war, kann heute als ein Verbot desselben Gewissens in jedem kräftigen Manneskopfe und Mannesherzen gelten".)

Ibid., p. 336 La traduction est de nous.

(33) "Pascal était blessé par l'idée que le climat, qu'un ciel plus clair et calme aurait pu l'influencer. Maintenant, la théorie des Milieux convient le plus: toute chose exerce une influence, et le résultat, c'est l'homme lui-même". ("Pascal beleidigte durch die Vorstellung, dass das Wetter, dass heller und heiterer Himmel auf ihn Einfluss habe. Jetzt - ist die Theorie des Milieus am bequemstem: Alles übt Einfluss, das Resultat ist der Mensch selber".)

Ibid., p. 344 La traduction est de nous.

(34) (Je crois que Pascal était profond) ". . . qui est mort seulement trente ans trop tôt pour pouvoir, du fond de son âme splendide et amère, se moquer du christianisme, comme, plus jeune, il s'était moqué plus tôt des Jésuites". (". . . Pascal, der nur dreissig Jahre zu früh starb, um, aus seiner prachvollen bitterböser Seele heraus über das Christenthum selber hohnzulachen, wie er es früher und jünger über die Jesuiten gethan hat").

Ibid., pp. 346-347 La traduction est de nous.

(35) "La barbarie apprivoisée. - La véritable barbarie de l'Europe - et progressivement: les Allemands, l'arrière-garde: dans le domaine de la politique, la centralisation du pouvoir monarchique, comme, par exemple, Richelieu; dans le domaine de la philosophie, le scepticisme avec Kant . . . le panthéisme avec Hegel, au service de l'adoration de l'Etat, le pessimisme avec Schopenhauer, au service du mysticisme chrétien ("pascalisme")". ("Die zahme Barbarei. - Die thätsächliche Barbarei Europas—und zunehmend: die Deutschen als Nachzügler: in der Politik die Centralisation des Monarchischen, wie Richelieu; in der Philosophie mit Kant Skepsis . . . mit Hegel Pantheismus, zu Gunsten der Staats-Anbetung, mit Schopenhauer Pessimismus zu Gunsten der christlichen Mystik ("Pascalismus").

Ibid., p. 391 La traduction est de nous, les parenthèses sont de Nietzsche.

(36) "L'Eglise a affiné et assoupli l'esprit européen par le moyen de son 'intolérance'. On voit tout de suite combien la pensée s'est alourdie dans notre siècle démocratique, où l'on jouit de la liberté de la presse. La cité antique vivait dans les mêmes idées. Inversement, l'Empire romain laissait beaucoup de liberté en matière de croyance ou d'incroyance, plus que n'en laisse aucun Empire de nos jours. La conséquence en a été aussitôt la pire décadence, la rusticité et la grossièreté croissantes de l'esprit. Leibnitz et Abélard, Montaigne, Descartes et Pascal sont autrement plaisants à voir!"

Le texte date de 1885 et se trouve chez Musarion, *Ibid.*, p. 331. Traduction de G. Bianquis, dans *La Volonté de puissance*, Vol. II, quatrième livre, n⁰ 287, p. 299

(37) "Les livres les plus profonds et les plus inépuisables auront toujours quelque chose du caractère aphoristique des *Pensées* de Pascal".

Le texte date de 1885; traduction de G. Bianquis, *La Volonté de puissance*, Vol. I premier livre, n⁰ 55, p. 47

(38) "A supposer même qu'on ne pût faire la contrepreuve de la foi chrétienne, Pascal aurait cru prudent d'être chrétien, vu la terrible possibilité de sa vérité éventuelle. De nos jours, et c'est un signe de tout ce que le christianisme a perdu de son pouvoir terrifiant, on a tenté cette autre apologie qui consiste à dire que, fût-ce une erreur, on tire cependant de cette erreur le plus grand avantage et le plus grand plaisir tant que dure la vie; il semble donc que c'est pour ses propriétés lénitives que l'on veut maintenir cette croyance, non plus dans la crainte d'une possibilité menaçante, mais par crainte d'une vie qui manquerait de charme. Cet hédonisme, cette démonstration par le plaisir, est un symptôme de décadence; au lieu d'une démonstration par la force, par ce qui est bouleversant dans l'idée chrétienne, elle use d'une démonstration par la crainte. De fait, le christianisme, grâce à cette interprétation, approche de son déclin; on se contente d'un christianisme opiacé, parce qu'on n'a plus la force de chercher, ni de lutter, ni d'oser, ni de vouloir être seul, ni le courage d'adopter l'attitude pascalienne, ce mépris hypocondriaque de soi-même, cette croyance à l'indignité de l'homme, cette angoisse au sujet d'une possible damnation. Mais un christianisme destiné avant tout à calmer des nerfs malades n'a plus besoin de cet effroyable dénouement, le 'Dieu mis en croix'. Aussi le bouddhisme progresse-t-il en silence dans toute l'Europe".

Le texte date de 1885-1886; traduction de G. Bianquis, dans *La Volonté de puissance*, Vol. II, troisième livre, n⁰ 87, pp. 39-40.

(39) "Pour deviner, par example, et établir quelle fut l'histoire du problème de la science et de la connaissance dans l'âme des hommes religieux, peut-être faudrait-il être soi-même aussi profond, aussi blessé, aussi énorme que la conscience intellectuelle d'un Pascal. Encore faudrait-il, de plus, cet horizon vaste d'une spiritualité claire et malicieuse, d'une spiritualité qui serait capable de voir de haut, d'embrasser et de ramener en formules ce chaos d'experiences dangereuses et douloureuses. - Mais qui me rendrait ce service!"

Par delà le bien et le mal; traduit par Henri Albert, Paris, Société du Mercure de France, 1963, n⁰ 45, pp. 67-68

(40) "Ne semble-t-il pas qu'une volonté ait dominé l'Europe pendant dix-huit siècles, la volonté de faire de l'homme un sublime avorton? Mais, celui qui s'approcherait, avec des aspirations contraires, non plus en épicurien, mais armé d'un marteau divin, de cette dégénérescence et de cette corruption presque despotique de l'homme, telles qu'elles nous apparaissent sous les traits de l'Européen chrétien (Pascal, par exemple), celui-là ne devrait-il pas s'écrier avec colère, pitié et épouvante: "O maladroits, présomptueux maladroits, vous qui vous

apitoyez ainsi, qu'avez-vous fait? ". . . Je voulais dire que le christianisme a été jusqu'à présent la plus funeste des présomptions".

Ibid., n⁰ 62, p. 84

(41) "La foi, telle que l'exigeait le premier christianisme, telle qu'il l'a souvent réalisée, au milieu d'un monde sceptique d'esprits libres et méditerranéens qui avaient derrière eux la lutte séculaire d'écoles philosophiques, sans oublier l'éducation de tolérance que donnait l'Empire romain, - cette foi est toute différente de cette croyance de fidèle sujet, naïve et hargneuse par laquelle un Luther, un Cromwell ou quelque autre barbare du Nord s'attachèrent à leur Dieu et à leur christianisme. Elle se trouve bien plutôt dans la foi de Pascal, cette foi qui ressemble d'une façon épouvantable à un continuel suicide de la raison".

Ibid., n⁰ 46, p. 68

(42) "Il y a une jouissance puissante, débordante à assister à ses propres souffrances, à se faire souffrir soi-même, - et partout où l'homme se laisse entraîner jusqu'à l'abnégation (au sens religieux), ou à la mutilation de son propre corps, comme chez les Phéniciens et les ascètes, ou en général au renoncement de la chair, à la macération et à la contrition, aux spasmes puritains de la pénitence, à la vivisection de la conscience, au *sacrifizio dell' intelletto* de Pascal, - il est attiré secrètement par sa propre cruauté, tournée contre elle-même. Que l'on considère enfin que le Connaisseur lui-même, tandis qu'il force son esprit à la connaissance, contre le penchant de l'esprit, et souvent même contre le voeu de son coeur, - c'est-à-dire à nier, alors qu'il voudrait affirmer, aimer, adorer, - agit comme artiste et transfigure la cruauté".

Ibid., n⁰ 229, p. 178

(43) "Examinons à quel prix se paie un canon moral de cette espèce ("un idéal"). (Il a pour ennemis, qui? - les "égoïstes"). La perspicacité mélancolique de ceux qui se rabaissent eux-mêmes en Europe (Pascal, La Rochefoucauld) - la débilitation intérieure, le découragement, le rongement de soi-même chez ceux qui ne sont pas de bêtes de troupeau."

La Volonté de puissance; traduction de G. Bianquis, Vol. I, premier livre, n⁰ 295, p. 137

(44) "La nature est bonne, car elle a pour cause un Dieu sage et bon. A qui incombe donc la responsabilité de la 'corruption des hommes'? A leurs tyrans et à leurs mauvais bergers, aux classes dirigeantes - il faut les anéantir. C'est la logique de Rousseau (cf. la logique de Pascal qui conclut au péché originel)."

Ibid., Vol. I, premier livre, n⁰ 276, p. 128

(45) "Ou bien ce monde est imparfait, le mal et la faute sont réels, déterminés, absolument inhérents à sa nature; alors il ne peut pas être le

monde vrai; alors la connaissance n'est qu'un moyen de le nier, il est une erreur qu'il faut connaître comme erreur. C'est l'opinion de Schopenhauer d'après des postulats kantiens. Pascal plus désespéré encore: il a compris qu'alors la connaissance elle-même devait être corrompue et faussée; que la Révélation était nécessaire pour concevoir le monde, fût-ce seulement comme digne d'être nié . . ."

Ibid., Vol. I, premier livre, n⁰ 215, p. 110

(46) "Ce que nous attaquons dans le christianisme? C'est qu'il veuille briser les forts . . . c'est qu'il sache empoisonner et infecter les instincts valables, jusqu'à ce que leur force et leur volonté de puissance se retournent contre elles-mêmes, jusqu'à ce que les forts périssent des excès de leur mépris d'eux-mêmes, et des mauvais traitements qu'ils s'infligent: horrible désastre dont Pascal est le plus illustre exemple."

Ibid., Vol. I, premier livre, n⁰ 406, p. 186.

(47) "Si l'homme est foncièrement pécheur, il n'a qu'à se haïr. Au fond, il devrait avoir pour ses semblables les mêmes sentiments que pour lui-même; l'amour de l'humanité a besoin d'une justification, - cette justification, c'est que Dieu l'a ordonné. Il s'en suit que tous les instincts naturels de l'homme (l'amour, etc.) lui paraissent coupables en eux-mêmes et ne retrouvent leurs droits qu'après qu'il les a reniés, puis accueillis de nouveau par obéissance envers Dieu . . . Pascal, l'admirable logicien du christianisme, est allé jusque-là. Que l'on pense à ses relations avec sa soeur. 'Ne pas se faire aimer', voilà ce qui lui paraissait chrétien."

Ibid., Vol. I, premier livre, n⁰ 284, p. 132.

(48) "Péché originel. Bref, après que l'homme a opposé à son instinct un monde du bien, tout imaginaire, il a fini dans le mépris de soi, en se jugeant incapable d'actes 'bons'. N.B. Le christianisme marque par là un progrès en perspicacité psychologique: La Rochefoucauld et Pascal. Il a compris l'identité essentielle des actions humaines et leur équivalence foncière (toutes immorales).

Ibid., Vol. I, premier livre, n⁰ 318, p. 149

(49) "Comment se peut-il qu'un homme ne se juge que d'après les valeurs morales, qu'il leur subordonne tout le reste et rabaisse tout au profit du bien, du mal, de l'amélioration et du salut de l'âme . . .? Que signifie l'idiosyncrasie morale? - Je dis psychologiquement, mais physiologiquement aussi, par exemple Pascal . . . N'est-ce pas la suite d'une interprétation morale appliquée par habitude à des états réels de douleur et de déplaisir?"

Ibid., Vol. I, deuxième livre, n⁰ 225, p. 265.

(50) "Sans la foi chrétienne, pensait Pascal, vous serez pour vous-mêmes, comme la nature et l'histoire, un monstre et un chaos". Nous avons réalisé cette prophétie, après que le dix-huitième siècle débile et optimiste a idéalisé et rationalisé l'homme. Schopenhauer et Pascal.

Schopenhauer est, dans un sens essentiel, le premier qui continue le mouvement inauguré par Pascal: 'un monstre et un chaos', donc une chose qu'il faut nier . . . L'histoire, la nature, l'homme lui-même. "Notre impuissance à connaître la vérité est la suite de notre corruption, de notre chute morale, pense Pascal. Et au fond, Schopenhauer pense de même. 'Plus la corruption de la raison est profonde, plus est nécessaire le dogme du salut', ou, en termes schopenhauériens, la négation."

Ibid., Vol. II, troisième livre, n° 42, pp. 27-28

(51) "Epicure nie que la connaissance soit possible; pour maintenir au premier rang les valeurs morales (c'est-à-dire, hédonistes). Saint-Augustin fait de même, Pascal plus tard ('la raison corrompue') au bénéfice des valeurs chrétiennes."

La Volonté de puissance, Vol. I, premier livre, n° 182, p. 93.

(52) "Mais où classer le pessimisme moral de Pascal?"

Ibid., Vol. II, troisième livre, n° 89, p. 40.

(53) "Ce qui manque, somme toute, à notre humanité présente, c'est le dressage et la sévère discipline; le danger n'est pas grand, parce que cette espèce d'hommes est plus débile que la précédente et que d'autre part les agents disciplinaires inconscients (tels que l'assiduité au travail, l'ambition de parvenir, la respectabilité bourgeoise) ont une action fortement répressive et la tiennent en bride. - Mais quels moyens fallait-il pour tenir en bride les hommes du temps de Pascal?"

Ibid., Vol. II, troisième livre, n° 139, p. 55.

(54) "Toute la morale de l'Européen a pour fondement l'utilité du troupeau; la douleur de tous les hommes de qualité rare et supérieure, c'est que leur supériorité elle-même leur donne un sentiment d'infériorité et de honte . . . (Pour la tristesse des forts, voyez Pascal, Schopenhauer)."

Ibid., Vol. II, troisième livre, n° 233, p. 82

(55) "Nous ne sommes point des Pascal, nous ne nous intéressons pas particulièrement au 'salut de notre âme', à notre propre bonheur, à notre propre vertu. Nous n'avons ni le temps ni la curiosité de tourner autour de nous-mêmes."

Ibid., Vol. II, troisième livre, n° 335, p. 108

(56) "La lutte contre le dix-huitième siècle: comment il est vaincu au suprême degré en Goethe et en Napoléon. Schopenhauer aussi le combat; mais involontairement il retourne au dix-septième siècle; c'est un moderne Pascal, avec des jugements de valeur pascaliens, mais sans christianisme. Schopenhauer n'a pas eu la force de poser une affirmation nouvelle".

Ibid., Vol. II, troisième livre, n° 532, p. 165

(57) "Si l'on pose les individus comme égaux, on met en danger l'espèce, on favorise une pratique qui tend à la ruine de l'espèce; le christianisme est le principe opposé à la sélection. Si le dégénéré ou le malade (le 'chrétien') a la même valeur que l'homme sain (le 'païen'), s'il a même une valeur supérieure, selon le jugement de Pascal sur la santé et la maladie, la marche naturelle de l'évolution est contrariée et l'anti-nature érigée en loi . . . Cet amour théorique de l'humanité revient pratiquement à accorder une préférence aux souffrants, aux déshérités, aux dégénérés . . ."

   Ibid., Vol. II, troisième livre, n° 539, p. 167.

(58) "Donner sa vie pour une cause', grand effet produit. Mais on donne sa vie pour bien des causes; les passions, toutes autant qu'elles sont, exigent d'être satisfaites. Que ce soit par pitié ou par colère ou par vengeance, risquer sa vie au jeu ne change rien à la valeur de ces passions . . . Sommes-nous, quant à nous, les contempteurs de la vie? Au contraire, nous recherchons instinctivement la vie portée à une plus haute puissance, la vie dangereuse . . . En cela, je le répète, nous ne voulons pas être plus vertueux que les autres. Pascal, par exemple, ne voulait rien risquer: il est resté chrétien; peut-être était-ce de la vertu. - On sacrifie toujours quelque chose".

   Ibid., Vol. II, quatrième livre, n° 518, p. 362.

(59) "On combat tout d'abord ce malaise dominant par des moyens qui ramènent le sentiment de la vie à son expression la plus rudimentaire. S'il est possible, plus de volonté, plus de désir du tout; éviter tout ce qui excite la passion, tout ce qui fait du 'sang')ne pas manger de sel: hygiène des fakirs); ne pas aimer; ne pas haïr; l'humeur égale; ne pas se venger; ne pas s'enrichir; ne pas travailler; mendier; autant que possible pas de femme, ou aussi peu de "femme" que possible; au point de vue intellectuel, le principe de Pascal 'il faut s'abêtir'. Résultat, en langage psychologique et moral: 'anéantissement du moi' . . ."

   La Généalogie de la Morale; traduit par Henri Albert. Paris, Société du Mercure de France, deuxième édition, 1900, troisième édition, n° 17, pp. 228-229.

(60) "A l'égard des artistes de toute expèce, je me sers maintenant de cette distinction capitale: est-ce la haine de la vie ou bien l'abondance de vie qui est devenue créatrice? En Goethe, par exemple, l'abondance devint créatrice, en Flaubert, la haine: Flaubert, réédition de Pascal, mais sous les traits d'un artiste, ayant comme base ce jugement instinctif: 'Flaubert est toujours haïssable, l'homme n'est rien, l'oeuvre est tout . . ."

   Nietzsche contre Wagner, "Nous autres antipodes", p. 68. Pour l'édition, cf. p. 98, note 1.

(61) " 'Explication' des sentiments généraux agréables. - Ils dépendent de la confiance en Dieu. Ils dépendent du sentiment des bonnes actions (ce que l'on appelle la 'conscience tranquille', un état physiologique

qui ressemble, quelquefois à s'y méprendre, à une bonne digestion).
Ils dépendent de l'heureuse issue de certaines entreprises (- fausse
conclusion naïve, car l'heureuse issue d'une entreprise ne procure
nullement des sentiments généraux agréables à un hyponcondriaque
ou à un Pascal). Ils dépendent de la foi, de l'espérance et de la charité -
les vertus chrétiennes''.

> *Le Crépuscule des Idoles*, "Les Quatre Grandes erreurs'', n⁰ 6, p. 122.

(62) "Et, en effet, l'histoire est riche en antiartistes de cette espèce, en af-
famés de la vie, pour lesquels c'est une nécessité de s'emparer des
choses, de les consumer, de les rendre plus maigres. C'est par exemple, le cas du véritable chrétien, d'un Pascal par exemple; un chrétien
qui serait en même temps un artiste n'existe pas . . .''

> *Ibid.*, "Flâneries intellectuelles'', n⁰ 9, p. 145.

(63) "Le christianisme a pris parti pour tout ce qui est faible, bas, manqué,
il a fait un idéal de l'opposition envers les instincts de conservation de
la vie forte, il a gâté même la raison des natures les plus intellectuelle-
ment fortes en enseignant que les valeurs supérieures de l'intellectualité ne sont que péchés, égarement et tentation. Le plus lamentable
exemple, c'est la corruption de Pascal qui croyait à la perversion de sa
raison par le péché originel, tandis qu'elle n'était pervertie que par
son christianisme''.

> *L'Antéchrist*, n⁰ 5, pp. 197-198.

(64) "C'est vers un petit nombre de vieux auteurs français que je retourne
toujours à nouveau. Je ne crois qu'à la civilisation française et tout le
reste que l'on appelle en Europe culture me semble un malentendu,
pour ne rien dire de la civilisation allemande . . . Si je lis Pascal, si je
l'aime comme la victime la plus intéressante du christianisme, lequel a
lentement assassiné son corps; puis son âme, comme le résultat logique de cette forme la plus effrayante de la cruauté inhumaine . . .
cela ne m'empêche nullement de trouver aussi un très grand charme
dans la compagnie des tout derniers venus d'entre les Français''.

> *Ecce Homo*; traduit par Henri Albert. Paris, Société du Mercure de
> France, 1909, pp. 52-53.

(65) ". . . Pascal, pour qui j'ai presque de la tendresse, parce qu'il m'a infiniment instruit''.

> Lettre à Georg Brandes, le 20 novembre 1888.
> La traduction est de nous. Pour le texte allemand, cf. p. 113, note 23
> de notre étude.

NOTES

INTRODUCTION

[1]Dans cette étude, nous nous limitons principalement à deux questions qui sont distinctes mais qui interfèrent. La première se rapporte aux diverses observations de Pascal qui ont influencé le développement de la philosophie de Nietzsche. La deuxième question qui, pour nous, est plus importante, est celle du rapport entre Nietzsche et Pascal. Ici, il s'agira non seulement de faire une comparaison entre les deux penseurs mais aussi de répondre à la question que voici: quelle est la raison fondamentale pour laquelle Nietzsche a rejeté la position que, pour lui, incarne Pascal? Dans les pages qui suivent nous traiterons de l'une ou de l'autre question selon l'exigence des données, laissant au bilan la tâche de résumer séparément le problème des influences et celui du rapport.

Pour atteindre, d'une façon que nous espérons plus efficace, le but de cette thèse, nous avons jugé mieux de ne pas utiliser de témoignages indirects; c'est-à-dire, nous n'avons généralement pas désiré nous servir du témoignage de certains amis de Nietzsche, comme, par exemple, de Mme Lou-Salomé ou bien de la soeur de Nietzsche, Mme Foerster-Nietzsche. L'évidence extrinsèque n'ajoute rien à ce que Nietzsche lui-même dit de Pascal. En outre, la question des sources indirectes a été adéquatement traitée ailleurs. Cf. par exemple, W. D. Williams, *Nietzsche and the French*, (Oxford, Basil Blackwell, 1952) pp. 37,51 et 97. Cf. aussi Henry Bauer, "Pascal et Nietzsche, Extrait de la *Revue Germanique*, Janvier-Février 1914, pp. 36-48. Par rapport à Mme Foerster-Nietzsche, Cf. Walter Kaufmann, *Nietzsche, Philosopher, Psychologist, Antichrist* (New York, The world Publishing Company, Meridian Books, 1962), pp. 57-58, mais surtout pp. 18-19, où il s'agit tout particulièrement du rôle de Mme Foerster-Nietzsche dans les diverses étapes de la publication de *La Volonté de puissance*.

[2]Parmi les oeuvres récentes, on peut signaler d'abord celle de Kaufmann, qui n'estime pas que Pascal a beaucoup influencé Nietzsche. (Cf. *Op. cit.,* p. 391, note 18). Par contre, Willliams pense que l'influence de Pascal sur Nietzsche a été considérable, que Nietzsche est peut-être plus redevable à Pascal qu'aux philosophes avant Socrate en ce qui concerne l'idée de l'éternel retour. (Cf. *Op. cit.,* pp. 177-178). Dans un chapitre du premier tome de son ouvrage sur Nietzsche qui, en 1958, a été réduit à trois volumes, Charles Andler estime que Pascal a suggéré à Nietzsche sa méthode d'exposition et de composition. (Cf. Charles Andler, *Nietzsche et sa pensée,* Paris, Gallimard, 1958, p. 119; cf. aussi p. 102 note 33 de cette étude). Les plus intéressantes remarques d'Andler sont cependant celles sur le perspectivisme et le problème du moi. Par rapport au perspectiveisme, l'auteur conclut que la notion essentielle du perspectivisme a passé de Pascal à Nietzsche. (Cf. *Ibid.*, pp. 121-122; cf. aussi p. 123, note 77 de notre étude). A l'égard du problème du moi, Andler ne fait qu'effleurer la distinction nietzschéenne entre le moi comme phénomène de la conscience et le moi synonyme du terme "individu". (Cf. le

premier chapitre de la deuxième partie, note 21 de cette thèse). Par conséquent, il ne met pas en relief une des grandes divergences entre Pascal et Nietzsche. Pour Andler, Nietzsche a analysé les fausses ambitions du moi (entendu au sens de concupiscence, semble-t-il) en s'appuyant, comme Pascal, sur l'analyse de la société, dont le moi n'est que l'image. (Cf. *Ibid.*, p. 124). Il est douteux que le jugement d'Andler, en ce domaine, soit justifié chez Nietzsche après *Aurore* (Cf. le premier chapitre de la deuxième partie, note 1 de cette thèse). Il est également difficile d'admettre l'influence générale du "renversement du pour au contre" chez Nietzsche. (Cf. Andler, *Ibid.*, p. 127). Gilles Deleuze signale, en passant, que la position que représente Pascal doit s'expliquer dans le contexte de l'idéal ascétique; mais, ayant comme but principal l'étude de Nietzsche, l'auteur n'aborde pas le problème de la connaissance qu'entraîne l'idéal ascétique. (Cf. Gilles Deleuze, *Nietzsche et sa philosophie,* Paris, Presses Universitaires de France, 1962, pp. 41-42). En outre, l'auteur laisse supposer que la critique nietzschéenne à l'égard de l'idéal ascétique est admissible. (Cf. *Loc. cit.*).

Il convient de dire un mot ici sur Paul Valéry. Dans "Variations sur une Pensée", publiées en 1923, la critique de Valéry témoigne d'une singulière ressemblance avec celle de Nietzsche. L'auteur estime que Pascal a grossièrement exagéré l'opposition de la connaissance et du salut. (Cf. Paul Valéry, *Oeuvres,* "Variations sur une Pensée", Paris, Gallimard, Bibliothèque de la Pléiade, Edition établie et annotée par Jean Hytier; Vol. I, p. 473). L'auteur parle aussi du perspectivisme en des termes qui rappellent ceux de Nietzsche: "Nous perdons pendant quelque temps l'illusion familière que les choses nous correspondent". (Cf. *Ibid.*, p. 470). Il est cependant impossible de prouver que Valéry a accepté explicitement la critique nietzschéenne. Les quatre lettres envoyées à Henri Albert à peu près vingt ans plus tôt ne disent rien à ce sujet. (Cf. *Quatre lettres de Paul Valéry au sujet de Nietzsche,* Paris, l'Artisan du livre, Cahier de la Quinzaine, 1927). Toutefois, le langage de la "Variation sur une Pensée" laisse supposer un rapport direct entre la critique de Valéry et celle de Nietzsche. A part le problème de la connaissance et du salut et celui du perspectivisme où l'on décèle déjà une ressemblance entre Valéry et Nietzsche, on constate aussi que Valéry distingue entre le moi et le "non-moi". Or, l'expression "non-moi" ne se trouve pas chez Pascal mais chez Nietzsche. Quoiqu'il en soit, l'étude d'Edouard Gaède ne résout pas le problème. Dans un chapitre de *Nietzsche et Valéry,* l'auteur laisse entendre mais ne dit pas explicitement que Valéry, en critiquant Pascal, s'est inspiré de Nietzsche. (Cf. Edouard Gaède, *Nietzsche et Valé*ry, Paris, Gallimard, 1962, pp. 371-399).

[3]C'est-à-dire, il n'y a que trois études portant sur le problème de Pascal et Nietzsche en général, l'étude de Birault (cf. la note 10 de l'Introduction) se bornant au problème du pari.

[4]Henry Bauer, "Pascal et Nietzsche", Extrait de la *Revue Germanique* de Janvier-Fèvrier 1914; oeuvre posthume mise à jour par Henri Lichtenberger.

[5]*Ibid.*, p. 43, Les parenthèses sont de nous.

[6]*Ibid.*, p. 22

[7]Elise Lohmann, *Pascal und Nietzsche* (Borna-Leipzig, Druck von Robert Naske, 1917).

[8]Cf. *Op. cit.*, p. 74

[9]Denis Saurat, dans son article de quatre pages, "Pascal et Nietzsche", estime que Nietzsche est le " . . . Pascal du dix-neuvième siècle, un Pascal déconverti". (Denis Saurat, *Tendances*, Paris, Les Editions du Monde Moderne, 1928, p. 82). En outre; "Ni Pascal ni Nietzsche n'aurait eu la réputation qu'ils ont si on lisait leurs oeuvres". (*Ibid*. p. 85). Les jugements de l'auteur sont fort personnels, à peine documentés.

[10]Cf. Henri Birault, "Nietzsche et le pari de Pascal", dans *Archivio di filosofia*, Padova, Casa Editrice Dott. Antonio Milani, 1962, n° 3, "Pascal e Nietzsche", p. 89.

[11]Cf. *Ibid*., p. 85

[12]On se sert, autant que possible, de traductions françaises. Cependant, pour les oeuvres posthumes et pour la correspondance de Nietzsche il a fallu puiser dans le texte allemand, au cas où ces ouvrages ne sont pas encore traduits et où le sens de la traduction française n'est pas tout à fait clair. L'édition allemande dont il s'agit est celle de Musarion: Friedrich Nietzsche, *Gesammelte Werke*, München, Musarion Verlag, 1922-1929. Les écrits de Nietzsche, édités d'une façon chronologique, comprennent vingt-et-un volumes. Une partie du volume XXI contient un *"Namenregister"*: les volumes XXII et XXIII sont uniquement un *"Sachregister"*. En ce qui concerne la correspondance de Nietzsche, voir les diverses éditions en six volumes, p. 141.

Par rapport à la *Volonté de puissance*, nous nous servons, autant que possible, de la traduction de Geneviève Bianquis, en deux volumes. (Friedrich Nietzsche, *La Volonté de puissance* traduction de G. Bianquis; Paris, Gallimard, vingt-cinquième édition, 1951).

Il nous est difficile d'admettre les conclusions de Karl Schlechta, pour qui les éditions antérieures de cet ouvrage n'étaient que "la fabrication des éditeurs". (Cf. Karl Schlechta, *Le Cas Nietzsche*, traduit de l'allemand par André Coeuroy; Paris, Gallimard, 1960, p. 157). Il est vrai que Mme Foerster-Nietzsche avait arrangé et parfois changé les manuscrits de cette oeuvre; de là, cependant, il y a loin d'admettre que les éditions récentes de *La Volonté de puissance* ne constituent pas essentiellement l'oeuvre telle que Nietzsche l'a laissée. Pour notre part, on peut bien discuter que *La Volonté de puissance* soit le *magnum opus* de Nietzsche; mais cette oeuvre posthume nous paraît indispensable pour comprendre adéquatement sa pensée.

Enfin, à l'égard des oeuvres de Pascal, on se sert de l'édition du Seuil (Pascal, *Oeuvres complètes*, Paris, Editions du Seuil, 1963). En ce qui concerne les *Pensées*, on donne deux références dont la première est celle de la présentation de Lafuma, la deuxième étant celle de l'édition de Brunschvicg.

PREMIERE PARTIE

NIETZSCHE, LECTEUR DE PASCAL

PREMIER CHAPITRE

Pascal moraliste

[1]Nietzsche dira plus tard que les Grecs ". . . ne peuvent pas être pour nous ce que sont les Romains". (Nietzsche, *Le Crépuscule des Idoles,* "Ce que je dois aux anciens", n[0]. 2, p. 183). Il semble cependant que cette remarque se limite entièrement à la question du style littéraire. (L'édition que nous avons citée a été publiée par La Société du Mercure de France, en 1952; elle comporte aussi *Nietzsche contre Wagner, Le Cas Wagner,* et l'*Antéchrist*).

[2]Cette vision durera jusqu'à la fin, mais, dans *La Volonté de puissance,* c'est Dionysos qui incarnera à la fois la vision tragique de l'homme et la sagesse d'Apollon, (Cf. *La Volonté de puissance,* Vol. I, deuxième livre, n[0] 51,. 216).

[3]Frédéric Nietzsche, *L'Origine de la Tragédie* (traduit par Jean Marnold et Jacques Morland; Paris, Société du Mercure de France, 1901), n[0]. 7, p. 74.

[4]*Ibid.,* n[0]. 7, pp. 74-75

[5]Cf. Ibid., n[0]. 1, p. 30. L'influence de Schopenhauer dans *L'Origine de la Tragédie* est incontestable. Pourtant, il faut signaler dès le commencement que Nietzsche n'est pas tout à fait d'accord avec lui. Schopenhauer a abouti à un pessimisme très amer et à une négation de la vie. Pour le moment, Nietzsche, en insistant sur la réaction apollonienne, se limite à corriger le pessimisme de son maître. Plus tard il se sentira obligé de rejeter presque totalement la perspective schopenhauérienne, car la vision d'Apollon, c'est l'affirmation de la joie de vivre.
Le lecteur remarquera dans les pages suivantes que nous avons laissé de côté le rapport entre Wagner et Nietzsche. Au moment de la composition de *L'Origine de la Tragédie,* Nietzsche croyait voir dans la musique de celui-ci un courant qui pouvait renouveler la culture des masses. Il pensait trouver dans la musique wagnérienne un reflet des visions de Dionysos et d'Apollon. (Cf. par exemple, *Ibid.,* n[0]. 19, p. 179; n[0]. 21, pp. 192, et 194-195). Nietzsche a regretté plus tard son jugement à ce propos. Il a rompu avec Wagner vers 1876, mais nous trouvons la meilleure explication de ce désaccord dans *Nietzsche contre Wagner,* composé en 1888: "on voit ce que j'ai mal interprété . . . Tout art, toute philosophie doivent être considérés comme remèdes et encouragements à la vie en croissance ou en décadence: ils supposent toujours des souffrances et des souffrants. Mais il y a deux sortes de souffrants, d'abord ceux qui souffrent de la surabondance de vie, qui veulent un art dionysien et aussi une vision tragique de la vie intérieure et extérieure, - ensuite ceux qui souffrent d'un appauvrissement de la vie et qui demandent à l'art et à la philosophie le calme, le silence, une mer lisse, ou bien encore l'ivresse, les convulsions, l'engourdissement. Se venger sur la vie elle-même-c'est là, pour de tels apprauvris, l'espèce d'ivresse la plus

voluptueuse! . . . Au double besoin de ceux-ci Wagner répond aussi bien que Schopenhauer. - Ils nient la vie, ils la calomnient et par cela même, ils sont mes antipodes". Frédéric Nietzsche, *Nietzsche contre Wagner* (Paris, Société du Mercure de France, 1952) pp. 66-67.

[6]Cf. *L'Origine de la Tragédie,* n°. 9, pp. 86-87. La perspective d'Apollon, c'est avant tout une sagesse (la connaissance de soi) et une discipline de soi-même. Cf. *Ibid.*, n°. 4, pp. 47-48.

[7]L'"homme théorique", c'est celui qui veut examiner tous les mystères et sonder toutes les causes. Nietzsche le décrit de la façon que voici: "C'est pour cela que Lessing, le plus sincère des hommes théoriques, a osé déclarer qu'il trouvait plus de satisfaction à la recherche de la vérité qu'à la vérité elle-même; et ainsi fut dévoilé, à la surprise, à la grande colère des savants le secret fondamental de la science. Cependant, à côté de cet aveu isolé, de cet excès de franchise, sinon d'outrecuidance, on constate une illusion profondément significative, incarnée pour la première fois dans la personne de Socrate: cette inébranlable conviction que la pensée, par le fil d'Ariane de la causalité, puisse pénétrer jusqu'aux profonds abîmes de l'Etre, et ait le pouvoir non seulement de connaître, mais aussi de réformer l'existence". *Ibid.*, n°. 15, p. 136

[8]C'est dans le pamphlet contre Strauss que Nietzsche donne la définition de la culture qui sera, à part son insistance temporaire sur les masses, plus ou moins constante dans toutes ses oeuvres: "la culture, c'est avant tout l'unité de style artistique dans toutes les manifestations vitales d'un peuple". *Considérations inactuelles,* "David Strauss: sectateur et écrivain", (traduit par Henri Albert; Paris, Société du Mercure de France, 1907), n°. 1, p. 13. Nietzsche ne distingue pas entre la culture et la civilisation. Dans le deuxième essai des *Considérations inactuelles,* il fait référence à la définition qu'on vient de citer, mais il se sert du terme "civilisation". Cf. *Considérations inactuelles,* "Etudes historiques", (traduit par Henri Albert; Paris, Société du Mercure de France, 1907), n°. 4, p. 163. La définition comme telle n'est cependant pas tout à fait claire. On peut mieux saisir ce que Nietzsche veut dire si l'on pense au chaos qu'il faut organiser comme à la matière et la forme aristotéliennes. Ainsi, le chaos (qui découle de la vision dionysienne) + l'organisation du chaos (résultat de la réaction apollonienne) = une culture d'abord des masses mais plus tard de l'individu. La notion de "artistique" serait donc une modalité qui diffère selon l'individu. Il est à remarquer que Nietzsche ne se sert pas de cette terminologie; mais nous doutons qu'elle dépasse le contexte de sa pensée.

[9]C'est surtout l'optimisme mal fondé qui obscurcit la vision tragique du monde. Kant et Schopenhauer, en esquissant les limites de la raison, ont aidé à dévoiler la présomption, sans doute illusoire, du dix-neuvième siècle: cf. *Ibid.,* n°. 8, p. 117. Par rapport à Schopenhauer surtout, cf. *Ibid.*, n°. 8. .125.

[10]Cf. Karl Albrecht Bernoulli, *Franz Overbeck und Friedrich Nietzsche*, (Jena, 1908), premier volume, p. 243, et suite.

[11]Les oeuvres en question sont une traduction en allemand, *Gedanken, Fragmente und Briefe.* Les *Gedanken* sont une traduction des *Pensées* fondée sur l'edition de Faugère (1844).

[12]Strauss manque le courage qu'il faut pour signaler une vision tragique: "Strauss laisse couler son "huile lénitive', c'est pourquoi il se met à jouer une fois le

rôle tout à fait étrange d'un architecte métaphysicien. Il fait tout cela parce que ces braves gens ont peur et qu'il a peur lui-même, - et c'est alors que nous apercevons les limites de son courage-, car il n'ose pas leur dire loyalement: je vous ai délivré d'un Dieu qui aide et qui a pitié, l'univers n'est qu'un mécanisme implacable, prenez garde à ne pas être écrasés par ses rouages". *Ibid.*, n⁰. 7, p. 69.

[13]Cf. *Ibid.*, n⁰. 7, pp. 67-68

[14]Les premières références directes à Pascal se trouvent dans *La Naissance de la Philosophie à l'époque de la tragédie grecque* (traduit par Geneviève Bianquis; Paris, Gallimard, onzième édition, 1938). Le livre, composé en 1873 et publié après la mort de Nietzsche, n'est qu'une série de notes dont l'auteur s'est souvent servi en d'autres ouvrages. Il parle de Pascal deux fois. La première remarque annonce un thème qui reparaîtra après 1880: "Le christianisme a sur la conscience d'avoir gâté beaucoup de personnalités 'pleines', par exemple, Pascal, et avant lui, Maître Eckhart." (*Ibid.*, p. 20). Les personnalités "pleines" seront vers 1874 les esprits libres et après *Ainsi parlait Zarathoustra* (troisième livre, 1874) le Surhomme. La deuxième référence se rapporte aux problèmes des éditions des oeuvres de Pascal, ce qui indique tout simplement que Nietzsche était généralement au courant de la question, telle qu'on la connaissait à cette date. (Cf. *Ibid.*, p. 39).

[15]"David Strauss; sectateur et écrivain", n⁰. 8, p. 75. Quel est le "pourquoi" et le "comment" dont Nietzsche parle? A la page précédente, on voit qu'il s'agit de questions fondamentales: "Héritier d'un petit nombre d'heures fugitives, il (le savant) voit autour de lui les abîmes les plus affreux. Chaque pas en avant devrait lui remettre ces questions en mémoire: D'où venons-nous? Où allons-nous? A quoi bon vivre? Mais son âme s'échauffe à l'idée de sa tâche, que ce soit de compter les étamines d'une fleur, ou de casser les roches au bord du chemin. Et il se plonge dans ce travail . . ." Voilà des questions pascaliennes auxquelles Nietzsche pense avoir trouvé une réponse provisoire dans l'étude de 1871. Les parenthèses sont de nous.

[16]Nietzsche se réfère sans équivoque à l'analyse pascalienne du rêve dans "Uber Wahrheit und Lüge im aussermoralischen Sinne" (la traduction est de nous): "An sich ist ja der wache Mensch nur durch das starre und regelmässig Begriffsgespinnst darüber in Klaren, dass er wache, und kommt eben deshalb mitunter in den Glauben, er träume, wenn jenes Begriffsgespinnst einmal durch die Kunst zerrissen wird. Pascal hat Rechte, wenn er behauptet, dass wir, wenn uns jede Nacht derselbe Traum käme, davon ebenso beschäftig würden, als von den Dingen, die wir jeden Tag sehen". ("En soi, l'homme réveillé se rend compte qu'il se réveille seulement par la rigide toile conceptuelle ordinaire, et à cause de cela, il arrive parfois à croire qu'il rêve, lorsque cette toile conceptuelle est une fois déchirée par (quelque) artifice. Pascal a raison lorsqu'il affirme que, si chaque nuit nous avions le même rêve, nous en serions autant occupés que des choses que nous voyons tous les jours"). La phrase suivante est la citation en allemand du n⁰. 803-386 des *Pensées:* "Si un artisan était sûr de rêver toutes les nuits douze heures durant qu'il est roi, je crois qu'il serait presque aussi heureux qu'un roi qui rêverait toutes les nuits douze heures durant qu'il serait artisan". *Gesammelte Werke,* Vol. VI, pp. 88-89. Nietzsche se sert du phénomène du rêve pour mettre en cause le pouvoir de la raison d'atteindre la vérité métaphysique. Cf. par exemple, son emploi de ce thème dans *Humain, trop Humain* (traduit par A.-M. Desrousseau: Paris, Société du Mercure de France, septième édition, 1906), premier volume, n⁰. 13, pp. 33 et 35.

[17]Le jugement de Nietzsche est sévère: "Européen, trop orgueilleux, du dix-neuvième siècle, tu es en démence! Ton savoir n'est pas l'accomplissement de la

nature, il ne fait que tuer ta propre nature. Mesure donc ce que tu sais à l'étiage de ce que tu peux. Il est vrai que tu montes au ciel sur les rayons de soleil de la science, mais tu descends aussi dans le chaos. La façon dont tu marches, la façon dont ton savoir te fait gravir les échelons devient pour toi une fatalité. Le sol cède sous tes pas, pour te ramener à l'incertitude. Ta vie n'a plus d'appui, il ne te reste que le mince tissu d'une toile d'araignée et chaque nouvel effort de ta connaissance le déchire". *Ibid.*, n°. 8, p. 223.

[18]Cf. *Ibid.*, n°. 6, p. 186

[19]Cf. *Ibid.*, n°. 1, p. 137

[20]Il est à remarquer qu'on trouve déjà en 1874 l'une des premières indications d'une idée qui sera plus tard centrale dans la pensée de Nietzsche. L'utilité des études historiques "pour la vie" s'attache à une victoire sur soi-même qui constituera dans la dernière philosophie de l'auteur un aspect de la volonte de puissance: "il y a beaucoup de vérités indifférentes; il y a des problèmes auxquels on peut trouver une solution juste, sans qu'il y ait besoin de victoire sur soi-même, à plus forte raison de sacrifice. Dans ce domaine indifférent et sans danger, il sera peut-être aisé pour un homme de devenir un froid démon de la connaissance", *Ibid.,* n°. 6, . 184.

[21]Cf. *Ibid.*, n°. 1, pp. 137-138.

[22]Cf. *Ibid.,* n°.7, pp. 196-197

[23]"J'espère donc que la signification de l'histoire ne se trouve pas dans les idées générales qui seraient en quelque sorte ses fleurs et ses fruits, mais que sa valeur consiste précisément à paraphraser spirituellement un thème connu, peut-être ordinaire, une mélodie de tous les jours, pour l'élever jusqu'au symbole universel, afin de laisser entrevoir dans le thème primitif, tout un monde de profondeur, de puissance et de beauté". *Ibid.*, n°. 6, p. 191.

[24]On ne pourra cependant pas trouver de symbole valable dans le christianisme: "Une religion qui de toutes les heures de la vie humaine considère la dernière comme la plus importante, qui prédit une fin de l'existence terrestre en général et condamne tous les êtres vivants à vivre au cinquième acte de la tragédie, une telle religion émeut certainement les forces les plus nobles et les plus profondes, mais elle est pleine d'inimitié contre tout essai de plantation nouvelle, contre toute tentative audacieuse, contre toute libre aspiration, elle répugne à tout vol dans l'inconnu, parce qu'elle n'y trouve pas à aimer et à espérer". *Ibid.,* n°. 8, p. 210.

[25]*Ibid.*, n° 9, pp. 229-230. Ici le traducteur a suivi trop soigneusement les signes de ponctuation du text allemand, ce qui rend la lecture un peu difficile. Nous citons le texte tel que nous l'avons trouvé.

[26]Cf. *Ibid.*, n°. 10, p. 254.

[27]*Ibid.*, n°. 10, p. 255.

[28]Cf. p. 98, note 5.

[29]*Considérations inactuelles,* "Schopenhauer éducateur", n° 3, p. 41. Il est intéressant de noter la façon dont Nietzsche parle à ce sujet: "Car ton essence véritable

n'est pas profondément cachée au fond de toi-même; elle est placée au-dessus de toi à une hauteur incommensurable, ou du moins au-dessus de ce que tu considères généralement comme ton moi". *Ibid.*, n⁰ 1, p. 12. Il ne serait pas osé, peut-être, de voir dans cette citation une première suggestion de l'idéal du Surhomme.

[30]Nous laissons de côté la quatrième *Considération*, "Richard Wagner à Bayreuth", pour les mêmes raisons que nous avons signalées par rapport à *L'Origine de la Tragédie.* Cf. p. 98, note 5. Notons tout simplement que dans l'essai de 1876 Nietzsche parle de Wagner comme de celui qui, par sa musique, peut inspirer le renouveau de la vision tragique. Il y a un désaccord voilé, cependant, lorsque l'auteur voit en son ami un homme de théâtre.

[31]Cf. la note 34 de ce chapitre. Il est à remarquer que Nietzsche ne parle jamais de la perspective pascalienne de l'histoire, dont nous esquissons la portée générale dans l'Appendice I. Cf. pp. 73-77.

[32]Si l'on peut juger selon les données de *Ecce Homo,* qui ne sont, en fin de compte, que des réflexions après coup, *Humain, trop Humain* est le résultat d'une crise personnelle: *"Humain, trop Humain,* avec ses deux continuations, est le monument commémoratif d'une crise. Je l'ai intitulé un livre pour les esprits libres, et presque chacune de ses phrases exprime une victoire; en l'écrivant, je me suis débarrassé de tout ce qu'il y avait en moi d'étranger à ma vraie nature. Tout idéalisme m'est étranger. Le titre de mon livre veut dire ceci: "Là où vous vous voyez des choses idéales, moi je vois . . . des choses humaines, hélas trop humaines"! *Ecce Homo,* (traduit par Henri Albert; Paris, Société du Mercure de France, quatrième édition, 1909,) pp. 104-105. Il reste néanmoins vrai que le philosophe allemand cherchait de nouvelles valeurs à cette époque, qui sont, en fin de compte, un nouvel idéal, mais cet idéal n'est pas encore tout à fait clair.

[33]Charles Andler estime que c'est Pascal qui suggère à Nietzsche son style aphoristique. Cf. *Nietzsche, sa vie et sa pensée*, (Paris, Gallimard, 1958), premier volume, p. 119, Il a pensé sans doute à cette constatation de la *Volonté de puissance:* "Les livres les plus profonds et les plus inépuisables auront toujours quelque chose du caractère aphoristique et soudain des *Pensées* de Pascal." (*La Volonté de puissance*, traduit par Geneviève Bianquis; Gallimard, 1947) Vol. I, premier livre, n⁰. 55, p. 47. Nous doutons de la justesse de la remarque d'Andler en ce qui concerne *Humain, trop Humain,* où Nietzsche s'inspire très souvent des *Maximes* de La Rochefoucauld . . . Cf. à ce propos, W. D. Williams, *Nietzsche and the French,* (Oxford, Basil Blackwell, 1952), pp. 47-48

[34]Il faut signaler ici que la philosophie du "devenir cosmique" se développe de plus en plus - nous avons déjà remarqué une indication indirecte dans l'essai sur les études historiques: "Il viendra un temps où . . . l'on ne considérera plus les masses, mais où l'on reviendra aux individus qui forment une sorte de pont sur le sombre fleuve du devenir". *Considérations inactuelles,* "De l'utilité et des inconvénients des études historiques", n⁰. 9. pp. 229-230. L'idée du "devenir" est plus claire dans *Humain, trop Humain.* Parlant de l'"Apparence et chose en soi", Nietzsche paraît considérer le devenir comme un principe metaphysique: "Les philosophes ont accoutumé de se mettre devant la vie et l'expérience - devant ce qu'ils appellent le monde de l'expérience - comme devant un tableau qui a été déroulé une fois pour toutes et représente immuablement, invariablement, la même scène: cette scène, pensent-ils, doit être bien expliquée pour en tirer une conclusion sur l'être qui a produit le tableau; de cet effet donc à la cause, partant à l'inconditionné, qui est toujours regardé comme la raison suffisante du monde de l'apparence. Contre cette

idée, l'on doit, en prenant le concept du métaphysique exactement pour celui de l'inconditionné, conséquemment aussi de l'inconditionnant, tout au rebours nier toute dépendance entre l'inconditionné (le monde métaphysique) et le monde connu de nous: si bien que dans l'apparence n'apparaisse absolument pas la chose en soi, et, que toute conclusion de l'une à l'autre soit à repousser. D'un côté, on ne tient pas compte de ce fait, que ce tableau - ce qui, pour nous, hommes, s'appelle actuellement vie et expérience - est devenu, peu à peu, ce qu'il est, même est encore entièrement dans le devenir, et par cette raison ne saurait être considéré comme une grandeur stable, de laquelle on aurait le droit de tirer ou même seulement d'écarter une conclusion sur le créateur . . ." *Humain, trop Humain,* premier volume, n⁰. 16, pp. 37-38. Tout est devenir, pour Nietzsche, en 1878; on ne peut donc tirer de conclusion ni pour Dieu ni contre Dieu. Plus tard, à l'époque de la *Volonté de puissance,* l'auteur se servira du même principe pour montrer que l'idée de Dieu ne peut pas se justifier.

³⁵Cf. par exemple, la longue analyse "De l'Ascétisme et de la Sainteté chrétienne", *Humain, trop Humain* (Traduit par A.-M. Desrousseau; Paris, Société du Mercure de France, deuxième édition, 1899), premier volume, n⁰ 136-144, pp. 166-181.

³⁶Nietzsche définit l'esprit libre, dont nous avons esquissé le caractère général dans le troisième essai des *Considérations inactuelles,* d'une façon très nette dans *Ecce Homo:* un ". . . esprit libre ne signifie pas autre chose qu'un esprit affranchi, un esprit qui a repris possession de lui-même". p. 105.

³⁷Cependant, il y a des références indirectes, semble-t-il. Nietzsche se sert de la coutume pour rejeter un argument de Pascal: "Tous les états et ordres de la société: les classes, le mariage, l'éducation, le droit, tout cela n'a sa force et sa durée que dans la foi qu'ont les esprits serfs portant dans l'absence de raisons, au moins dans le fait qu'on écarte les questions touchant leurs raisons. C'est ce que les esprits serfs n'aiment pas à concéder, et ils sentent bien que c'est un *pudendum.* Le christianisme, qui était fort innocent dans ses fantaisies intellectuelles, ne remarquait rien de ce *pudendum,* demandait de la foi et rien que la foi, repoussant avec passion la demande de raisons justificatives; il attirait l'attention sur la conséquence de la foi: vous allez dès a présent sentir l'avantage de la foi, expliquait-il, vous allez devenir heureux par elle . . . Mais cela signifie que de l'utilité personnelle que rapporte une opinion, on est censé tirer la preuve de sa vérité; le rapport d'une théorie passe pour garantie de sa sûreté et de sa justification intellectuelle". *Humain, trop Humain,* premier volume, n⁰. 227. pp. 252-253. Nietzsche pense tout problament à ce que dit Pascal au sujet des passions qui empêchent de croire: ". . . mais apprenez au moins que votre impuissance à croire vient de vos passions . . . travaillez donc non pas à vous convaincre par l'augmentation des preuves de Dieu, mais par la diminution de vos passions . . . quel mal vous arrivera (-t-)il en prenant ce parti? Vous serez fidèle, honnête, reconnaissant, bienfaisant . . . Je vous dis que vous y gagnerez en cette vie . . ." (*Pensées,* n⁰. 418-233). On note aussi, dans la pensée de Nietzsche, les "esprits serfs" que représenteront plus tard les faibles s'étant emparés du christianisme pour renverser la morale des "maîtres", esprits libres.
Mais il ne faut pas penser que Nietzsche s'inspire toujours de Pascal quand celui-ci parle du rapport entre la croyance, la morale et la coutume. Ainsi, Williams, *(Op. cit.,* p. 169) estime que ce que dit Nietzsche sur la relation entre l'habitude et la force de caractère se fonde généralement sur l'analyse de Pascal. Il est difficile d'admettre la justesse de cette constatation - il n'y a rien dans le texte qui paraît la confirmer. Nietzsche a pu être également influencé par Montaigne. (Cf. Chapitre XXIII du premier livre des *Essais*). Williams confond la citation que nous venons de

faire (*Humain, trop Humain,* premier volume n⁰ 227, pp. 252-253) et ce que dit Nietzsche à la page suivante, semble-t-il.

[38]*Ibid.,* n⁰. 282, p. 282

[39]Ce livre a paru au mois de mai 1878 chez E. Schmeitzer, à Dresden. La feuille de titre portait cette dédicace: "Dédié à la mémoire de Voltaire en commémoration de l'anniversaire de sa mort le 30 mai 1878". La dédicace a été supprimée plus tard.

[40]Cf. Williams, *Op. cit.,* pp. 43-49.

[41]Il y a cependant des références indirectes; "L'idée la plus sénile que l'on ait jamais eue au sujet de l'homme se trouve dans le célèbre axiome: "le moi est toujours haïssable"; l'idée la plus enfantine dans cet axiome plus célèbre encore: "aime ton prochain comme toi-même". Dans le premier, l'expérience des hommes a cessé, dans le second elle n'a pas encore commencé". (*Opinions et Sentences mêlées,* traduit par Henri Albert, Paris, Société du Mercure de France, deuxième édition, 1902, n⁰. 385. p. 200). Le terme "Greisenhafteste" doit se rendre "la plus sénile" dans le contexte que nous venons de citer, et non pas dans le sens "la plus mûre", comme Williams l'a traduit. (Cf. *Op. cit.,* p. 189).

Nietzsche vise-t-il Pascal encore une fois en parlant du "scepticisme chrétien"? Nietzsche déclare: "On présente maintenant volontiers Pilate, avec sa question "qu'est-ce que la vérité"? comme avocat du Christ, et cela pour mettre en suspicion tout ce qui est connu et connaissable, le faire passer pour apparence, afin de pouvoir dresser sur l'horrible fond de l'impossibilité-de-savoir: la croix!" *(Ibid.,* n⁰. 8, p. 24). Il se peut que Nietzsche pense à ce qu'a dit Pascal par rapport à l'impuissance de la raison d'arriver à la vérité de la foi sans la révélation (Cf. par exemple, n⁰. 131-434 des *Pensées*). Nous doutons qu'il en soit ainsi, car le texte allemand, "Pilatus, mit seiner Frage: was ist Wahrheit? wirt jetzt gern als Advocat Christi eingeführt . . ." paraît indiquer un problème du dix-neuvième siecle: c'est "maintenant" qu'on présente Pilate avec sa question. Nietzsche s'attaque donc tout probablement à la dernière philosophie de Schelling dans *Philosophie der Mythologie.* Il n'est aucunement question de Kierkegaard car Nietzsche ne l'a pas connu avant 1888.

[42]*Opinions et Sentences mêlées,* n⁰. 5, pp. 22-23.

[43]Cf. par exemple, Arthur Schopenhauer, *Le Monde comme Volonté et comme Représentation* (traduit par A. Burdeau; Paris, Librairie Félix Alcan, sixième édition, 1912), pp. 429-430, tome I.

[44]Cf. *Ibid.,* p. 430

[45]Dans *Gedanken zu der Betrachtung*: "Die Philosophie in Bedrängniss", Nietzsche dit en 1873 que Schopenhauer nous lie avec Pascal. Cf. Friedrich Nietzsche, *Gesammelte Werke,* (Musarion), Vol. VII, p. 7.

[46]*Opinions et Sentences mêlées,* n⁰. 408, p. 206

[47]Cf. *Ecce Homo,* p. 98.

[48]*Pensées,* n⁰. 199-72.

[49]*Ibid.,* n⁰. 199-72. Cf. aussi *Ibid.,* n⁰. 131-434.

[50]Cf. *L'Origine de la Tragédie*, n⁰. 1, p. 30

[51]Cf. *Ibid.*, n⁰. 7, p. 75

[52]Cf. Schopenhauer, *Le Monde comme Volonté et comme Représentation*, vol. III, deuxième édition, 1896, p. 427.

[53]Cf. *Loc. cit.*

[54]"Ich habe die Verachtung Pascals und den Fluch Schopenhauers auf mir!" *Gesammelte Werke*, Vol. XXI, "Kritische persönliche Bemerkungen", p. 78.

[55]Cf. p. 104, note 45.

[56]Frédéric Nietzsche, *Le Crépuscule des Idoles* (traduit par Henri Albert; Paris, Société du Mercure de France, 1952), n⁰ 6, p. 122.

[57]*Loc. cit.*

[58]*Loc. cit.*

[59]*Ibid.*, n⁰. 6, p. 123.

[60]Par rapport à l'édition de *La Volonté de puissance*, cf, l'*Introduction*, p. 97, note 12.

[61]Nietzsche, *La Volonté de puissance* (édition de G. Bianquis) Vol. II, troisième livre, n⁰. 42, pp. 27-28.

[62]Cette interprétation du rôle de l'homme théorique (cf. pp. 1-2 de cette étude) pose cependant un problème par rapport à Socrate, que Nietzsche critique d'une façon parfois amère. Cf. à ce propos, le chapitre "Nietzsche's Admiration for Socrates", chez Kaufman, *Op. cit.*, pp. 334-352.

DEUXIEME CHAPITRE

Nietzsche contre Pascal apologiste et ascète

[1]Cf. Frédéric Nietzsche, *Aurore*, "Réflexions sur les préjugés moraux", (traduit par Henri Albert; Paris Société du Mercure de France, 1901), n⁰. 113, pp. 123-126; n⁰. 204, pp. 225-226; n⁰. 215, pp. 242-243.; n⁰. 262, pp. 265-266.

[2]Cf. par exemple, *Ibid.*, n⁰. 61, pp. 70-71; n⁰. 321 pp. 290-291.

[3]Par rapport à la distinction entre les instincts et les passions, cf. p. 124, note 2.

[4]Il n'y a ni dans *Le Gai Savoir* ni dans *Ainsi parlait Zarathoustra* aucune référence directe à Pascal. En outre, en ce qui concerne *Le Gai Savoir*, on se limite ici aux premiers quatre livres, publiés en 1882, le cinquième n'ayant paru qu'en 1887.

[5]Cf. *Aurore,* n⁰ 45, p. 59.

[6]Le problème de la connaissance reste cependant très important: ". . . la plupart des hommes ne trouvent pas méprisable de croire telle ou telle chose, et de vivre conformément à ces choses, sans avoir au préalable pris conscience des raisons dernières et certaines, pour ou contre elles, et sans même s'être donné la peine de trouver ces raisons . . . Mais que m'importent la bonté du coeur, la finesse et le génie, lorsque l'homme qui possède ces vertus tolère en lui des sentiments tièdes de la foi et du jugement, si le besoin de certitude n'est pas en lui le désir le plus profond, la plus intime nécessité, - étant ce qui sépare les hommes supérieurs des hommes inférieurs!" Frédéric Nietzsche, *Le Gai Savoir* (traduit par Henri Albert; Paris, Société du Mercure de France, 1901), premier livre, n⁰. 2, pp. 38-39.

[7]*Ibid.,* Préface, p. 15.

[8]Les paragraphes qui suivent se fondent non seulement sur *Ainsi parlait Zarathoustra*, mais aussi sur *Par delà le bien et le mal* et *La Genéalogie de la Morale* qui ont paru en 1886 et 1887 respectivement. Quoique la pensée de Nietzsche soit complète dans *Zarathoustra*, ces deux derniers ouvrages l'expliquent peut-être plus clairement. De fait, Nietzsche les a écrits pour cette fin. Il est à remarquer que les deux premiers livres de *Zarathoustra* ont été publiés en 1883, le troisième en 1884, et le quatrième en 1885.

[9]Cf. p. 99, note 8.

[10]C'est dans la première partie de *Ainsi parlait Zarathoustra* que Nietzsche parle de la volonté de puissance pour la première fois: "Une table des biens est suspendue au-dessus de chaque peuple. Or, c'est la table de ce qu'il a surmonté, c'est la voix de sa volonté de puissance". (Nietzsche, *Ainsi parlait Zarathoustra* traduit par Henri Albert; Paris, Société du Mercure de France, 1903), "Mille et un buts", p. 80). Il n'est pas tout à fait clair, dans cet essai, que la volonté de puissance consiste à surmonter soi-même, quoique Kaufmann (*Op. cit.,* p. 174) d'après son analyse des quatre nations (les Grecs, les Perses, les Juifs, et les Allemands) de ce même essai estime que, dans le passage que nous venons de citer, la "volonté de puissance" signifie un triomphe sur soi-même. Quoiqu'il en soit, le deuxième livre de *Zarathoustra* composé aussi en 1883, ne laisse pas d'equivoque à ce propos: "Et la vie elle-même m'a confié ce secret: "Voici, m'a-t-elle dit, je suis ce qui doit toujours se surmonter soi-même". (*Ibid.,* "De la victoire sur soi-même", p. 163). La vie n'est que la volonté de puissance: "Partout où j'ai trouvé quelque chose de vivant, j'ai trouvé de la volonté de puissance; et même dans la volonté de celui qui obéit, j'ai trouvé la volonté d'être maître". (*Ibid.,* p. 162). La "volonté d'être maître", qui, dans *Aurore*, n'est que le sentiment de puissance ayant son comble dans la victoire de l'ascète, n'est que la volonté de puissance qui consiste à se surmonter soi-même. (Cf. pp. 114-115, note 49.) Il faut remarquer encore une fois que le sentiment de puissance sera, a partir du premier livre d'*Ainsi parlait Zarathoustra,* la volonté de puissance, et que celle-ci est à la fois une force vitale et un phénomène humain. La volonté de puissance, comme phénoméne humain peut être, elle aussi, distinguée: il

y a la volonte de puissance qui consiste en une mâtrise des passions au moyen de la spiritualisation de celles-ci; il y a aussi une volonté de puissance qui, à cause d'un ascétisme excessif, aboutit à une négation de la vie. (Cf. pp. 33-35 et *La Généalogie de la Morale*, (traduit par Henri Albert; Paris, Société du Mercure de France, 1900) troisième dissertation, n⁰. 12, pp. 204-205 et *Ibid*, n⁰. 28, pp. 282-283). Dans cette étude, nous appelons la volonté de puissance qui est une negation, "La volonté de puissance mal dirigée". (Cf. pp. 114-115, note 49).

[11]Cf. Nietzsche, *Aurore*, n⁰. 113, pp. 123-126.

[12]*Ibid.*, n⁰. 360, p. 306.

[13]Cf. Frédéric Nietzsche, *Par delà le bien et le mal*, (traduit par Henri Albert, Paris, Société du Mercure de France, 1963), n⁰. 284, pp. 246-247.

[14]Dans ce paragraphe, nous avons interprété la pensée de Nietzsche selon son contexte total; c'est-a-dire, Nietzsche n'exprime sa doctrine exactement de cette façon ni dans *Zarathoustra* ni dans les deux ouvrages qui l'ont suivi. Etant donné que sa philosophie dispense rarement de commentaire, nous croyons que l'interprétation donnée ici est non seulement justifiée mais nécessaire.

[15]L'expression "le Surhomme qui incarne la volonté de puissance" s'inspire de Martin Heidegger. Cf. Heidegger, *Nietzsche*, Stuttgart, G. Neske, 1961, Vol. II, "Der Ubermensch", pp. 291-314, et surtout pp. 305-307). Quoique nous ne puissions admettre l'interprétation heideggérienne en ce qui concerne le problème des valeurs, l'être, et le nihilisme chez Nietzsche, il nous semble qu'une telle description du rapport entre le Surhomme et la volonté de puissance est généralement justifiée.

[16]Cf. Nietzsche, *Ainsi parlait Zarathoustra*, "De la victoire sur soi-même", p. 162.

[17]Cf. Kaufmann, *Op. cit.*, pp. 246-265, où l'auteur montre, avec grande probabilité, que la race supérieure des Surhommes n'a pas de sens proprement racial ou politique.

[18]"Presque tout ce que nous appelons "culture supérieure" repose sur la spiritualisation et l'approfondissement de la cruauté, - telle est ma thèse". Nietzsche, *Par delà le bien et le mal*, n⁰. 29, p. 177, Nous nous limitons ici à signaler l'idée de "spiritualisation" ou bien, de "sublimation" des passions.

Le lecteur peut bien demander quel est le but de la "spiritualisation des instincts". On peut répondre ainsi: pour Nietzsche, le but que doit atteindre le triomphe de soi-même par la sublimation des passions, c'est la possibilité de créer, mais créer quoi? Il faut admettre, avec Jaspers (Cf. Karl Jaspers, *Nietzsche: Introduction à sa philosophie*, traduit de l'allemand, Gallimard, sixième édition, 1950, p. 155) que la pensée de Nietzsche n'est pas claire à ce sujet. Nous ne pensons pas dépasser la philosophie de Nietzsche, cependant, si nous disons que la création dont il s'agit se rapporte essentiellement à la formation d'une personnalité qui jouit d'une pleine possession d'elle-même. (Cf. p. 99, note 8.) Cela n'empêche pas que la création puisse s'orienter vers certains buts secondaires, comme, par exemple, vers la création d'une oeuvre d'art.

[19]"On avouera d'autre part, avec quelque raison, que, sur le terrain où s'est développé le christianisme, l'idée d'une 'spiritualisation de la passion' ne pouvait pas

du tout être conçue". (Nietzsche, *Le Crépuscule des Idoles*, "La Morale en tant que manifestation contre nature", n°.1, p. 110). A notre sens, Nietzsche a mal compris Pascal à ce sujet. Voir par exemple pp. 62-63 et 79-80.

[20]Nietzsche, *Par delà le bien et le mal*, n°. 44, p. 61.

[21]Nietzsche, *Aurore*, n°. 117, pp. 133-135.

[22]"Vouloir peindre l'image de la vie, cette tâche, bien que présentée par les poètes et les philosophes n'en est pas moins insensée: sous la main des plus grands peintres et penseurs il ne s'est jamais formé que des images et des esquisses tirées d'une vie - et il ne saurait en être autrement. Dans une chose qui est en plein devenir, une autre chose qui devient ne saurait se refléter d'une façon fixe et durable, comme "la vie". Nietzsche, *Le Voyageur et son Ombre*, n°. 19, p. 28. On note que le problème de la connaissance s'attache ici à la philosophie du devenir dont nous avons souligné l'importance dans un chapitre ultérieur; voir par exemple pp. 49-50.

[23]Cf. Nietzsche, *Aurore*, n°. 121, p. 140-141.

[24]Cf. *Ibid.*, n°. 122, p. 141.

[25]*Ibid.*, n°. 46, p. 60.

[26]Elise Lohmann signale avec justesse que, pour Nietzsche, Pascal n'était qu'un sceptique. La façon dont Melle Lohmann s'exprime, cependant, laisse supposer qu'il y a chez Pascal un vrai courant sceptique. Cf. Elise Lohmann, *Pascal und Nietzsche*, (Borna-Leipzig Druck von Robert Naske, 1917), p. 74. Nous aurons l'occasion de revenir au problème du scepticisme chez Pascal dans l'Appendice I, pp. 73-77.

[27]*Aurore*, n°. 89, pp. 98-99.

[28]*Ibid.*, n°. 91, p. 100.

[29]*Loc. cit.*

[30]*Loc. cit.*

[31]*Ibid.*, p. 101. Dans un poème "Au dieu Inconnu", composé en 1864, on constate un vers qui rappelle peut être la notion du "Dieu caché": "O Insaisissable qui es de ma race". Nietzsche fera référence à ce poème vers la fin de sa vie intellectuelle. Il est certain, cependant, que Nietzsche, rejette l'idée du Dieu caché telle que Pascal s'en sert. Pour le poème en question, cf. *Poésies complètes*, traduites par Paul Arnold et Yanette Délétang-Tardif, Paris, Les Presses littéraires de France, 1949, deuxième volume, p. 116.

[32]Cf. *Pensées*, n°. 274-642; où, en parlant des "Preuves des deux Testaments à la fois", Pascal paraît penser aux deux Testaments comme constituant un seul livre. Cf. aussi, *Pensées*, n°. 284-605.

[33]Nietzsche, *Aurore*, n°. 84, pp. 94-95.

[34]*Ibid.*, n°. 64, p. 73.

[35] *Ibid.*, n⁰. 73, p. 84.

[36] *Pensées*, n⁰. 822-593.

[37] *Ibid.*, n⁰. 899-844.

[38] Nietzsche, *Aurore*, n⁰. 49, p. 61

[39] *Loc. cit.*

[40] "Pascal rieth, sich das Christenthum zu gewöhnen, man werde spüren, dass die Leidenschaften schwinden. Dies heisst: seine Unredlichkeit sich bezahlt machen und sich ihrer freuen. Der Hauptfehler Pascals: er meinte zu beweisen, dass das Christenthum wahr ist, weil er nöthig ist - das setzt voraus, dass eine gute und wahre Vorsehung existiert, welche alles Nöthige auch wahr schafft: es könnte aber nöthige Irrthümer geben! Und endlich: die Nöthigkeit könnte nur so erscheinen, weil man sich an den Irrthum schon so gewöhnt, dass es wie eine zweite Natur gebieterisch geworden ist". Nietzsche, *Gesammelte Werke*, vol. XI, "Aus der Zeit der Morgenröthe" (1880-1881) - "Philosophie und Wissenschaft". pp. 71-72. La traduction est de nous.

[41] "Les grandeurs et les misères de l'homme sont tellement visibles qu'il faut nécessairement que la véritable religion nous enseigne et qu'il y a quelque grand principe de grandeur en l'homme et qu'il y a un grand principe de misère". *Pensées,* n⁰. 149-430.

[42] *Ibid.*, n⁰. 821-252.

[43] *Loc. cit.*

[44] Cf. *Ibid.*, n⁰. 418-233.

[45] Il faut signaler ici deux notes qui datent de cette époque, mais qui n'ont rien à voir avec l'attaque contre l'Apologétique et le problème de l'ascétisme. La première se rapporte aux *Lettres Provinciales*, semble-t-il: "Les Jésuites ont soutenu contre Pascal la philosophie des lumières et l'humanité ("Die Jesuiten vertraten gegen Pascal die Aufklärung und die Humanität"). Nietzsche, *Gesammelte Werke*, "Aus der Zeit der Morgenröthe" (1880-1881) "Philosophie und Wissenschaft", Vol. XI, p. 279. Nietzsche paraît estimer que les Jésuites l'ont emporté sur Pascal en ce qui concerne la fameuse querelle. Il est intéressant de noter que l'apparente référence aux *Lettres Provinciales* est la seule référence à Pascal qui ne porte pas sur les *Pensées*. La seconde note est une référence au "Mystère de Jésus": Nietzsche estime que le *Gespräch mit Jesus* est plus beau que tout le nouveau Testament. Cf. *Ibid.*, p. 71.

[46] Cf. Nietzsche, *Aurore*, n⁰. 70, pp. 79-80. Le philosophe allemand s'exprime d'une façon plus claire dans *La Volonté de puissance*: "Le christianisme n'a fait que reprendre la lutte déjà engagée contre l'idéal classique, contre la religion aristocratique.

"En effet, toute cette transmutation consiste à traduire le fait chrétien d'après les besoins et le niveau de compréhension de la masse religieuse du temps, de cette masse qui croyait à Isis, Mithra, à Dionysos et à la "Grande Mère" et qui exigeait d'une religion:
—1⁰ l'espoir d'un au-delà;

—2⁰ la fantasmagorie sanglante du sacrifice (les mystères);
—3⁰ l'acte rédempteur, la légende sacrée;
—4⁰ l'ascétisme, la négation du monde, la "lustration superstitieuse";
—5⁰ la hiérarchie, une forme de communauté.
Bref, le christianisme s'adapte à l'anti-paganisme déjà existant et partout implanté, aux cultes qu'Epicure a combattus . . ." Nietzsche, *La Volonté de puissance*, Vol. I, premier livre, n⁰. 196, pp. 178-179. Il est difficile de voir comment Nietzsche aurait pu considérer l'*Apologétique* de Pascal comme un véritable défi intellectuel si le philosophe allemand pensait pouvoir s'appuyer ainsi sur la religion comparée. Il est à remarquer, cependant, qu'aucun savant de premier rang ne pense pouvoir établir aujourd'hui un rapport direct entre les cultes païens et le christianisme. Cf. par exemple, Mircea Eliade, *Myths, Dreams, and Mysteries* (translated by Philip Mairet; New York, Harper and Brothers, 1960), pp. 29-30.

⁴⁷Nietzsche, *Aurore,* n⁰. 113, pp. 124-125.

⁴⁸*Ibid.,* n⁰. 192, p. 206.

⁴⁹*Loc. cit.*

⁵⁰*Ibid.,* n⁰ 79, pp. 91-92.

⁵¹*Loc. cit.*

⁵²"Vergleich mit Pascal: haben wir nicht auch unsere Stärke in der Selbtbezwingung, wie er? Er zu Gunsten Gottes, wir zu Gunsten der Redlichkeit? Freilich: ein Ideal, die Menschen der Welt und sich selber entreissen, macht die unerhörtesten Spannungen, ist ein fortgesetztes Sichwidersprechen im Tiefsten, ein Ausrufen über sich, in der Verachtung alles dessen was "ich" heisst. Wir sind weniger erbittert und auch weniger gegen die Welt vollen Rache, unsere Kraft auf einmal ist geringen, dafür brennen wir auch nicht gleich Kerzen zu schnell ab, sondern haben die Kraft der Dauer". Nietzsche, *Gesammelte Werke*, "Gedanken über Moral aus der Zeit der Morgenröthe", vol. X, p. 430.
Dans une autre note de cette période, on voit que le problème du "moi" n'est pas une question secondaire. Ainsi, dans un fragment des réflexions sur "Philosophie und Wissenschaft", l'auteur compare l'attitude du passé à ce sujet avec celle de son époque: "On ne pouvait ni ne devait détourner les yeux de soi-même. Il est maintenant possible de perdre de vue cet intérêt morbide à notre égard et de placer la passion en dehors de nous, contre les choses (Wissenschaft). "Quelle est donc mon importance! Cela, Pascal n'aurait pas pu le dire". "Man konnte und durfte nicht von sich wegsehen. Das leidenschaftliche Interesse für uns verlieren und die Leidenschaft ausser uns wenden, gegen die Dinge (Wissenschaft) ist jetzt möglich. Was liegt an mir! Das hätte Pascal nicht sagen können." Nietzsche, *Gesammelte Werke,* Vol XI, "Aus der Zeit der Morgenröthe (1880-1881),"Philosophie und Wissenschaft", p.12. Il est à remarquer, cependant, que Nietzsche rejettera en définitive le moi-haïssable de Pascal, au moment où le philosophe allemand aura découvert dans le moi considéré comme phénomène de la conscience une source de fausses valeurs, Cf. pp. 51-54 de notre étude. Toutefois, à la date où nous en sommes, Nietzsche ne sait pas, sur ce domaine, se séparer totalement de Pascal.
On ne saurait non plus laisser de côté encore une note des "Kritische persönliche Bemerkungen", composées entre 1880-1883. Il s'agit d'un problème qu'on devra signaler plus bas et qui se trouve dans *Par delà le bien et le mal*, (cf. n⁰ 45, pp. 67-68); à savoir: comment expliquer la recherche de la vérité et l'ascétisme lorsque ces deux activités découlent de l'âme de l'homme religieux: "votre âme n'est pas assez forte

pour emporter avec elle jusqu'en haut tant de détails de la connaissance, tant de choses insignifiantes et basses. Vous êtes obligés de vous mentir à vous-mêmes, afin de ne pas perdre votre sentiment de puissance et de grandeur. Pascal et moi, nous pensons autrement. (Eure Seele ist nicht stark genug, so viele Kleinheiten der Erkenntnis, so viel Geringes und Niedriges mit in die Höhe hinaufzutragen! So musst ihr euch über die Dinge belügen, damit ihr eures Kraft - und Grössengefühls nicht verlustig geht. Anders Pascal und ich." "Nietzsche, *Gesammelte Werke,* Vol. XXI, "Kritische persönlichen Bemerkungen", p. 85). Remarquons que l'auteur paraît indiquer indirectement un double problème qui embrasse celui de la connaissance ainsi que celui du sentiment de puissance. Or, à la date où Nietzsche esquissait les *Bemerkungen,* le sentiment de puissance avait son comble dans l'ascète qui triomphe sur lui-même. Les derniers mots du passage cité sont très révélateurs: de tous les auteurs que Nietzsche a lus, de tous ceux qui ont exercé sur lui quelque influence, c'est uniquement Pascal qu'il associe aux problèmes de l'ascétisme et de la connaissance: "Anders Pascal und ich"! Par rapport à ces problèmes, Nietzsche dit que lui et Pascal, en opposition à d'autres, pensent de la même façon, semble-t-il. C'est là une observation intéressante, car si notre interprétation est justifiée, Nietzsche lui-même associe Pascal directement au noyau de sa philosophie, la volonté de puissance, qui entraîne un certain ascétisme. Les traductions sont de nous.

[53]Il n'y a de références directes à Pascal ni dans *Le Gai Savoir* (1882) ni dans *Ainsi parlait Zarathoustra* (1883-1885). Dans ce dernier livre, cependant, il y a plusieurs allusions à la pensée de Pascal. Ainsi, il paraît y avoir encore une référence indirecte au thème du divertissement, lorsque Nietzsche parle du travail comme une "distraction", (Cf. *Ibid.,* "Le Prologue de Zarathoustra", n°. 5, p. 19). Nietzsche nie la valeur de la mort comme témoignage de la vérité (*Ibid.,* "Des prêtres", p. 128). Enfin, il y a une référence indéniable au thème du "Dieu caché", dans l'essai "hors de service" où Zarathoustra rencontre le dernier pape déçu par l'illusion du christianisme. Le dernier pape décrit le Dieu qu'il avait servi: "C'était un Dieu caché, plein de mystères. En vérité, son fils lui-même ne lui est venu que par des chemins détournés. A la porte de sa croyance, il y a l'adultère". (*Ibid.,* "Hors de service, p. 376).

[54]"Ne semble-t-il pas qu'une volonté ait dominé l'Europe pendant dix-huit siècles, la volonté de faire de l'homme un sublime avorton? Mais celui qui s'approcherait, avec des aspirations contraires, non plus en épicurien, mais armé d'un marteau divin, de cette dégénérescence et de cette corruption presque despotiques de l'homme, telles qu'elles nous apparaissent sous les traits de l'Européen chrétien (Pascal, par exemple), celui-là ne devrait-il pas s'écrier avec colère, pitié et épouvante: "O maladroits, présomptueux maladroits, vous qui vous apitoyez ainsi, qu'avez-nous fait?" . . . Je voulais dire que le christianisme a été jusqu'à présent la plus funeste des présomptions". Nietzsche, *Par delà le bien et le mal,* n°. 62, p. 84.

[55]"La foi, telle que l'exigeait le premier christianisme, telle qu'il l'a souvent réalisée, au milieu d'un monde sceptique d'esprits libres et méditerranéens qui avaient derrière eux la lutte séculaire d'écoles philosophiques, sans oublier l'éducation de tolérance que donnait l'Empire romain, - cette foi est toute différente de cette croyance de fidèle sujet, naïve et hargneuse par laquelle un Luther, un Cromwell ou quelque autre barbare du Nord s'attachèrent à leur Dieu et à leur christianisme. Elle se trouve bien plutôt dans la foi de Pascal, cette foi qui ressemble d'une façon épouvantable à un continuel suicide de la raison". *Ibid.,* n°. 46, p. 68.

[56]*Ibid.,* n°. 229, p. 178

[57]*Loc. cit.*

[58]Cf. Nietzsche, *Aurore,* n°. 64, p. 73 et pp. 17-18 de cette étude.

[59]Nietzsche, *Par delà le bien et le mal,* n°. 45, pp. 67-68.

[60]Nietzsche dissipera ses doutes à ce sujet dans *La Généalogie de la Morale,* voir p. 116, note 74.

TROISIEME CHAPITRE

Pascal, Nietzsche, et l'idéal ascétique

[1]Frédéric Nietzsche, *Nietzsche contre Wagner,* "Nous autres antipodes", p. 68. (Pour l'édition de cette oeuvre, voir p. 98, note 1.)

[2]Cf. pp. 34-35.

[3]Cf. p. 9.

[4]Nietzsche, *Le Crépuscule des Idoles,* "Flâneries inactuelles", n°. 9, p. 145.

[5]*Loc. cit.*

[6]Il est difficile de déterminer avec précision la date de chacune de ces notes. Musarion estime qu'elles appartiennent toutes à la période 1882-1888; c'est-à-dire, Nietzsche paraît les avoir esquissées après la publication d'*Aurore.* Nous sommes donc probablement vis-à-vis de certaines réflexions faites au moment où Nietzsche a commencé à s'occuper de Pascal plus directement. Nous avons jugé mieux de considérer ces notes ici.

[7]"Leibnitz ist gefährlich, als ein rechter Deutcher . . . Spinoza ist tiefer . . . als Cartesius . . . Pascal wiederum tiefer als Spinoza . . . Gegen solche Einsiedler des Geistes und Gewissens gehalten, sind Hume und Locke Menschen der Oberfläche." Nietzsche, *Gesammelte Werke,* "Studien aus der Umwerthungszeit" (1882-1888), p. 9. La traduction est de nous.

[8]Cf. *Ibid.,* p. 151.

[9]Cf. *Ibid.,* pp. 346-347.

[10]Cf. *Ibid.,* p. 327.

[11]Traduction de Geneviève Bianquis dans *La Volonté de puissance,* dont F. Wurzbach a établi le texte. Dans l'édition Musarion, le même passage se trouve dans les "Studien aus der Umwerthungszeit", Vol. XVI, p. 331. Puisqu'on sait la date où

Nietzsche a composé cette note (1885) on pourrait peut-être considérer celle-ci comme appartenant aux notes de *La Volonté de puissance*. La question n'est pas très importante; nous optons cependant pour le texte de l'édition Musarion.

[12]Nietzsche, *Gesammelte Werke*, Vol. XVI, "Studien aus der Umwerthungszeit", p. 328.

[13]Cf. Nietzsche, *Gesammelte Werke*, Vol. XVII, "Aus dem Nachlass Kunst und Künstler," p. 346.

[14]Il faut signaler que Nietzsche a renoncé à terminer la composition de cet ouvrage avant d'entreprendre celle de l'*Antéchrist*. Voilà pourquoi nous avons jugé mieux de considérer ces remarques ici.

[15]Cf. Nietzsche, *La Volonté de puissance*, (traduit par G. Bianquis, Paris, Gallimard, 1947), Vol. 1, premier livre, n⁰. 79, p. 59.

[16]Cr. *Ibid.*, Vol. I, premier livre, n⁰. 295, p. 137.

[17]Cf. p. 9 de cette étude.

[18]Nietzsche, *La Volonté de puissance,* Vol. II, troisième livre, n⁰. 87, p. 39. Par rapport au "pari", cf. Henri Birault. "Nietzsche et le pari de Pascal", *Archivio di Filosofia: Pascal e Nietzsche*, Padova, Casa Editrice Dott. Antonio Milani, n⁰. 3, 1962, pp. 67-90.

[19]*Ibid.*, Vol. II, troisième livre, n⁰. 87, p. 40.

[20]*Ibid.*, Vol II, troisième livre, n⁰. 89, p. 40

[21]*Ibid.*, Vol. II, troisième livre, n⁰. 539, p. 167.

[22]*Ibid.,* Vol. II, quatrième livre, n⁰. 518, p. 362

[23]*Ibid.,* Vol. I, premier livre, n⁰. 406, p. 186. Et pourtant Nietzsche a aimé Pascal. Dans une lettre à Georg Brandes, on trouve ces mots: ". . . Pascal, pour qui j'ai presque de la tendresse, parce qu'il m'a infiniment instruit". Nietzsche, Lettre à Georg Brandes, le 20 novembre 1888. ("Pascal, den ich beinahe liebe, weil er mich unendlich belehrt hat . . .") La traduction est de nous. (Cf. Nietzsche, *Gesammelte Briefe*, Band III, erste Hälfte, p. 322).

[24]Nietzsche, l'*Antéchrist,* n⁰. 5, p. 197. (Pour l'édition, voir p. 98 de notre étude, note 1.)

[25]Nietzsche, *Ecce Homo*, (traduit par Henri Albert, Paris, Société du Mercure de France, 1909), pp. 52-53.

[26]A comparer aussi cette remarque de *La Volonté de puissance:* "Quand je parle de Platon, de Pascal, de Spinoza, et de Goethe, je sais que leur sang coule dans mes veines-je suis fier de dire la vérité en ce qui les concerne-la famille est assez noble pour n'avoir pas besoin d'inventer ou de dissimuler". Nietzsche, *La Volonté de puissance,* Vol. II, quatrième livre, n⁰. 620, p. 386.

[27]Nietzsche, *La Généalogie de la Morale,* (traduit par Henri Albert, Paris, Société du Mercure de France, deuxième édition, 1900), première dissertation, n°. 2, p. 31.

[28]Voilà une des raisons pour lesquelles il faut faire attention lorsqu'on trouve chez Nietzsche certaines remarques ayant, en ce qui concerne le Surhomme, une portée parfois politique ou raciale. Cf. à ce propose, le chapitre intitulé "The Master Race" chez Kaufmann, *Op. cit.*, pp. 246-265.

[29]Nietzsche, *La Généalogie de la Morale,* première dissertation, n°. 7, pp. 44-45.

[30]*Ibid.*, n°. 10, p. 50

[31]*Ibid.*, n°. 11, p. 56.

[32]*Ibid.*, deuxième dissertation, n°. 17, pp. 141-142.

[33]*Ibid.*, n°. 16, p. 138

[34]*Ibid.*, n°. 4, p. 97.

[35]Cf. *Ibid.*, n°. 16, pp. 136-137.

[36]Cf. *Ibid.*, n°. 19, pp. 144-147.

[37]Cf. Ibid., n°. 19, p. 146.

[38]Cf. *Ibid.*, n°. 21, p. 151.

[39]Cf. *Loc. cit.*

[40]Cf. *Ibid.*, n°. 21, pp. 151-152.

[41]Cf. *Ibid.*, n°. 23, p. 156.

[42]*Ibid.*, n°. 19, p. 144

[43]*Ibid.*, troisième dissertation, n°. 28, pp. 282-283.

[44]*Ibid.*, n°. 5, p. 172.

[45]Cf. *Ibid.*, n°. 10. pp. 198-199

[46]Cf. *Ibid.*, n°. 11, p. 201

[47]*Ibid.*, n°. 11, pp. 201-202.

[48]*Ibid.*, n°. 12, pp. 204-205.

[49]Cette conclusion (i.e. l'idéal ascétique est une manifestation de la volonté de puissance mal dirigée) paraît indubitable si l'on compare certains passages d'*Ainsi parlait Zarathoustra* avec d'autres de *La Généalogie de la Morale.* Ainsi, dans le

premier de ces deux livres, on lit: "Et la vie elle-même m'a confié ce secret: "Voici m'a-t-elle dit, je suis ce qui doit toujours se surmonter soi-même". (Nietzsche, *Ainsi parlait Zarathoustra*, deuxième livre, "De la victoire sur soi-même", p. 163). Dans l'étude de 1887, on retrouve la même idée, mais dans le contexte de l'idéal ascétique: "L'instinct guérisseur de la vie a tout au moins tenté, par l'intermédiaire du prêtre ascétique et l'usage qu'il a dû faire, pendant un certain temps, de la tyrannie de concepts paradoxaux et paralogiques tels que "la faute", le "péché", l'"état de péché", "la perdition", "la damnation" . . . de faire servir ainsi les mauvais instincts de ceux qui souffrent à leur propre discipline, à leur surveillance, à leur victoire sur soi-même". (Nietzsche, *La Généalogie de la Morale*, troisième dissertation, n⁰. 16, p. 223). Aussi peut-on comparer ces deux phrases: "Partout où j'ai trouvé quelque chose de vivant, j'ai trouvé la volonté de puissance", (Nietzsche, *Ainsi parlait Zarathoustra*, ibid. p. 162) et "l'idéal ascétique est lui-même un de ces moyens . . . en lui et par lui la vie lutte avec et contre la mort, l'idéal ascétique est un expédient de l'art de conserver la vie". (Nietzsche, *La Généalogie de la Morale*, troisième dissertation, n⁰. 13, p. 208).

Le lecteur peut faire objection, cependant, à ce que *la volonté de puissance,* en ce qui concerne l'idéal ascétique, soit "mal dirigée". Il faut admettre que l'expression "la volonté de puissance mal dirigée" ne se trouve pas chez Nietzsche. En outre, Nietzsche paraît nier la liberté de la volonté ou bien le libre-arbitre (cf., par exemple, *Humain, trop Humain, Opinions et Sentences mêlées,* n⁰. 39, pp. 72-75 et n⁰. 106, p. 129; cf. aussi *Aurore,* n⁰ 124, p. 142). S'il en est ainsi, il est difficile de voir comment l'homme peut "diriger" la volonté de puissance. Par contre, toute la tentative philosophique de Nietzsche paraît supposer que l'homme jouit d'une certaine liberté, autrement, toutes ses invectives contre le christianisme n'auraient pas de sens. Nous croyons que Jaspers a bien donné la solution de cette difficulté. "Nous pouvons choisir librement entre des possibilités. Mais le principe par lequel nous pouvons choisir librement est décidé". (Karl Jaspers, *Op. cit.,* p. 162). Le principe par lequel on choisit est décidé en tant que l'action créatrice de l'homme peut faire défaut; mais l'homme est libre pour réaliser toutes les possibilités de son être ("Deviens ce que tu es"). Puisque tout est devenir, on ne saurait logiquement limiter ces possibilitiés. Nous pouvons donc parler d'une *"volonté de puissance"* qui est "bien dirigée" ou "mal dirigée".

⁵⁰Cf. *Ibid.,* n⁰. 15, p. 223.

⁵¹*Ibid.,* n⁰. 15, p. 222.

⁵²*Ibid.,* troisième dissertation, n⁰. 17, pp. 226-227.

⁵³*Ibid.,* n⁰. 17, pp. 228-229.

⁵⁴Cf. note 49 de ce chapitre, et *La Généalogie de la Morale,* troisième dissertation, n⁰. 20, p. 244.

⁵⁵Cf. Nietzsche, *La Généalogie de la Morale,* troisième dissertation, n⁰. 20, p. 244.

⁵⁶*Ibid.,* n⁰. 20, p. 247.

⁵⁷Cf. *Ibid.,* n⁰. 20, p. 244

⁵⁸Cf. *Ibid.,* n⁰. 26, p. 275.

[59]Cf. *Ibid.*, n°. 23, p. 259

[60]Cf. *Ibid.*, n°. 24, p. 262.

[61]*Ibid.*, n°. 24, p. 261.

[62]Cf. *Ibid.*, n°. 25, p. 269.

[63]*Ibid.*, n°. 24, p. 266.

[64]*Ibid.*, n°. 25, p. 273

[65]*Loc. cit.*

[66]*Ibid.*, n°. 27, p. 279-280.

[67]Cf. Ibid., n°. 27, p. 280

[68]*Ibid.*, n°. 27, pp. 281-282.

[69]*Ibid.*, n°. 26, p. 276.

[70]*Ibid.*, n°. 9, p. 192.

[71]Cf. *Ibid.*, n°. 14, p. 210.

[72]Cf. *Ibid.*, n°. 17, pp. 226-227.

[73]Kaufmann ne croit pas qu'on puisse prouver que Nietzsche était athée. (Cf. *Op. cit.*, pp. 84-85). Il est difficile d'admettre la justesse de son raisonnement à ce sujet. Cf., par exemple, George Allen Morgan, *What Nietzsche Means* (Cambridge, Harvard University Press, 1941), p. 36.

[74]Là-dessus, on se rend compte que Nietzsche a résolu, d'une façon indirecte, la difficulté signalée dans *Par delà le bien et le mal:* comment résourdre le problème de la connaissance et celui de l'ascétisme lorsqu'ils s'unissent dans une seule personne? (Voir *Par delà le bien et le mal*, n° 45, pp. 67-68; voir aussi p. 25 de notre étude.) Nietzsche devrait logiquement répondre dans *La Généalogie de la Morale* que la recherche de la vérité ou bien la croyance en celle-ci constitue la forme la plus spiritualisée de l'idéal ascétique qui est, à son tour, une volonté de puissance mal dirigée.

DEUXIEME PARTIE

LE PROBLEME DU MOI

PREMIER CHAPITRE

Le Problème de la connaissance

[1]Nietzsche parle pour la première fois du moi dans *Opinions et Sentences mêlées*. Il est question des "Relations avec le Moi supérieur". Celui-ci se montre quand l'homme atteint l'apogée de ses pouvoirs, que ce soit dans la création artistique ou dans d'autres domaines. Généralement, les hommes ont peur de leur moi supérieur, ". . . parce que, quand il parle, il parle arrogamment". (Nietzsche, *Humain, trop Humain*, première partie, *Opinions et Sentences mêlées*, n⁰. 624, p. 461). On appelle souvent le moi supérieur un don des dieux, mais au contraire, c'est ". . . tout le reste qui est un don des dieux (du hasard), mais lui (le moi supérieur) est de l'homme même". (*Loc. cit.* Les parenthèses sont de nous). Cela n'empêche pas, cependant, qu'à cette époque la nature du moi supérieur reste mystérieuse.

Voilà pourquoi, dans *Aurore*, le philosophe allemand conseille de se connaître soi-même, au sens de connaître ses défauts; mais il lie cette tâche au devoir de tout savoir: ". . . ce n'est que lorsque l'homme aura atteint la connaissance de toutes choses qu'il pourra se connaître soi-meme," car les choses sont "les frontières de l'homme". (Nietzsche, *Aurore*, n⁰. 48, p. 60). Plus tard Nietzsche abandonnera cette tentative, puisqu'il constatera qu'un monde où tout est devenir nécessite un certain perspectivisme. (Cf. pp. 49-50 de cette ètude). Mais Nietzsche n'a pas encore critiqué le moi comme phénomène de la conscience et les erreurs qui découlent d'une perspective où le moi, ainsi considéré, devient une valeur supérieure. C'est pourquoi à cette date sa pensée n'est pas sans équivoque: Nietzsche admet les valeurs du moi mais voit dans un certain mépris de celui-ci une valeur, ne parvenant pas encore à distinguer nettement sa propre perspective et le "moi-haïssable" pascalien qu'il condamne assez sévèrement. (Cf. pp. 22-24 de cette étude). Nietzsche se borne principalement, avant les notes de 1881-1882, à signaler l'égoïsme du moi: le moi veut tout avoir, même les talents "des ses enfants", (Cf. *Aurore*, n⁰. 281, p. 274 et n⁰. 285, pp. 275-276).

[2]Nous n'employons pas ici ce terme dans son sens technique. Cf. p. 47 de cette étude.

[3]Nietzsche, *La Volonté de puissance*, Vol. II, quatrième livre, n⁰. 613, p. 385.

[4]*Loc. cit.*

[5]*Loc. cit.*

[6]Cf. p. 118, note 21.

[7]Nietzsche, *La Volonté de puissance*, Vol. II, quatrième livre, n⁰. 613, p. 385.

[8]Nietzsche, *La Volonté de puissance*, Vol. I, deuxième livre, n⁰. 226, p. 266.

[9]*Loc. cit.*

[10]*Loc. cit.*

[11]*Loc. cit.*

[12]*Loc. cit.*

[13]Nietzsche, *La Volonté de puissance,* Vol. II, quatrième livre, n°. 613, p. 385.

[14]Nietzsche, *Ibid.,* Vol. I, deuxième livre, n°. 227, p. 267, Voir aussi *Le Gai Savoir,* n°. 11, p. 40.

[15]"La conscience n'apparaît d'habitude que lorsque le tout veut se subordonner à un tout supérieur, de la réalité extérieure au moi. La conscience naît par rapport à l'être dont nous pourrions être fonction - elle est le moyen de nous y incorporer". *La Volonté de puissance,* loc. cit. Nous verrons plus bas l'importance de ce jugement. Cf. p. 53 de cette étude.

[16]Nietzsche, *Ibid.,* loc. cit.

[17]*Ibid.,* loc. cit.

[18]C'est-à-dire, la volonté de puissance considérée comme une force vitale. Cf. le p. 106, note 10.

[19]Cf. pp. 52-54 de cette étude.

[20]C'est-à-dire, le "moi" chez Nietzsche n'est pas un principe de responsabilité pour les actions de l'esprit et de la volonté.

[21]Cependant, Nietzsche paraît entendre le moi comme synonyme du terme "individu". Mais on peut faire objection à cette interprétation, car Nietzsche dit: "le concept de l'"individu' est faux". (Nietzsche, *La Volonté de puissance,* Vol, I, deuxième livre, n°. 193, p. 259). Toutefois le philosophe allemand parle ainsi dans le contexte suivant: "L'homme est une pluralité de forces hiérarchisées . . . " (*Loc. cit*). C'est-à-dire, l'homme est "une synthèse d'êtres vivants". (*Ibid.,* Vol. I, deuxième livre, n°. 226, p. 266). Nietzsche admet le concept "individu" à condition que ce concept n'exclue pas le fait que l'individu est une pluralité de forces, de "consciences", et d'"intellects".

Cela paraît évident dans un passage de *La Volonté de puissance.* Nietzsche dit d'abord: ". . . la valeur du moi individuel ne pouvait consister qu'à être en relation avec l'énorme non-moi, même à lui être subordonné et à n'exister qu'à cause de lui. Ici, les instincts grégaires l'ont emporté: rien ne répugne tant à ces instincts que la souveraineté de l'individu. Mais à supposer que le moi soit conçu comme existant en soi, sa valeur ne peut plus consister qu'à renoncer à lui-même". (*Ibid.,* Vol. I, premier livre, n°. 318, p. 149). Plus bas, Nietzsche, en signalant les résultats du dogmatisme au sujet de l'*ego,* (*Loc. cit*) se sert du terme "individu" deux fois, le mettant entre guillemets lorsque ce terme est synonyme de "phénomène de la conscience", et omettant les guillemets quand ce terme est entendu au sens de "homme" ou bien de "systèmes vivants": le moi, conçu comme unité, aboutit aux erreurs que voici: "1° fausse émancipation de 'l'individu' comme atome . . .3° par suite, on triomphe de l'individu en déplaçant son but". (*Loc. cit.;* il faut entendre le terme "atome" au sens de sa racine grecque).

Enfin, le terme "moi" signifie parfois le "corps", et, à plus forte raison, l'individu, au sens de "systèmes vivants": "De tout temps, l'on a mieux cru au corps qui est notre bien le plus authentique, notre être le plus certain, bref, notre moi, que l'on a cru à l'esprit . . ." (*Ibid.,* Vol I, deuxième livre, n⁰. 173, p. 253) Cf. pp. 53-54 de cette étude où nous commentons la distinction entre le moi comme phénomène de la conscience, et le moi synonyme de l'"individu" ou bien de "systèmes vivants".

[22]Nietzsche, *La Volonté de puissance,* Vol. II, quatrième livre, n⁰. 613, p. 385.

[23]Cf. Nietzsche, *Ibid.*, Vol. I, deuxième livre, n⁰. 245, p. 272.

[24]*Loc. cit.*

[25]*Loc. cit.*

[26]*Loc. cit.*

[27]Nietzsche, *Par delà le bien et le mal,* "Les préjugés des Philosophes", n⁰. 16, p. 28.

[28]Cf. *Loc. cit.*

[29]*Loc. cit.*

[30]*Ibid.*, n⁰. 16, p. 27

[31]*Ibid.,* n⁰. 16, p. 28. Certains passages analogues de *la Volonté de puissance* montrent que l'auteur vise surtout Descartes: "'Il a pensé: donc il y a un sujet pensant,' c'est à quoi aboutit l'argumentation de Descartes. Mais cela revient à poser comme vraie *a priori* notre croyance au concept de substance: dire que s'il y a de la pensée, il doit y avoir quelque chose 'qui pense', ce n'est encore qu'une façon de formuler, propre à notre habitude grammaticale qui suppose à tout acte un sujet agissant. Bref, ici déjà on construit un postulat logique et métaphysique, au lieu de le constater simplement . . . Par la voie cartésienne on n'arrive pas à une certitude absolue, mais seulement à constater une très forte croyance." *La Volonté de puissance,* Vol. I, premier livre, n⁰. 147, pp. 81-82). Plus bas: "Certitude fondamentale - 'J'ai une représentation, donc il y a un être; *cogito, ergo est.* Il n'est plus sûr que je sois l'être qui forme cette représentation, que la représentation soit une activité du moi; tout ce que je me représente n'est pas certain non plus." (*Ibid.* Vol. I, premier livre, n⁰. 148, p. 82). Dans le n⁰. 146, on retrouve presque le même langage qu'on constate dans *Par delà le bien et le mal:* "Le moi est posé par la pensée; mais jusqu'a présent on croyait avec le peuple que dans 'je pense' il y avait quelque certitude immédiate, et que ce 'je' était la cause de la pensée, et nous permettait de comprendre par analogie toutes les autres relations causales." (*La Volonté de puissance,* Vol. I, premier livre, n⁰. 146, p. 81).

[32]Nietzsche, *Le Crépuscule des Idoles,* "Les Quatre grandes erreurs", n⁰. 3, p. 119.

[33]*Loc. cit.*

[34]Pascal parle une fois du moi comme cause intellectuelle, c'est-à-dire, comme un sujet qui pense. Mais le contexte de sa remarque se limite à l'idèe de la contingence de l'être. Cf. *Pensées*, n⁰. 135-469.

[35]Cf. l'Appendice I, p. 73-77.

[36]Pascal, *De l'Art de persuader*, p. 355.

[37]*Pensées*, n⁰. 190-543.

[38]*Loc. cit.*

[39]"La chose elle-même, pour le répéter encore, la notion de la chose, n'est que le réflexe de la croyance au moi en tant que cause . . . Pour ne point parler du tout de la "chose-en-soi", de l'*horrendum pudendum* des métaphysiciens! L'erreur de l'esprit comme cause confondu avec la réalité! Considéré comme mesure de la réalité! Et dénommé Dieu! "Nietzsche, *Le Crépuscule des Idoles*, "Erreur d'une causalité fausse", n⁰. 3, p. 119. Et dans "La 'raison' dans la philosophie": "Partout l'être est imaginé comme cause, substitué à la cause; de la conception du 'moi' suit seulement comme dérivation, la notion de l'être' . . . En effet, rien n'a eu jusqu'à présent une force de persuasion plus naïve que l'erreur de l'être, comme elle a par exemple été formulée par les Eléates: car elle a pour elle chaque parole, chaque phrase que nous prononçons! . . . Je crains bien que nous ne nous débarrassions jamais de Dieu, puisque nous croyons encore à la grammaire . . ." *Ibid.*, n⁰. 5, pp. 105-106

[40]Charles Andler, *Op. cit.*, p. 121.

[41]Cf. p. 123, note 77.

[42]Nietzsche parle expressément du perspectivisme trente-cinq fois dans les oeuvres, y compris les oeuvres posthumes. Si l'on comptait les passages où il parle de ce problème d'une façon indirecte, les références à cette question seraient beaucoup plus nombreuses. Cf. par exemple, *La Volonté de puissance*, Vol. II, troisième livre, n⁰. 588, p. 188. Nous citons aussi ce paragraphe des *Studien aus der Umwerthungszeit,* où l'auteur parle du besoin de "fixer" la vérité, sans se servir du terme perspectivisme: "Si notre intellect n'avait pas de formes fixes, nous ne pourrions vivre. Mais à cause de cela, rien n'est prouvé en faveur de la vérité de toute action logique." (Wenn unser Intellect nicht einige feste Formen hätte, so wäre nicht zu leben. Aber damit ist für die Wahrhelt aller logischen Thatsachen Nichts beweisen). Nietzsche, *Gesammelte Werke*. "Studien aus der Umwerthungszeit", Vol. XVI, pp. 116-117-. La traduction est de nous.

[43]Cf. José Perdomo García, *La Teoria del Conocimiento en Pascal,* Madrid, Instituto "Luis Vives" de Filosofia, 1956, p. 295.

[44]"Grundfrage: ob das Perspektivische zum Wesen gehört? und nicht nur eine Betrachtungsform, eine Relation zwischen verschiedenen Wesen ist? Stehen die verschiedenen Kräfte in Relation, sodass diese Relation gebunden ist an Wahrnehmungs-Optik? Diese wäre möglich, wenn alles Sein essentiell etwas Wahrnehmendes wäre". Nietzsche, *Gesammelte Werke*, "Studien aus der Umwerthungszeit", Vol. XVI, p. 257. La traduction est de nous.

[45]Nietzsche, *La Volonté de puissance*, Vol. I, deuxième livre, n⁰. 131. p. 239.

[46]"Nous nous trouvons placés en quelque sorte au milieu - entre l'infiniment grand et l'infiniment petit. Ou bien l'atome nous serait-il plus proche que l'extrémité

la plus lointaine de l'univers? - Le monde n'est-il pour nous qu'un groupement de relations réduites à une commune mesure? Dès que cette mesure arbitraire manque, notre univers s'écoule en eau". Nietzsche, *La Volonté de puissance*, Vol. I, deuxième livre, n⁰. 362, p. 308.

[47]*Loc. cit.*

[48]*Ibid.*, Vol. I, deuxième livre, n⁰. 131, p. 239.

[49]*Ibid.*, Vol. I, premier livre, n⁰. 204, p. 100. Peut-être que le lien entre le moi et l'origine du perspectivisme soit exprimé plus clairement dans le passage que voici: "Si notre 'moi' est pour nous l'être unique d'après lequel nous fabriquons ou comprenons toute espèce d'être, soit! Alors il y a grandement lieu de se demander si l'on n'est pas en présence d'une illusion perspectiviste - l'unité apparente dans laquelle tout est englobé comme à l'intérieur d'une ligne d'horizon . . . Enfin, à supposer que tout soit devenir, la connaissance n'est possible que si l'on se fonde sur la croyance à l'être". Nietzsche, *La Volonté de puissance*, Vol. I, premier livre, n⁰. 136, p. 77.

[50]Nietzsche, *Humain, trop Humain*, Vol. I, n⁰. 16, p. 38.

[51]Nietzsche, *Opinions et Sentences mêlées*, n⁰. 19, p. 28.

[52]Nietzsche, *LaVolonté de puissance*, Vol. II, troisième livre, n⁰. 588, p. 180.

[53]*Loc. cit.*

[54]*Pensées*, n⁰. 199-72.

[55]*Loc. cit.*

[56]Nietzsche, *La Volonté de puissance*, Vol. I, deuxième livre, n⁰. 362, p. 308.

[57]S'il en est ainsi, ce sont certains paragraphes du fragment 44-82 qui entrent en jeu. Il ne s'agit ni des erreurs dont l'imagination est la cause ni de celles résultant de la maladie, L'homme a d'autres principes pour l'induire à une "erreur necessaire". (*Pensées*, n⁰. 44-82). Ce sont les erreurs découlant des illusions des sens qui importent ici: "Il n'y a principe, quelque naturel qu'il puisse être, (qu'on ne) même depuis l'enfance fasse passer pour une fausse impression, soit de l'instruction, soit des sens". (*Loc. cit.*, les parenthèses sont de Lafuma). Pascal admet que ce sont des erreurs ". . . qu'il faut que la science corrige." (*Loc. cit.*) Mais pour Nietzsche. l'homme réussit à améliorer sa condition seulement par le perspectivisme: "Nous ne saurions rien du temps et rien du mouvement si nous ne croyions grossièrement voir de 'l'immobile' à côté du mouvant . . . Un monde en devenir ne pourrait être, à strictement parler, ni 'conçu; dans la mesure seulement où l'intellect qui 'conçoit' et 'connaît' trouve devant lui un monde grossier, créé d'avance, charpenté à coups d'apparences, mais solidifié, et dans la mesure où cette sorte d'apparence a reçu la vie - dans cette mesure seulement il peut exister quelque chose comme la 'connaissance': c'est-à-dire une façon de comparer entre elles les erreurs anciennes et les erreurs récentes". (Nietzsche, *La Volonté de puissance*, Vol. I, premier livre, n⁰. 121, p. 73). Et ailleurs, toujours sans employer le terme "perspectivisme" comme tel: "La tâche de toute philosophie n'est pas, en fin de compte, de mettre en lumière les hypothèses sur lesquelles repose l'activité de la raison? de dévoiler que notre

croyance au moi est la croyance à une substance, à l'unique réalité d'après laquelle nous attribuons de la réalité aux choses . . . Mais une croyance, si nécessaire qu'elle soit à la conservation des êtres, peut n'avoir rien de commun avec la vérité; on s'en aperçoit par exemple à ce fait que nous sommes contraints de croire au temps, à l'espace, et au mouvement, sans nous sentir obligés de croire à leur absolue réalité". (*Ibid.*, Vol. I, premier livre, n⁰. 131, p. 75.

[58]Nietzsche, *Aurore*, n⁰. 117, pp. 133 et 134-135.

[59]*Loc. cit.*

[60]Pascal, *Pensées*, n⁰. 199-72.

[61]Pascal, *Ibid.*, n⁰. 45-83.

[62]Cf. Karl Jaspers, *Op. cit.*, p. 193. Le jugement de Nietzsche ne nous paraît pas justifié. Cf. l'Appendice I, pp. 73-77.

[63]"Mann konnte und durfte nicht von sich wegsehen. Das leidenschaftliche Interesse für uns verlieren und die Leidenschaft ausser uns wenden, gegen die Dinge (Wissenschaft) ist jetzt möglich. Was liegt an mir! Das hätte Pascal nicht sagen können". Nietzsche, *Gesammelte Werke*, Vol. XI, "Aus der zeit der Morgenröthe" (1880-1881), - "Philosophie und Wissenschaft", p. 12. La traduction est de nous.

[64]"Dieser Gang ist so gefährlich! Ich darf mich selber nicht anrufen, wie ein Nachtwandler, der auf den Dächern lustwandelt, ein neiliges Anrecht hat nicht bei Namen genannt zu werden. "Was liegt an mir!" Dies ist die einzige tröstende Stimme, die ich hören will." Nietzsche, *Gesammelte Werke*, "Kritische persönliche Bemerkungen", (1880-1881, Zeit der Morgenröthe"), Vol. XXI, pp. 83-84. La traduction est de nous.

[65]"Es ist mein Fleiss und mein Müssigang, meine Ueberwindung und mein Nachhängen, meine Tapferkeit und mein Zittern, es ist mein Sonnenlicht und mein Blitz aus dunklem Wolkenhimmel, es ist meine Seele und auch mein Geist, mein schweres, erstes, granites Ich, das aber wieder zu sich sprechen kann: was liegt an mir." *Ibid.*, p. 84. La traduction est de nous.

[66]Nietzsche, *La Généalogie de la Morale*, première dissertation, n⁰. 11, p. 56. On retrouve la même idée dans la troisième dissertation: "Par exemple, comme furent les ascètes de la philosophie des Vedas, elle traitera d'illusion la matérialité, de même la douleur, la pluralité et tout le concept antithètique 'sujet' et 'objet' - erreurs que tout cela, pures erreurs! Refuser de croire à son 'moi', nier sa propre réalité - quel triomphe!" *Ibid.*, troisième dissertation, n⁰. 12, p. 204.

[67]Nietzsche, *Ibid.*, troisième dissertation, n⁰. 17, p. 229.

[68]Nietzsche, *La Volonté de puissance*, Vol. I, deuxième livre, n⁰. 220, p. 277.

[69]*Loc. cit.* Ensuite, Nietzsche fait la déclaration suivante qui se rapporte sans aucune équivoque à l'idéal ascétique, bien qu'il ne se serve pas de ce terme ici: "Prendre pour but de la vie, pour terme de l'évolution, la 'négation de la vie'! Considérer l'existence comme une vaste sottise! Une interprétation aussi insensée ne peut provenir que de ce que l'on a voulu mesurer la vie à l'étalon de la vie consciente . . ." *Loc. cit.* Il est à remarquer que la difficulté dont parle Nietzsche dans le

passage que nous venons de citer porte surtout sur la volonté; mais le fait que le philosophe allemand parle d'une "interprétation", et par conséquent, d'une perspective veut dire qu'il s'agit aussi d'un problème intellectuel; c'est-à-dire: le jugement de Nietzsche s'attache à tous les deux aspects de l'idéal ascétique.

[70]Nietzsche, *La Généalogie de la Morale*, première dissertation, n°. 7, p. 44.

[71]Nietzsche, *La Volonté de puissance,* Vol. I, deuxième livre, n°. 227, p. 267.

[72]*Loc. cit.*

[73]*Loc. cit.*

[74]Nietzsche, *La Généalogie de la Morale*, première dissertation, n°. 11, p. 56.

[75]*La Volonté de puissance,* Vol. II. deuxième livre, n°. 232, p. 269.

[76]Cf. Nietzsche, *La Volonté de puissance,* Vol. I, deuxième livre, n°. 362, p. 308. Cf. aussi pp. 48-49.

[77]Le problème du perspectivisme chez Nietzsche est donc une question assez complexe. Elle dépasse la simple relativité de pensée signalée par Andler (Cf. p. 47 de notre étude), relativité fondée surtout sur les erreurs des sens ou bien sur "l'incertitude du point de vue où nous sommes placés". (Andler, *Op. cit.*, p. 121). Certes, Andler fait référence au pouvoir poétique et logique de "fixer sur les choses des perspectives par lesquelles nous réussissons à nous conserver vivants". (Phrase de Nietzsche citée par Andler, *Loc. cit.*) Mais ces "perspectives" doivent être considérées dans le contexte de tout ce que Nietzsche a dit sur le moi, sur la pluralité d'intellects, sur le fait que même la conscience de rang supérieur ne reçoit qu'un ". . . choix d'expériences . . . simplifiées, faciles à dominer du regard et à saisir, donc falsifiées". Nietzsche, *La Volonté de puissance*, Vol. I, deuxième livre, p. 266, n°. 226). De là à un véritable relativisme il y a loin. Etant donné que Nietzsche a mal compris Pascal en ce qui concerne le problème de la connaissance et que le perspectivisme pascalien n'a rien à voir avec la simple relativité de pensée, il serait hasardeux de dire que le ". . . détail de cette théorie de la perspective intellectuelle ne saurait, en passant de Pascal à Nietzsche, s'être conservé". (Andler, *Op. cit.*, p. 121). La théorie en question ne se trouve pas chez Pascal du tout.

DEUXIEME CHAPITRE

Le Moi, les passions, et la Volonté de puissance

[1]Voir p. 118, note 21. Le fait que le moi, à la différence du moi considéré comme phénomène de la conscience, est chez Nietzsche synonyme des termes "individu" ou bien de "corps" est d'une importance capitale. C'est le moi en tant qu' "individu" et en fin de compte en tant que "corps" qui constitue la source des valeurs selon lesquelles l'homme doit se diriger pour accomplir en lui la volonté de puissance. Voir aussi pp. 64-66.

[2]Avant d'aller plus loin, il convient de définir les termes "forces", "instincts" et "passions". Chez Nietzsche, les "forces" sont des instincts du corps qui disputent la prédominance. (Cf. Nietzsche, *La Volonté de puissance*, Vol. I, deuxième livre, n[0] 193, p. 259, et n[0] 190, p. 258). La différence entre les forces et les instincts, c'est que celles-ci sont toujours inconscientes, tandis que les instincts sont des forces devenues conscientes. (Cf. *Ibid.*, Vol. I, deuxième livre, n[0] 192, p. 258). Les passions sont des instincts conçus comme une unité qui est nécessairement fictive. (Cf. *Ibid.*, Vol. I, deuxième livre, n[0] 191, p. 258). Pour Nietzsche, l'homme est une "pluralité de volontés de puissance"; c'est-à-dire, une pluralité de forces ou bien d'instincts. (Cf. *Loc. cit.*)

Par contre, Pascal n'emploie pas le terme "forces" au sens d' "instincts". Les instincts ont parfois chez lui le sens des instincts purement animaux (Cf. *Pensées,* 105-342), et parfois celui des instincts humains opposés à la raison (Cf. *Ibid.*, 112-344). Mais Pascal utilise le terme "instincts" au sens de "passions". (Cf. *Ibid.*, 143-464) Malgré les distinctions faites par Nietzsche, Pascal et lui parlent foncièrement de la même chose. Dans les pages qui suivent, nous employons les termes "forces", "instincts", et "passions", comme synonymes, à moins que le contexte n'indique le contraire.

[3]Nietzsche, *La Volonté de puissance*, Vol. I, premier livre, n[0] 318, p. 149.

[4]Cf. pp. 43-44.

[5]Nietzsche, *La Volonté de puissance*, Vol. I, premier livre, n[0] 318, p. 149.

[6]*Loc. cit.*

[7]Ce n'est pas la première fois que Nietzsche compare le moi au non-moi. Ici, le terme *moi* signifie le moi entendu au sens du terme *individu* ou *corps,* semble-t-il. Cf. le premier chapitre de la deuxième partie de notre étude, note 21, et *La Généalogie de la Morale*, première dissertation, n[0] 7, p. 44. Cf. aussi *La Volonté de puissance*, Vol. I, premier livre, n[0] 318, p. 149, et *Ibid.*, Vol. I, deuxième livre, n[0] 227, p. 267.

[8]Cf. p. 106, note 10.

[9]Cf. pp. 58-64.

[10]Cf. Nietzsche, *La Volonté de puissance*, Vol. I, premier livre, n[0] 318, p. 149.

[11]Nietzsche, *Loc. cit.* Les parenthèses sont de Nietzsche.

[12]*Loc. cit.*

[13]Nietzsche parle rarement de La Rochefoucauld d'une façon péjorative. Cf. p. 6.

[14]*Pensées*, n[0] 597-455

[15]Cf. p. 119, note 34. Pascal pose la question: "Qu'est-ce que le moi", mais dans le contexte de la vanité: "On n'aime donc jamais personne, mais seulement des qualités". *Pensées,* n[0] 688-323.

[16]*Ibid.*, n[0] 564-485.

[17] *Ibid.*, n⁰ 597-455

[18] Cf. Nietzsche, *Aurore,* n⁰ 79, pp. 91-92, et pp. 22-24 de cette étude.

[19] Cela paraît évident dans un passage de *La Généalogie de la Morale*, où Nietzsche décrit les excès de l'idéal ascétique: "S'il est possible, plus de volonté, plus de désir du tout; éviter tout ce qui excite la passion, tout ce qui fait du 'sang' (ne pas manger de sel: hygiène des fakirs); ne pas aimer; ne pas haïr . . . autant que possible pas de femme . . . au point de vue intellectuel, le principe de Pascal 'il faut s'abêtir'. Résultat, en langage psychologique et moral: 'anéantissement du moi . . .' Nietzsche, *La Généalogie de la Morale*, troisième dissertation, n⁰ 17, pp. 228-229. La notion nietzschéenne de "passion" paraît donc suffisamment générale pour signifier aussi celle de "concupiscence".

[20] Pour les fragments des *Pensées* qui ont, peut-être, inspiré Nietzsche à cet égard, cf. l'Appendice II, pp. 79-80.

[21] Nietzsche, *La Volonté de puissance*, Vol. I, premier livre, n⁰ 318, p. 149.

[22] Cf. pp. 48-49 de cette étude.

[23] Cf. pp. 55-56. cf. aussi, *La Volonté de puissance,* Vol. I, premier livre, n⁰ 318, p. 149

[24] *Ibid.*, loc. cit.

[25] Cf. pp. 56-57.

[26] Nietzsche, *La Volonté de puissance*, Vol. I, premier livre, n⁰ 318, p. 149.

[27] Cf. *Ibid.*, Vol. I, premier livre, n⁰ 318, p. 149.

[28] Cf. p. 118, note 21.

[29] Nietzsche, *La Volonté de puissance*, Vol. I, deuxième livre, n⁰ 230, p. 268.

[30] *Ibid.*, Vol. I, premier livre, n⁰ 139, p. 78,

[31] *Ibid.*, Vol. I, deuxième livre, n⁰ 229, p. 268.

[32] *Ibid.*, Vol. I, deuxième livre, n⁰ 192, p. 258.

[33] Cf., par exemple, *Ibid.*, Vol. I, deuxième livre, n⁰ 51, p. 216, *Ibid.*, Vol. II, quatrième livre, n⁰ 556, p. 372.

[34] *Ibid.*, Vol. I, deuxième livre, n⁰ 193, p. 259.

[35] *Ibid.*, Vol. II, troisième livre, n⁰ 452, p. 140

[36] *Loc. cit.*

[37] *Ibid.*, Vol. II, troisième livre, n⁰ 310, p. 102.

[38]Cf. Nietzsche, *La Volonté de puissance*, Vol. II, troisième livre, n° 310, p. 102.

[39]*Ibid.*, Vol. II, troisième livre, n° 315, p. 103. On peut se demander comment cette déclaration de Nietzsche s'accorde avec ce qu'il dit du corps, La "maîtrise de moi" signifie, peut-être, "la maîtrise de mon être individuel"; c'est-à-dire, la maîtrise des instincts (passions) du corps. En ce sens-là, il sera toujours question de garder "son orientation générale", puisque la maîtrise des passions du corps s'oriente vers la parfaite possession de soi-même.

[40]*Ibid.*, n° 449, p. 139.

[41]*Ibid.*, Vol. II, quatrième livre, n° 380, p. 323.

[42]*Ibid.*, Vol. I, deuxième livre, n° 206, p. 262.

[43]*Ibid.*, n° 205, p. 261

[44]Cf. p. 35 de cette étude.

[45]Nietzsche, *La Volonté de puissance*, Vol. I, deuxième livre, n° 419, p. 326.

[46]*Ibid.*, Vol. II, quatrième livre, n° 285, p. 299

[47]*Ibid.*, Vol. I, n° 64, p. 52

[48]*Ibid.*, Vol., premier livre, n° 249, p. 121.

[49]Par un acte *in fieri*, nous voulons dire un acte qui est en train de s'accomplir, mais qui n'est pas encore terminé; par un acte *in facto esse*, nous voulons dire un acte terminé. Certes, Nietzsche ne se sert pas de ces termes. Nous croyons cependant qu'une telle distinction est implicite dans la doctrine de la volonté de puissance.

[50]*La Volonté de puissance*, Vol. I, deuxième livre, n° 51, p. 216.

[51]Cf. *Loc. cit.*: "Ce monde, c'est le monde de la volonté de puissance, et nul autre".

[52]La conscience de la perfection acquise par la volonté de puissance paraît évidente dans le passage que voici: "La philosophie, amour de la sagesse; s'élever jusqu'à la conception du sage qui, étant l'homme le plus heureux, le plus puissant, justifie tout le devenir et en veut le retour; non pas l'amour des hommes, ni des dieux, ni de la vérité, mais l'amour d'un état, d'un sentiment de perfection spirituelle et corporelle à la fois; l'affirmation, l'approbation qui naît du sentiment débordant de la puissance créatrice. La suprême distinction". *La Volonté de puissance*, Vol. II, quatrième livre, n° 614, p. 385. Et aussi, "La *voluntas* est une prépondérance absolue, mécanique, en dernière analyse, une victoire qui parvient à la conscience". *Ibid.*, Vol. I, deuxième livre, n° 206, p. 262.

[53]Cf. pp. 23-24 de cette étude.

[54]*La Volonté de puissance*, Vol. II, quatrième livre, n° 289, p. 301.

[55]*Ibid.*, Vol. II, quatrième livre, n°. 298, p. 302. Les parenthèses sont de nous.

[56]*Ibid.*, Vol. II, quatrième livre, n⁰. 630, p. 388.

[57]Cf. *Pensées*, n⁰. 200-347

[58]Cf. *La Volonté de puissance*, Vol, II, quatrième livre, n⁰. 556. p. 372.

[59]*Pensées*, n⁰. 621-412.

[60]Cf. pp. 6-10 de cette étude.

[61]*Pensées*, n⁰. 674-359.

[62]Cf. *La Volonté de puissance*, Vol. I, deuxième livre, n⁰. 206, p. 262.

[63]*Pensées*, n⁰. 603-502.

[64]Cf. *La Volonté de puissance*, Vol. II, troisième livre, n⁰. 449, p. 139

[65]*Pensées*, n⁰. 545-458.

[66]Nietzsche, Lettre à Georg Brandes, le 20 novembre 1888. La traduction est de nous. Pour le texte allemand, voir p. 113, note 23.

[67]Nous nous contentons ici de deux remarques de Nietzsche: "Si toute action a pour fin le bonheur, il faut que le mécontentement précède l'action; falsification pessimiste des faits; la douleur, motif de l'action . . . Ma théorie, c'est que 'plaisir', 'Déplaisir', 'volonté', 'fin', ne sont que de purs phénomènes secondaires, jamais des causes. Toute finalité dite intellectuelle est fiction." *La Volonté de puissance*, Vol. I, premier livre, n⁰. 306, p. 146. Et aussi: "Fausse conséquence de la croyance à l'*ego:* l'homme aspire au bonheur. Mais en ce sens il n'y a pas d'unité qui 'aspire'; et ce à quoi aspirent toutes les unités, ce n'est nullement le bonheur-le bonheur est un phénomène secondaire qui accompagne un déclenchement de force". *Loc. cit.*, VIII, pp. 143-144. Il est à remarquer que le terme "plaisir" dans la première de ces citations est foncièrement synonyme du terme "bonheur".

[68]*Pensées*, n⁰. 418-233.

[69]*Ibid.* loc. cit.

[70]*Ibid.*, loc. cit.

[71]Cf. *La Volonté de puissance*, Vol. I, premier livre, n⁰. 306, VII, p. 144.

[72]Nietzsche dit: "Conservons le spirituel comme le language chiffré du corps". *Ibid.*, Vol. I, deuxième livre, n⁰. 232, p. 269. Et plus haut; "Pour nous résumer, il s'agit peut-etre uniquement du corps dans tout le développement de l'esprit; ce développement consisterait à nous rendre sensible la formation d'un corps supérieur". *Ibid.*, Vol. I, deuxième livre, n⁰. 261, p. 279. Par rapport à l'idée du spirituel comme langage chiffré du corps: "L'organisme se gouverne de telle façon que le monde mécanique, tout aussi bien que le monde spirituel, ne peut lui servir que d'explication symbolique". *Ibid.*, Vol. I, deuxième livre, n⁰. 188, p. 257.

[73]"La Volonté de puissance s'ajoute donc à la force, mais comme l'élément différentiel et génétique, comme l'élément interne de sa production. Elle n'a rien

d'anthropomorphique dans sa nature. Plus précisément: elle s'ajoute à la force comme le principe interne de la détermination de sa qualité. . ." Gilles Deleuze, *Nietzsche et la Philosophie*, (Paris, Presses Universitaires de France, 1962), pp. 57-58. Par contre, Kaufmann, dans l'étude citée plus haut, ne peut pas se décider, semble-t-il: "Ainsi, la conception fondamentale de la dernière théorie de valeurs, chez Nietzsche, est claire, même à cette date: les différences qualitatives entre les divers modes de puissance se réduisent à des différences quantitatives plus fondamentales; la rationalité est considérée comme le signe de grande puissance; et cette 'qualification' décisive admise, la mesure des valeurs, c'est le degré quantitatif de puissance". (The basic conception of Nietzsche's final theory of values is thus clear even now: qualitative differences between various modes of power are reducible to more basic quantitative differences; rationality is taken to be the mark of great power; and with this crucial 'qualification', the quantitative degree of power is the measure of value". (Kaufmann, *Op. cit.*, p. 173) Les guillemets du terme 'qualification' sont de Kaufmann.

[74]Cf. p. 5.

[75]Cf. Kaufmann, *Op. cit.*, surtout le chapitre "Sublimation, *Geist*, and Eros", pp. 197-222, et tout particulièrement, pp. 199 et 203. Kaufmann, à notre sens, n'insiste suffisamment pas sur le fait que Nietzsche repousse l'idée de la conscience, et donc, de la raison, comme une réalité distincte du corps. (Cf. *Ibid.* p. 231). Nous croyons cependant que la perspective nietzschéenne (c'est-à-dire: tout est dans le corps) est fondamentale.

[76]Cf. Nietzsche, *La Volonté de puissance*, Vol. I, premier livre, n°. 232, p. 269.

[77]Cette conclusion se fonde sur l'interprétation de plusieurs jugements de Nietzsche. Puisque l'intellect est la conscience de rang supérieur, (Cf. *La Volonté de puissance*, Vol. I, deuxième livre, n°. 226, p. 266) et puisque la conscience n'est qu'une étape du développement de l'organisme (Cf. *Ibid.*, Vol. I, deuxième livre, n°. 227, p. 267), il ne serait pas osé de dire que la raison n'est, elle aussi, qu'une étape dans le développement du corps. De fait, Nietzsche dit ailleurs: "La raison est un organe auxiliaire qui se développe lentement, qui par bonheur, durant d'immenses périodes, n'a que peu de force pour déterminer l'homme; elle travaille au service des instincts organiques et s'émancipe lentement jusqu'à conquérir l'égalité de droits avec eux-de telle sorte que la raison (opinion et savoir) lutte contre les instincts comme un nouvel instinct indépendant-et tard, très tard, arrive à la prépondérance". (*Ibid.*, Vol. I, deuxième livre, n°. 262, p. 279). Puisque, pour Nietzsche, la raison est, après tout, un organe, il serait difficile de nier que son développement ne fait pas partie du développement du corps.

[78]Dans le premier volume de son *Nietzsche,* Heidegger attache le problème de la connaissance et par implication celui du perspectivisme au problème du corps. Pour lui, la connaissance chez Nietzsche se réduit à l'effort pour donner une forme au chaos de l'existence, et tout particulièrement, au chaos du corps. L'essai dont il s'agit est "Der Wille zur Machte als Erkenntnis", composé en 1939, mais publié comme le troisième chapitre du premier volume de son oeuvre, *Nietzsche*, en 1961. Cf. Heidegger, *Nietzsche*, (Stuttgart, Union Druckerei GambH, 1961), pp. 562 et 566.

[79]Cf. p. ii.

[80]Cf. p. i-ii.

[81]Cf. p. 97, note 9.

[82]*Pensées*, n⁰. 143-454.

[83]*Loc. cit.*

[84]*Ibid.* n⁰. 407-465

[85]*Ibid.*, n⁰. 149-430. Sur l'idée de l'immanence et de la transcendance de Dieu, cf. Jean Wahl, *Traité de Métaphysique.* (Paris, Payot, 1957), p. 646.

[86]Nietzsche, *La Volonté de puissance,* Vol. I, premier livre, n⁰. 318, p. 149.

BILAN

[1]Cf. pp. i-iii.

[2]Nietzsche, *Gesammelte Werke,* "Gedanken über Moral aus der Zeit der Morgenröthe", Vol. X, p. 430. Pour le texte allemand, voir p. 110, note 52 de notre étude.

[3]Nietzsche, *Ainsi parlait Zarathoustra,* "Des vieilles et nouvelles Tables", n⁰. 3 p. 286.

[4]Nietzsche a certainement pu interpréter ces mots dans le contexte du fragment 199-72, auquel il se réfère indirectement.

[5]Cf. l'Appendice I, pp. 73-77.

[6]Nietzsche, Lettre à Georg Brandes, le 20 novembre 1888. La traduction est de nous. Pour le texte allemand, voir p. 113, note 23 de notre étude.

APPENDICE I

Les Degrés du savoir selon Pascal

[1]Les reproches que Nietzche fait à Pascal, en ce qui concerne le problème de la connaissance, ne sont certainement pas nouveaux. Au cours du dix-huitième et surtout pendant le dix-neuvième siècles, on a souvent pensé que la question était tranchée: Pascal était un sceptique qui avait sacrifié la raison sur l'autel de la foi. Des critiques comme Victor Cousin ont affirmé sans aucune hésitation que Pascal ". . .est

sceptique. . .et il se propose de conduire l'homme à la foi par la route du scepticisme". (Victor Cousin, *Etudes sur Pascal,* Paris; Didier et Cie, 1857, p. 12). Parmi les oeuvres du dix-neuvième siècle qui signalent le scepticisme de Pascal, on peut mentionner aussi l'oeuvre de Friedrich Albert Lange, *Geschichte des Materialismus,* (Lepzig: Verlag von J. Baedeker, 1896) Vol. 1, p. 299. Cette étude, qui comporte deux volumes, avait déjà paru pour la deuxième fois en 1873. Il est certain que Nietzsche l'a connue, puisqu'il s'y réfère dans les notes de *La Volonté de puissance,* (Cf. Vol. II, troisième livre, n[0]. 621, p. 188). Au vingtième siècle, on peut citer le très court essai de Denis Saurat dans *Tendances,* "Pascal et Nietzsche", (Paris: Editions du Monde Moderne, 1928, pp. 82 et 83). D'autres, comme Edouard Droz et Paul Pelet, ont essayé de soutenir le contraire (Cf. Edouard Droz, *Etude sur le scepticisme de Pascal,* Paris, Félix Alcan, 1886, p. 377 et 379-380). L'etude de Droz comporte des fautes d'impression à presque chaque page. En outre, il se limite presque entièrement à une considération des *Pensées,* d' où il paraît exprimer des opinions parfois trop simplifiées. Nous citons par exemple ce passage: "Il s'agit de perfectionner, non les preuves, mais la volonté de l'homme. On lui ouvre par là l'esprit qui naît à la lumière de la vérité et contemple pour la première fois l'essence des choses. Dans cet ordre, qui est celui du coeur, la connaissance est sentiment. La démonstration, comme la réfutation, y est inutile". *Ibid.* p. 373. Il est vrai que Pascal a voulu amener son interlocuteur jusqu'au point où celui *voulût* que le christianisme *fût* vrai; on ne peut dire, cependant, que la démonstration est inutile. La thèse de Pelet se fonde entièrement sur des arguments extrinsèques; comme telle, sa dissertation n'a pas beaucoup servi à avancer les études pascaliennes. Cf. pp. 25-32 de sa thèse, *Le Scepticisme de Pascal,* (Toulouse, Chauvin et fils, 1871).

Parmi les oeuvres du vingtième siècle, il faudra signaler l'excellente étude de José Perdomo Garcia, *La Teoria del Conocimiento en Pascal,* (Madrid, Instituto "Luis Vives" de Filosofia, 1956). Pour l'auteur qui en six-cent-quarante-quatre pages a traité très longuement du problème de la connaissance chez Pascal, celui-ci n'était nullement sceptique. Par contre, Kaufmann dans son excellente ocuvre sur Nietzsche, n'hésite pas à faire la constatation que voici: "Comme Pascal et Kierkegaard et beaucoup d'autres Nietzsche a éprouvé, lui aussi, la tentation d'oublier ses doutes et de 'sauter'-comme l'a dit Kierkegaard lui-même-dans le domaine de la foi. Ce qui distingue Nietzsche de ceux-ci, ce n'est pas qu'il a été attiré vers cette espèce de séduction, mais qu'il s'est senti obligé d'y résister pour préserver son honêteté intellectuelle". ("Like Pascal and Kierkegaard and many another, Nietzsche, too, knew the temptation to let doubt be bygone and to 'leap'-as Kierkegaard himself would put it-into faith. What distinguishes Nietzsche is not that he experienced this attraction, but that he felt obliged to resist it to retain his integrity".) Walter Kaufmann, *Op. cit.* pp. 98-99.

[2]Pascal, *Préface sur le Traité du Vide,* p. 231

[3]*Penséees, n[0],* 709-1

[4]"Cependant, Pascal met en cause la valeur des données des sens, semble-t-il: "L'homme n'est qu'un sujet plein d'erreur naturelle, et ineffacable sans la grace. Rien ne lui montre la vérité. Tout l'abuse. Ces deux principes de vérité, la raison et les sens, outre qu'ils manquent chaeun de sincérité, s'abusent réciproquement l'un l'autre; les sens abusent la raison par de fausses apparences." (*Penséees, n[0].* 45-83.

Si l'on compare ce paragraphe avec celui qui précède. (Cf. *Ibid.,* n[0]. 44-82), il paraît assez clair que Pascal se limite ici à la vérité morale. L'auteur, en esquissant les erreurs qui ont leur source dans l'imagination, dans les maladies, ou dans l'amour-propre, parle de l'impossibilité relative d'atteindre, sans la grâce, une connaissance adéquate de la morale. Si les sens abusent la raison par de fausses apparences, ils ne sont pas un obstacle qu'on ne peut généralement surmonter. *La Préface sur le Traité du Vide* suffit pour montrer que l'auteur est complètement convaincu de la valeur des données des sens. (Cf. Pascal, *Oeuvres complètes,* "Préface sur le Traité du Vide", p. 231. Ainsi, la constatation du fragment 199-72, ". . . notre raison est toujours déçue par l'inconstance des apparences . . ." doit s'interpréter aussi à la lumière de *La Préface sur le Vide.* On peut se demander si dans le fragment 199-72 une distinction n'est pas sous-jacente, si Pascal n'entend pas une connaissance complète des choses, une connaissance distinguée contre une connaissance adéquate de celles-ci.

[5]Nous ne voulons pas dire que Pascal était précurseur de la méthode historique, ce qu'on a parfois maintenu (Cf., par exemple, M.J. Lagrange, "Pascal et les Prophéties Messianiques", *Revue Biblique,* 1906, pp. 533-560, et J. Lhermet, *Pascal et la Bible,* (Paris, J. Vrin, 1931, p. 689), où l'auteur, quoiqu'il exprime parfois des jugements réservés à ce sujet, signale que Pascal a su joindre l'exégèse critique et historique). Nous croyons cependant que les grandes lignes de cette méthode sont, pour ainsi dire, "en germe" dans l'apologétique, de sorte que celle-ci ne partage ni les "extrêmes" de l'Apologie traditionnelle ni la perspective souvent trop restreinte de l'Apologie "augustinienne." (Cf. à ce sujet, Julien-Eymard d'Angers, "Les 'Pensées' de Pascal et l'Apologétique de son temps", dans *Pascal: Textes du Tricentenaire,* (Paris, Le Signe, Librairie Arthème Fayard, 1963), surtout les pages 173-176.

A cet égard, il y a eu une évolution dans la pensée de Pascal lui-même, semble-t-il. Dans *La Préface sur le Traité du Vide,* l'histoire, comme une source de connaissance théologique, reposait presque uniquement sur l'autorité (Cf, *Ibid.* p. 230); mais dans les *Pensées,* on peut déceler un effort pour déterminer que l'autorité (de la Bible) est digne d'être crue. Ainsi, par exemple, l'idée de la tradition se lie à celle du témoin véridique (Cf. *Ibid.,* n⁰. 243-601); celui-ci doit être contemporain (Cf. *Ibid.* n⁰. 243-601); celui-ci doit être contemporain (Cf. *Ibid.* n⁰. 436-628). Pascal envisageait la Bible comme un livre historique; aussi jugeait-il nécessaire de démontrer la valeur de la Bible comme une source historique avant de s'appuyer sur elle comme une source théologique. Pascal n'a pas, pourtant, posé le problème d'une exégèse scientifique (Cf. Lhermet, *Op. cit.* pp. 430-431). De ce point de vue-là, il était victime de son époque sans doute pauvre en science biblique plutôt qu'un apologiste qui a trop simplifié ces questions tout à fait essentielles.

[6]*De l'Art de persuader,* p. 357

[7]*Ibid.,* p. 355.

[8]*De l'esprit géométrique,* p. 352.

[9]Le terme "contraire" est celui de Pascal. (Cf. *De l'Esprit géométrique,* p. 352). Le contexte de cet essai indique, cependant, que Pascal veut dire "contradictoire".

[10]*De l'esprit géométrique.* p. 352.

[11]Mais la pensée de Pascal est pleine de difficultés, précisément à cause du fait que les *Pensées* ne sont qu'un brouillon. On lit par exemple ce passage qui paraît amener le lecteur à un doute profond: "Nous supposons que tous les conçoivent de la même sorte. Mais nous le supposons bien gratuitement, car nous n'en avons aucune preuve. Je vois bien qu'on applique ces mots dans les mêmes occasions, et que toutes les fois que deux hommes voient un corps changer de place, ils expriment tous deux la vue de ce même objet par le même mot, en disant l'un et l'autre qu'il s'est mû, et de cette conformité d'application on tire une puissante conjecture d'une conformité d'idée, mais cela n'est pas absolument convaincant de la dernière conviction quoiqu'il y ait bien à parier pour l'affirmative, puisqu'on sait qu'on tire souvent les mêmes conséquences des suppositions différentes." (*Pensées,* n⁰. 109-392).

Pour Pascal, il paraît indubitable que les phénomènes existent indépendamment de l'esprit qui les pense, quoiqu'on ne puisse connaitre parfaitement les natures de ceux-ci. Dans la citation que nous venons de faire, Pascal ne semble pas tout à fait certain que tous les hommes aient la même idée du même phénomène. Mais si l'on puise dans L'Esprit géométrique, on peut résoudre cette difficulté. Pour bien raisonner, on doit suivre une méthode qui consiste ". . .non pas à tout définir, ou à tout démontrer, ni aussi à rien définir ou à ne rien démontrer. . .", (Pascal, De l'esprit géométrique, p. 350) mais à définir les choses qui ne sont pas claires et entendues, ". . .à ne point prouver toutes les choses comme des hommes, et de prouver toutes les autres (Loc. cit): "Contre cet ordre pèchent également ceux qui entreprennent de tout définir et de tout prouver et ceux qui négligent de le faire dans les choses qui ne sont pas évidentes d'ellesmêmes." (Loc. cit.)

Parmi les phénomènes qu'on ne peut définir selon l'esprit géométrique se trouvent le mouvement, les nombres, l'espace. Nous sommes donc vis-àvis du problème du mouvement cité dans les Pensées. Et voilà que Pascal résout la difficulté en parlant des phénomènes qu'on ne peut définir: ". . .le manque de définition est plutôt une perfection qu'un défaut, parce qu'il ne vient pas de leur obscurité (i.e. de l'obscurité des phénomènes qu'on ne peut définir) mais, au contraire de leur extrême évidence, qui est telle qu'encore qu'elle n'ait pas la conviction des démonstrations, elle en a toute la certitude." (Ibid., p. 351). Les parenthèses sont de nous.

Revenons à la difficulté signalée dans les Pensées: "Nous supposons que tous les conçoivent de la même sorte. Mais nous le supposons bien gratuitement, car nous n'en avons aucune preuve". (Pensées, n⁰. 109-392). Dans le contexte de l'Esprit géométrique, on ne peut pas douter qu'il y a un rapport suffisant entre le nom et la chose; mais on ne peut pas le prouver: "Aussi ce n'est pas la nature de ces choses que je dis qui est connue de tous: ce n'est simplement que le rapport entre le nom et la chose". (De L'Esprit géométrique, p. 350).

Pour Pascal, donc, on pense substantiellement à la même chose lorsqu'on dit "mouvement", "temps", "espace", "nombre"; c'est-à-dire, tout homme est certain de ce que ces termes désignent quand il les entend prononcer. S'il y a des doutes à ce sujet, ils découlent d'une tentative de définir la nature de la chose-ce qui est, pour Pascal, impossible. (Cf. Loc. Cit. p. 350) Ainsi, en parlant de l'idée de "temps", Pascal dit: "Car combien y a-t-il de personnes qui croient avoir défini le temps quand ils ont dit que c'est la mesure du mouvement, en lui laissant cependant son sens ordinaire! Et néanmoins ils ont fait une proposition, et non pas une définition." (Ibid., p. 351).

Ce n'est donc pas qu'on ne voit pas d'une façon certaine le même rapport entre le nom et la chose; c'est qu'en définissant la chose (au lieu d'en définir tout simplement le nom) qu'on aborde bon gré, mal gré, une proposition qui reste à prouver. Mais c'est là une proposition qu'on ne parvient jamais à établir, puisque selon l'esprit géométrique il s'agit des premiers principes.

---

¹²Cette distinction est celle de José Perdomo Garcia. (Cf. Op cit., p. 391) Il est à remarquer que le terme "intuition" n'est pas un terme de Pascal. Nous croyons. cependant, que ce terme s'accorde bien avec sa pensée en tant que, à notre sens, Pascal veut dire une connaissance immédiate acquise sans raisonnement discursif, semble-t-il. Selon Jean Laporte, cette "intuition" se réduit, chez Pascal, au "fond de la volonté". (Cf. Jean Laporte, Le coeur et la raison selon Pascal, Paris, Editions Elzévir, 1950, pp. 111-118, et surtout p. 118. C'est-à-dire: "De fait, l'homme déchu n'atteint le vrai qu'autant que sa raison est guidée par le mouvement que l'action de Dieu continue de susciter en sa nature". (Ibid. p. 164). Quoi qu'il en soit, la connaissance "par le coeur" n'a rien à voir avec le sentiment.

¹³Pensées, n⁰. 110-282

¹⁴Mais on croit avec quel degré de certitude? Il est évident que Pascal, dans *L'Art de persuader,* se rend parfaitement compte qu'on ne peut tout admettre avec le même degré de certitude. Lorsqu'il s'agit de la volonté qui peut influencer l'esprit quand la proposition à démontrer est contraire "à nos plaisirs", (*Cf. De l'Art de persuader,* pp. 355-356), faut-il admettre la proposition tout simplement parce qu'elle est probable ou bien repousser toute croyance qui n'est pas certainement établie?

La difficulté est grave, car Pascal dit sans aucune équivoque: "S'il ne fallait rien faire que pour le certain, on ne devrait rien faire pour la religion; car elle, elle n'est pas certaine. Mais combien de choses fait-on pour l'incertain, les voyages sur la mer, les batailles. Je dis donc qu'il ne faudrait rien faire du tout, car rien n'est certain." (*Pensées,* n°. 577-234)

De prime abord, Pascal nie toute certitude, même en ce qui concerne la religion. Nous venons de voir plus haut, cependant, que Pascal insiste sur la certitude des premiers principes, quoiqu'on ne puisse le démontrer. Pascal ne veut évidemment pas dire que rien du tout n'est certain.

A quoi Pascal songe-t-il donc? Si l'on examine soigneusement tous les exemples que l'auteur donne dans le fragment 577-234, on perçoit qu'ils se rapportent tous, sans exception, à des évènements futurs, dont on ne peut manifestement être certain avant qu'ils ne se produisent; c'est-à-dire, la certitude, ou bien, le manque de celle-ci, est physique. On ne peut pas être physiquement certain d'une victoire avant d'avoir vaincu, d'être dans le port avant d'y arriver, du lever du soleil avant qu'il ne se lève. Le fait que Pascal se réfère à la "régle des partis" semble confirmer l'impression que l'auteur pense ici à la certitude physique. Chacune des lettres envoyées par Pascal à Pierre de Fermat en 1654, et donc, avant que Pascal n'ait abordé les *Pensées,* portent sur la "géométrie du hasard" (le calcul des probabilités) et se limite principalement à des évènements futurs dont on ne peut être certain avant qu'ils n'arrivent. (Cf. Pascal, *La Règle des partis,* pp. 43-49). Selon le calcul, on peut-être pratiquement certain du résultat avant le fait; on ne peut en être physiquement certain qu'après le fait.

Concluons donc ainsi: en disant que la religion n'est pas certaine, Pascal a voulu dire qu'elle n'est pas physiquement certaine, semble-t-il. Aucun vivant n'a vu remplies les promesses futures de la religion. On ne peut donc pas être physiquement certain de la religion. Mais est-ce que les preuves de la religion sont telles qu'on peut en être convaincu sans aucun doute raisonnable? Il paraît que oui: "Je n'entends pas que vous soumettiez votre créance à moi sans raison et ne prétends pas vous assujettir avec tyrannie. Je ne prétends pas aussi vous rendre raison de toutes choses. Et pour accorder ces contrariétés j'entends vous faire voir clairement par des preuves convaincantes des marques divines en moi qui vous convainquent de ce que je suis et m'attirer autorité par des merveilles et des preuves que vous ne puissiez refuser et qu'ensuite vous croyiez les choses que je vous enseigne quand vous n'y trouverez autre sujet de les refuser, sinon que vous ne pouvez pas vous-même connaître si elles sont ou non." (*Pensées,* n^o, 149-430).

Les preuves que Pascal envisage sont, pour lui, convaincantes. Il s'agit, évidemment, d'une certitude morale telle qu'un homme peut avoir de l'existence de la Chine sans l'avoir jamais vue. Le contenu de la croyance chrétienne dépassera généralement les pouvoirs de l'esprit humain; mais, pour Pascal, dans le passage que nous venons de citer, la raison aurait des bases inébranlables pour admettre ce qui la dépasse. Nous aurons l'occasion de revenir à cette idée capitale, lorsqu'il faudra traiter de la soumission de la raison, ou bien, en termes nietzschéenes, du *sacrifizio dell' intelletto.* Voir pp. 76 et 261-3, note 17.

Il n'y aurait pas de difficulté, si Pascal avait terminé ses observations telles qu'on les trouve dans le fragment 149-430. Cependant, dans un autre passage, l'auteur semble confondre la certitude morale avec la simple probabilité: "Les prophéties, les miracles mêmes et les preuves de notre religion ne sont pas de telle nature qu'on puisse dire qu'ils sont absolument convaincants . . ." (*Ibid.* n°. 835-564.)

Jusqu'ici, il n'y a pas d'ambiguité; les preuves de la religion chrétienne ne sont pas, par exemple, de la même espèce que les démonstrations mathématiques. Pascal continue et trahit une sorte de confusion: ". . .mais ils (i.e. les prophéties, les miracles et les preuves de notre religion) sont aussi de telle sorte qu'on ne peut dire que ce soit être sans raison que de les croire. Ainsi, il y a de l'évidence et de l'obscurité pour éclaircir les uns et obscurcir les autres, mais l'évidence est telle qu'elle surpasse ou égale pour le moins l'évidence du contraire . .!" (*Loc. cit.*)

Cette description du degré de certitude est équivoque: si tout ce qu'on peut dire à ce sujet, c'est qu'il n'est pas déraisonnable de croire au christianisme, on peut dire autant de la négation de celui-ci, puisque l'évidence ne fait que surpasser, ou du moins égaler le contraire de la position chrétienne. S'il en est ainsi, le fondement du christianisme ne repose que sur la simple probabilité.

Le comble de cette confusion, c'est la constatation suivante: "Et par ce moyen il y a assez d'évidence pour condamner, et non pas assez pour convaincre". *(Loc. cit.)*

Soit dit une fois pour toutes, que s'il n'y a pas assez d'évidence pour convaincre, il n'y en a certainement pas assez pour condamner. La description du degré de certitude, en ce qui concerne le fondement intellectuel du christianisme, est, telle qu'on la décèle dans le fragment 835-564, tout à fait inacceptable, surtout du point de vue chrétien.

Si, dans cette note, nous pouvons ajouter une parenthèse, nous voudrions affirmer que la difficulté du fragment 835-564 découle, à notre sens, du thème du *Deus absconditus,* autour duquel s'ordonne principalement, d'après Lhermet, l'originalité de l'Apologétique. "Mais ce que personne alors n'avait montré, c'était la manière de rattacher le sens mystique à la théologie, et n'est-ce pas une grande nouveauté de Pascal que d'avoir établi que le sens caché des Ecritures n'était qu'un corollaire d'un grand principe théologique: le Dieu caché?" (J. Lhermet, *Pascal et la Bible,* Paris, Plon 1931, p. 268) Et encore: "L'herméneutique de Pascal trouve donc ses fondements dans la Bible, puisque les textes de saint Paul et d'Isaïe en sont les assises puissantes. On peut critiquer l'excessive sévérité de cette doctrine, mais elle est merveilleuse de logique et d'enchaînement". *(Ibid.,* p. 388). On peut certainement admirer la manière ingénieuse dont Pascal trame les sens littéral et figuratif autour de son thème. Nous doutons cependant que l'emploi de celui-ci soit tout à fait légitime chez Pascal et que par conséquent l'Apologétique repose sur des "assises puissantes" à cet égard. D'une part, Pascal utilise le *Deus absconditus* d'une façon différente qu'Isaïe, où (cf. *Is.* XIV, 15) la signification se borne surtout à l'idée de la divine providence; d'autre part, Pascal entend le "Dieu caché" dans le sens d'un Dieu ". . . qui s'est voulu caché." (Cf. les *Pensées,* n⁰ 242-585). Pascal a ainsi insisté sur un seul aspect de la "tradition" chrétienne, à l'exclusion d'autres; il ne considère pas assez par exemple ce passage de St Jean: "Le Verbe était la lumière veritable qui éclaire tout homme". *(Jean,* I, 9).

Pour revenir au problème des degrés de certitude, on peut dire que Pascal exclut, dans le domaine de la foi, toute possibilité d'atteindre la certitude physique. De ce point de vuc-là, il n'y a rien à lui reprocher. Mais, dans le fragment 835-564, il semble confondre la certitude morale (qui est une véritable certitude ne laissant aucun doute raisonnable sur l'objet de la croyance), avec la simple probabilité. La pensée de Pascal, dans ce passage, reste, du moins, équivoque.

Pascal, a-t-il voulu "sauter" dans l'au-delà, tout en se fondant sur une simple probabilité? Il faut se rappeler d'abord que les *Pensées* ne sont qu'un brouillon et que l'auteur aurait probablement corrigé les inexactitudes du fragment 835-564, s'il avait pu achever son oeuvre. Le fragment 149-430 prouve que Pascal pensait pouvoir démontrer la vérité de la position chrétienne, dans sa structure essentielle, de telle façon qu'on ne pût raisonnablement en douter. On ne peut donc pas dire que Pascal était un sceptique qui a voulu se réfugier dans le domaine de la foi.

---

[15]J. Daniélou maintient que Pascal pensait soutenir la valeur de l'intelligence après avoir démontré la vérité de la position chrétienne; de cette façon, Dieu aurait été

la garantie de l'opération de la raison. (Voir J. Daniélou, "Pascal et la Vérité", dans *Pascal; Textes du Tricentenaire,* Paris, Le Signe, Fayard, 1963, pp. 17-25, et surtout p. 25). Pour notre part, il est difficile de voir, dans les *Pensées* et ailleurs, la justesse de cet argument.

[16]Il faut lire notre schéma de bas en haut. Nous voudrions signaler un schéma pareil dans l'étude de J. Chevalier (Cf. "La méthode de connaître chez Pascal", dans *Cadences,* Paris, Plon, 1951, Vol. II, p. 39).

Toutefois, nous avons certaines réserves par rapport à l'article de Chevalier. Ainsi, par exemple, à la page 45, l'auteur ne prévoit pas la difficulté de la constatation pascalienne: Dieu est "infiniment incompréhensible". (Cf. *Pensées,* n⁰ 418-233). Nous croyons que Pascal, en portant ce jugement pensait au Dieu de l'ordre surnaturel; de fait, on peut dire que lorsque Pascal parle de la connaissance de Dieu, il faut l'entendre presque toujours dans ce sens. (Cf. à ce sujet, H. Gouhier, "Pascal et la philosophie", dans *Pascal: Textes du Tricentenaire,* Paris, Le Signe, Librairie Arthème Fayard, 1963, pp. 317-318). Mais si, à la manière de Chevalier, on s'efforce d'expliquer la pensée de Pascal sur ce domaine sans se rendre compte que Pascal pensait au Dieu de l'ordre surnaturel, l'explication crée, au lieu de résoudre, une difficulté. Dire "qu'entre l'infini et le fini, il n'y a aucune commune mesure, nulle proportion", (Chevalier, *Op. cit.* p. 45) ce qui s'inspire de Pascal mais au sens que nous avons indiqué, c'est poser un problème presque insoluble dans le domaine de l'analogie de l'être.

[17]Il y a, cependant, chez Pascal, encore une difficulté: en quel sens le pyrrhonisme sert-il à la religion? Prépare-t-il la voic de la croyance en mettant en cause la possibilité d'atteindre la vérité? De prime abord, Pascal semble dire que oui: "Les principales forces des pyrrhoniens, je laisse les moindres, sont que nous n'avons aucune certitude de la vérité de ces principes, hors la foi et la révélation, sinon en (ce) que nous sentons naturellement." *(Pensées,* n⁰ 131-434).

Les principes dont il s'agit sont, d'après le contexte de ce fragment, ceux qui nous permettent de conclure non seulement que les phénomènes existent, mais qu'ils existent indépendamment de l'esprit. Y a-t-il une différence réelle entre la vie quotidienne et le rêve? "Qui sait si cette autre moitié de la vie où nous pensons veiller n'est pas un autre sommeil un peu différent du premier". *(Loc. cit.;* cf. aussi *Ibid.,* n⁰ 821-252).

Si l'on regarde de près le fragment entier, on voit que Pascal parle encore une fois de la "preuve" comme source de certitude. On ne peut rien prouver à ce sujet. Voilà pourquoi, s'il fallait choisir entre les pyrrhoniens et les dogmatiques, qui pensent pouvoir tout démontrer, et les pyrrhoniens, pour qui rien n'est certain, il faudrait opter pour ceux-ci.

Mais faut-il donc devenir sceptique? Pascal répond sans ambages: "Nous connaissons la vérité non seulement par la raison mais encore par le coeur. C'est de cette dernière sorte que nous connaissons les premiers principes et c'est en vain que le raisonnement, qui n'y a point de part essaie de les combattre. Les pyrrhoniens, qui n'ont que cela pour objet, y travaillent inutilement. Nous savons que nous ne rêvons point. Quelque impuissance où nous soyons de le prouver par raison, cette impuissance ne conclut autre chose que la faiblesse de notre raison, mais non pas l'incertitude de toutes nos connaissances, comme ils le prétendent." *(Ibid.,* n⁰ 110-282, cf. aussi, *Ibid.,* n⁰ 406-395).

On peut donc être certain de beaucoup de réalités sans pouvoir les démontrer. Qui est-ce qui peut "prouver" que la Chine existe, même s'il l'a vue? Voilà la différence essentielle entre la position de Pascal et les prétentions des dogmatiques et des pyrrhoniens: ceux-ci doutent de tout parce qu'ils ne peuvent tout prouver; ceux-là ne doutent de rien, parce qu'ils pensent, à tort, être à même de tout démontrer. Pascal résume sa pensée ainsi: "Il faut savoir douter où il faut, assurer où il faut, en se soumettant où il faut. Qui ne fait ainsi n'entend pas la force de la raison". (*Ibid.*, n⁰ 170-268). Manifestement le pyrrhonisme ne sert pas à la religion dans le sens qu'il met en cause la possibilité d'atteindre la vérité spéculative. S'il en était ainsi, ce que Nietzsche reproche à Pascal serait parfaitement justifié: Pascal aurait utilisé le scepticisme pour exciter le besoin de croire.

Cela n'empêche pas, cependant, qu'il y a un sens selon lequel, chez Pascal, le pyrrhonisme sert à la religion. Il s'agit, comme nous l'avons remarqué dans un autre contexte, de la vérité morale. C'est en ce sens-là que le "pyrrhonisme est le vrai": "Le pyrrhonisme est le vrai. Car après tout les hommes avant Jésus-Christ ne savaient où ils en étaient, ni s'ils étaient grands ou petits. Et ceux qui ont dit l'un ou l'autre n'en savaient rien et devinaient sans raison et par hasard." (*Ibid.*, n⁰ 691-432).

Si le pyrrhonisme, ou bien, le scepticisme, sert à la religion, c'est parce qu'il est une source de vérité: l'homme ne peut saisir la vérité touchant sa nature, parce que, selon les pyrrhoniens, il ne peut pas connaître, d'une façon satisfaisante, ce que c'est que la nature de l'homme. Pour Pascal, le fait que seule la religion chrétienne peut rendre raison des "contrariétés" de la nature humaine (c'est-à-dire, expliquer pourquoi l'homme est à la fois si grand et si misérable), est une des raisons pour lesquelles il vaut bien la peine d'examiner le fondement intellectuel du christianisme, qui réussit là où tout autre système a échoué. (Cf. *Ibid.*, n⁰ 149-430.).

En somme, Pascal ne se sert aucunement du scepticisme pour mettre en cause la possibilité d'atteindre la vérité spéculative, pour exciter ensuite le besoin de croire au christianisme. Les doutes dont il est question chez lui ne sont point universels: ils portent sur le fait que l'homme par ses propres moyens ne peut établir sur des assises inébranlables la structure d'une philosophie morale.

APPENDICE II

Les Pensées et la destruction des instincts

¹Par rapport à la distinction entre les instincts et les passions chez Nietzsche, cf. p. 124, note 2.

²Dans la troisième dissertation de *La Généalogie de la Morale,* Nietzsche cite explicitement la phrase "il faut s'abêtir". Cf. *La Généalogie de la Morale,* troisième dissertation, n⁰ 17, pp. 228-229. Nietzsche se réfère, vraisemblablement, à la phrase: "Naturellement même cela vous abêtira". (*Pensées,* n⁰ 418-233). Nietzsche entend l'idée d' "abêtissement" au sens de "destruction des instincts", tandis que ce terme signifie chez Pascal la "diminution" de la force des passions. Quoi qu'il en soit, le terme "abêtir" n'a aucun rapport avec l'idée de "sacrifice de la raison". Cf. à ce propos, l'article d'Etienne Gilson, "Le sens du terme 'abêtir' chez Blaise Pascal", dans *Les Idées et les lettres,* Paris, J. Vrin, deuxième édition, 1955, pp. 263-274, et surtout, pp. 273-274.

³L'accusation nietzschéenne portant sur l'émasculation des instincts chez Pascal a deux sens. D'une part, le philosophe allemand entend par là la destruction des instincts en tant qu'un défaut de caractère en Pascal luimême. (Cf., par exemple, *La Volonté de puissance,* vol. I, premier livre, n⁰ 284, p. 132). D'autre part, Nietzsche

pense certainement à une doctrine que Pascal a soutenue. (Cf. *Aurore,* n⁰ 79, pp. 91-92) Dans tous les deux sens, Pascal était, pour Nietzsche, une victime du christianisme; cependant, nous nous bornons, dans cet appendice, au deuxième sens.

⁴Cf. pp. 22-24 et 110, note 52.

⁵*Pensées,* n⁰ 795-160.

⁶Cela paraît évident dans le contexte du fragment 795; "D'où vient donc qu'il est glorieux à la raison de succomber sous l'effort de la douleur, et qu'il lui est honteux de succomber sous l'effort du plaisir? c'est que ce n'est pas la douleur qui nous tente et nous attire; c'est nous-mêmes qui volontairement la choisissons et voulons la faire dominer sur nous, de sorte que nous sommes maîtres de la chose, et en cela c'est l'homme qui succombe à soi-même. Mais dans le plaisir, c'est l'homme qui succombe au plaisir". *Ibid.,* loc. cit. Pour Pascal, la douleur est intérieure à l'homme, tandis que le plaisir lui est extérieur, semble-t-il.

⁷*Ibid.,* n⁰ 795-160.

⁸*Pensées,* n⁰ 764-11.

⁹"Nulle religion que la nôtre n'a enseigné que l'homme naît en péché, nulle secte de philosophes ne l'a dit, nulle n'a donc dit vrai". *Pensées,* n⁰ 421-606.

¹⁰Cependant, il y a de courts passages qui indiquent le contraire, semble-t-il: "Si on vous abaisse c'est par pénitence, non par nature". *Pensées,* n⁰ 149-430.

¹¹Cf. pp. 32-33 de cette étude; cf. aussi *La Généalogie de la Morale,* deuxième méditation, n⁰ 21, p. 151.

¹²Cf. *Ibid.,* troisième dissertation, n⁰ 17, pp. 228-229.

¹³Il se peut qu'il s'agisse surtout en ce domaine d'une critique schopenhauérienne que Nietzsche a acceptée. Cf. pp. 6-10 de notre étude. Par rapport à d'autres influences qui ont pu amener Nietzsche à signaler la destruction des instincts chez Pascal, on serait tenté d'y ajouter l'étude de Hermann Reuchlin: *Pascals Leben und der Geist seiner Schriften,* Stuttgart, J. G. Cotta'scher Verlag, 1840. Mais l'étude de Reuchlin se fonde principalement sur *La Vie de M. Pascal,* écrite par sa soeur, Mme Périer; par rapport à la question des passions, l'auteur est un peu vague, et se borne à signaler une certaine opposition entre Pascal et le monde. Cf. Reuchlin, *Op. cit.,* p. 245.

BIBLIOGRAPHIE

Parmi les nombreux ouvrages consultés, nous retenons seulement ceux qui ont quelque rapport avec le sujet. En ce qui concerne les études sur Pascal et Nietzsche, la bibliographie ne comprend pas celles qui ont paru après 1965.

OEUVRES DE PASCAL

Blaise Pascal, *Oeuvres Complètes*. Préface d'Henri Gouhier, présentation de Louis Lafuma. Paris, Editions du Seuil, 1963.

—————, *Pensées, Fragments et Lettres de Blaise Pascal*. Edition de Prosper Faugère. Paris, Andrieux, éditeur, 1844

OEUVRES DE NIETZSCHE

Friedrich Nietzsche, *Gesammelte Werke*. München, Musarion Verlag. Volumes I-XXIII, 1922-1929

Friedrich Nietzsches *Werke des Zusammenbruchs*. Heidelberg, Wolfgang Rothe Verlag, 1961, présentés par Erich F. Podach

Friedrich Nietzsches *Gesammelte Briefe:*

I. Herausgegeben von Peter Gast und Dr. Arthur Seidl. Berlin und Leipzig, Schuster und Loeffler, 1900.

II. Herausgegeben von Elisabeth Förster-Nietzsche und Fritz Schöll, éditeurs, 1902.

III. 1. Herausgegeben von E. Förster-Nietzsche und Curt Wachsmuth, mêmes éditeurs, 1904

2. Herausgegeben von E. Förster-Nietzsche, und Peter Gast, mêmes éditeurs, 1905.

IV. Herausgegeben von Peter Gast, im Insel-Verlag zu Leipzig, 1908.

V. Tomes 1 et 2; herausgegeben von Elisabeth Förster-Nietzsche, Leipzig im Insel-Verlag, 1909.

TRADUCTIONS UTILISÉES

Frédéric Nietzsche, *La Naissance de la Philosophie à l'époque de la tragédie grecque*, traduit par Geneviève Bianquis. Paris, Gallimard, onzième édition, 1938.

——————————, *L'Origine de la Tragédie*, traduit par Jean Marnold et Jacques Morland. Paris, Société du Mercure de France, cinquième édition, 1906.

——————————, *Considérations inactuelles*, "David Strauss: sectateur et écrivain", et "De l'Utilité et des inconvénients des Etudes historiques", traduit par Henri Albert, Paris, Société du Mercure de France, 1907.

——————————, *Considérations inactuelles,* "Schopenhauer éducateur", et "Richard Wagner à Bayreuth", traduit par Henri Albert. Paris, Société du Mercure de France, 1922.

——————————, *Humain, trop Humanin*, traduit par A.-M. Desrousseaux. Paris, Société du Mercure de France, septième édition, première partie, 1901.

——————————, *Humain, trop Humain : Opinions et Sentences mêlées,* et *Le Voyageur et son Ombre*, traduit par Henri Albert. Paris, Société du Mercure de France, deuxième édition, 1902.

——————————, *Aurore: Réflexions sur les préjugés moraux,* traduit par Henri Albert. Paris, Société du Mercure de France, 1901

——————————, *Le Gai Savoir*, traduit par Henri Albert. Paris, Société du Mercure de France, 1901.

——————————, *Ainsi parlait Zarathoustra*, traduit par Henri Albert. Paris Société du Mercure de France, 1903.

——————————, *Par delà le bien et le mal*, traduit par Henri Albert. Paris, Société du Mercure de France, 1963. (La traduction française d'Henri Albert a été publiée pour la première fois en 1898, chez les mêmes éditeurs.)

——————————, *La Généalogie de la Morale*, traduit par Henri Albert. Paris, Société du Mercure de France, 1900.

——————————, *Le Crépuscule des Idoles*, précédé de *Le Cas Wagner, Nietzsche contre Wagner*, et suivi de l'*Antéchrist*, traduits par Henri Albert. Paris, Société du Mercure de France, 1952. Première traduction de ces oeuvres par H. Albert publiée en 1899.

——————————, *Ecce Homo,* traduit par H. Albert. Paris, Société du Mercure de France, 1909.

—————————, *La Volonté de puissance,* établi par F. Wurzbach, traduction de Geneviève Bianquis. Paris, Gallimard, 25 ème édition, 1951.

—————————, *Poésies complètes,* traduction de Paul Arnold et Yanette Délétang-Tardif. Paris, Les Presses Littéraires de France, 1949.

ETUDES SUR PASCAL ET NIETZSCHE

Oeuvres

Bauer, Henry, "Pascal et Nietzsche", article posthume publié par Henri Lichtenberger dans la *Revue Germanique*, de Janvier-Février 1914.

Lohmann, Elise, *Pascal und Nietzsche*. Borna-Leipzig, Druck von Robert Naske, 1917

Articles

Birault, Henri, "Nietzsche et le pari de Pascal", *Archivio di filosofia, n°. 3,* 1963, pp. 67-90

Saurat, Denis, "Pascal et Nietzsche", *Tendances,* Paris, Editions du Monde moderne, deuxième édition, 1928.

ETUDES SUR PASCAL

Aalders, Willem, *Pascal als apologetisch prediker*. Assen, Van Gorcum, 1941.

Alfieri, Vittorio Enzo, *Il problema Pascal*. Milano, Nuova Accademia editrice, 1959.

Blondel, et alii, *Etudes sur Pascal*. Paris, A. Colin, 1923.

Brunschvicg, Léon, *Le Génie de Pascal*. Paris, Hachette, 1924.

Chaix-Ruy, J. et alii, *Giornale di Metafisica,* Anno XVII, nov.-déc., n°. 6, 1962, pp. 581-701

Colomb, Hélène, *Les Passions dans l'oeuvre de Pascal.* Paris, Alexis Redier, éditeur, 1934.

Cousin, Victor, *Etudes sur Pascal.* Paris, Didier et Ce, 1857.

Droz, Edouard, *Etude sur le Scepticisme de Pascal.* Paris, Félix Alcan, 1886.

Falcucci, Clément, *Le Problème de la Vérité chez Pascal.* Toulouse, E. Privat, 1839.

Guitton, Jean, *Pascal et Leibnitz: étude sur deux types de penseurs.* Paris, Aubier, Editions Montaigne, 1951

——————— —, *Le Génie de Pascal.* Paris, Aubier, 1962

Laporte, Jean, *Le Coeur et la Raison selon Pascal.* Paris, Editions Elzévir, 1950

Le Roy, Georges, *Pascal, savant et croyant.* Paris, Presses Universitaires de France. 1957.

Lhermet, J., *Pascal et la Bible.* Paris, J. Vrin, 1931.

Malvy, Antoine, *Pascal et le Problème de la croyance.* Paris, Beauchesne, 1929.

Massis, Henri *Visage des idées.* Paris, Grasset, c. 1958.

Mesnard, Jean *Pascal.* Paris, Hatier, quatrième édition, 1962.

Mortimer, Ernest, *The Life and Work of a Realist.* London, Methuen and Co., Ltd., 1959

Orrego Vicuña, Eugenio, *Ensayos I; En torna a Pascal.* Universidad de Chile. 1947.

Perdomo García, José, *La Teoría del Conocimiento en Pascal.* Madrid, Instituto "Luis Vives", de Filosofia, 1956.

Pelet, Paul, *Le Scepticisme de Pascal..* Toulouse, Chauvin et fils, 1871.

Seidmann, Ludwig Elias, *Pascal und das alte Testament.* Breslau. M.u. H. Marcus, 1937.

Spoerri, Theophil, *Der Verborgene Pascal.* Eine Einführung in das Denken Pascals als Philosophie für den Menschen von morgen. Hamburg, Furche-Verlag, 1955.

Reuchlin, Hermann, *Pascals Leben und der Geist seiner Schriften.* Stuttgart, J.G. Cotta'scher Verlag, 1840

Yuassa, Seinaske, *Die existenziale Grundlage der Philosophie Pascals*. Wurzburg. R. Mayr. 1934.

Articles

d'Angers, Julien-Eymard, "Les *Pensées* de Pascal à la lumière des apologétiques de son temps", dans *Pascal: Textes du Tricentenaire*. Paris, Fayard, Le Signe, pp. 167-194.

Chevalier, Jacques, "La Méthode de connaître d'après Pascal", dans *Cadences*. Paris, Plon, Vol. II, 1951, pp. 27-69.

Daniélou, Jean, "Pascal et la vérité", dans *Pascal: Textes du Tricentenaire*. Paris, Fayard, Le Signe, 1963, pp. 17-25

Gilson, Etienne, *Les Idées et les Lettres*, "Le Sens du terme 'Abêtir' chez Blaise Pascal", Paris, J. Vrin, deuxième édition, 1955, pp. 263-274.

Gouhier, Henri, "Pascal et la philosophie", dans *Pascal: Textes du Tricentenaire*. Paris, Fayard, Le Signe, 1963, pp. 317-327.

Nédoncelle, Pierre, "Le moi d'après les *Pensées*", dans *Pascal: Textes du Tricentenaire*. Paris Fayard, Le Signe, 1963, pp. 35-49.

Lagrange, M.J., "Pascal et les Prophéties messianiques" dans *Revue biblique*. 1906, pp. 533-560.

Valéry, Paul, "Variations sur une Pensée", dans *Variété. Oeuvres*, Paris, Gallimard, Tome I, pp. 458-473.

ETUDES SUR NIETZSCHE

Oeuvres

Andler, Charles, *Nietzsche, sa vie et sa pensée*. Paris, Gallimard, sixième édition, 1958, trois tomes.

Bernoulli, Carl Albrecht, *Franz Overbeck und Friedrich Nietzsche*. Jena, E. Diederichs, 1908

Brinton, Crane, *Nietzsche*. Cambridge, Harvard University Press, 1941.

Chaix-Ruy, J., *Nietzsche*, Paris, Editions Universitaires, 1963

Deleuze Gilles, *Nietzsche et la Philosophie*. Paris, Presses Universitaires de France, 1962.

Danto, Arthur C., *Nietzsche As Philosopher*. New York, The Macmillan Company, 1965.

Gaède, Edouard, *Nietzsche et Valéry.* Paris, Gallimard, 1962.

Heidegger, Martin *Nietzsche.* Stuttgart, G. Neske, deux tomes, 1961

——————, "Le mot de Nietzsche 'Dieu est mort'," dans *Chemins qui ne mènent nulle part,* traduit par Wolfgang Brokmeier. Paris, Gallimard, 1962, pp. 173-219.

Heimsoeth, Heinz, *Nietzsches Idee der Geschichte.* Tübingen, J.C.B. Mohr, 1938.

Kaufmann, Walter, *Nietzsche, Philosopher, Psychologist, Antichrist.* Cleveland, The World Publishing Company, Meridian Books, 1962.

Jaspers, Karl, *Nietzsche: Introduction à sa philosophie,* traduit de l'allemand. Paris, Gallimard, sixième édition. 1950.

Mann, Thomas, *Etudes: Goethe, Nietzsche, Joseph et ses frères.* Lausanne, Mermod, 1949.

Maoine, Italo, *La Lirica di Nietzsche.* Messina-Firenze, Casa Editrice G. d'Anna, 1948.

Morgan, George Allen, *What Nietzsche Means.* Cambridge, Harvard University Press, 1941.

Podach, Erich F., *L'Effondrement de Nietzsche,* traduit de l'allemand par Andhrée Vaillant et J.R. Kuckenburg, revue pour les termes médicaux, par le Dr. Ch. Claoué. Paris, Gallimard, 1931.

——————, *Gestalten um Nietzsche.* Weimar, E. Lichtenstein Verlag, 1932.

Quinot, Armand, *Nietzsche, philosophe de valeurs.* Paris, Société française d'Etudes nietzschéennes, 1956.

Schlechta, Karl, *Der junge Nietzsche und das klassische Altertum.* Mainz, F. Kupferberg, 1948.

——————, *Le Cas Nietzsche,* traduit de l'allemand par André Coeuroy. Paris, Gallimard, 1960

Simmel, George, *Schopenhauer und Nietzsche.* Leipzig, Dunker und Humblot, 1907.

Valéry, Paul, *Quatre lettres de Paul Valéry au sujet de Nietzsche.* Paris, L'Artisan du Livre, 1927.

Wahl, Jean, *La Pensée philosophique de Nietzsche des années 1885-1888.* Paris, Centre de Documentation Universitaire, 1959.

Whyte, Lancelot Law, *The Unconscious before Freud*. New York, Double-
     day and Company, Inc., Anchor Books, 1962.

Williams, W.D., *Nietzsche and the French*. Oxford, Basil Blackwell, 1952.

Articles

Vuillemin, J. "Nietzsche aujourd'hui", *Les Temps Modernes*, mai
     1951, n°. 63, pp. 1921-1954

Wahl, Jean, "Le Nietzsche de Jaspers", *Recherches philosophiques*, VI,
     1936-37, pp. 346-362.

OUVRAGES GENERAUX

Lange, Friedrich Albert, *Geschichte des Materialismus*. Leipzig, Verlag von
     J. Baedeker, 1896, deux tomes.

Ricoeur, Paul, *Philosophie de la Volonté*. Paris, Aubier; l'édition n'est pas
     datée, deux tomes.

Schopenhauer, Arthur, *Le Fondement de la Morale*, traduit de l'allemand
     par A. Burdeau, Paris, G. Baillière, 1879.

     Le Monde comme Volonté et comme Représentation.
     Traduit de l'allemand par A. Burdeau, Paris, Librairie
     Félix Alcan, sixième édition, 1912.

Wahl, Jean, *Traité de Métaphysique*. Paris, Payot, 1957.

INDEX

TABLES DES MATIERES